基金从业人员资格考试应试指导教材

基金法律法规、职业道德与业务规范

基金从业人员资格考试应试指导教材编写组　编著

中国财富出版社

图书在版编目（CIP）数据

基金法律法规、职业道德与业务规范/基金从业人员资格考试应试指导教材编写组
编著.—北京:中国财富出版社,2018.6

（基金从业人员资格考试应试指导教材）

ISBN 978-7-5047-6676-2

Ⅰ.①基… Ⅱ.①基… Ⅲ.①证券投资基金法-中国-资格考试-自学参考资料
②基金-投资-职业道德-资格考试-自学参考资料 Ⅳ.①D922.287②F830.59

中国版本图书馆 CIP 数据核字(2018)第 136913 号

策划编辑	李彩琴	**责任编辑**	戴海林 杨白雪	
责任印制	尚立业	**责任校对**	杨小静	**责任发行** 王新业

出版发行	中国财富出版社			
社 址	北京市丰台区南四环西路 188 号 5 区 20 楼		**邮政编码**	100070
电 话	010-52227588 转 2048/2028（发行部）		010-52227588 转 321（总编室）	
	010-68589540（读者服务部）		010-52227588 转 305（质检部）	
网 址	http://www.cfpress.com.cn			
经 销	新华书店			
印 刷	三河市富华印刷包装有限公司			
书 号	ISBN 978-7-5047-6676-2/F·2904			
开 本	787mm×1092mm 1/16		**版 次**	2018 年 8 月第 1 版
印 张	13		**印 次**	2018 年 8 月第 1 次印刷
字 数	449 千字		**定 价**	45.00 元

编 委 会

本套教材适用于参加基金从业资格考试的人员。基金从业人员资格考试应试指导教材编写组根据中国证券投资基金业协会发布的科目一《基金法律法规、职业道德与业务规范考试大纲》、科目二《证券投资基金基础知识考试大纲》和科目三《股权投资基金（含创业投资基金）基础知识考试大纲》，对真题考点进行细致分析，编写了本套教材，旨在帮助考生全面理解和掌握考试大纲的内容，以便更好地复习和备考。

本套教材模块

为了便于考生更好地理解和使用本套教材，下面对本套教材中主要涉及的模块功能进行简单介绍。

1. 本章应试分析

在书中，这一模块主要是介绍该章的主要内容，在考试中所占的分值以及学习方法等，是对该章在考试中整体考情的综合分析。通过应试分析，考生可以有效地掌握该章的重点以及命题方向，避免盲目复习。

2. 思维导图

在书中，这一模块主要是将整章的思维脉络通过关系图表现出来，并在考点后面标注了"重点掌握、掌握、理解、了解"四种不同程度的复习要求。通过思维导图，考生不仅可以对该章的整体框架有个大致的了解，同时也能把握复习的要求，有针对性地进行复习，大大提高复习的效率。

3. 名师同步精讲

这一模块是本书的核心所在，主要是通过对考试真题的分析，将教材中的重要知识点进行精编汇总，多考多讲，少考少讲。我们竭力提炼考点，减少烦冗的叙述，帮助考生高效率掌握考点，减轻学习压力。同时，我们对于重要的知识点进行了标色（蓝色）处理。此外，还有"记忆关键词"的提炼帮助考生记忆知识点。

在这一模块，我们提供了两个核心功能，对考生非常有帮助。

第一，名师指导。一方面对各个考点在考试中的考查概率和所占分值进行介绍，并列明命题角度，另一方面对于教材中一些有窍门记忆或者需要关注的地方进行提示。

第二，母题精选。这些母题是在考试中较多涉及且具有代表性的题目，其中，大多为考试真题，部分为老师精选的比较有代表性的题目。此外，母题旁边配有二维码，考生可通过扫描二维码查看母题的详细解析，也可以练习相应的子题。通过母题，考生不仅能够了解各个知识点在考试中的考查形式，也可以有效地掌握考试中的重要知识点，同时做到知识点的灵活运用。

4. 章节练习

在这一模块，考生可以通过扫描二维码进入微信版题库进行章节练习。在题库中，我们提供了大量的真题、押题和模拟题供考生练习，既弥补了纸质教材对于章节练习题量限制的缺陷，又能让考生随时随地进行练习，有效地节省了时间。

配套题库——智能考试题库系统

本套教材搭配配套的智能考试题库系统使用,能达到更好的复习效果。配套题库系统包括智能题库微信版和智能题库网页版。考生可根据自己的实际情况,在不同的环境下选择不同的练习方式,充分利用自己的时间。另外,在题库系统中有视频课程、考点速记、章节练习、错题训练、真题必练、模拟押题等功能。考生在学习过程中,可根据自己的学习进度选择相应功能,固本培新。

联系我们

尽管编写组成员们本着精益求精的态度编写本套教材,但由于时间所限,书中难免有不足之处,恳请广大读者批评指正。联系邮箱 weilaijiaoyucaijing@ foxmail. com。

预祝所有考生顺利通过考试!

基金从业人员资格考试应试指导教材编写组

目　录
CONTENTS

重难点索引

此处显示每一章节里面的部分重难点及其页码，可以快速定位查阅。

开篇　考情分析与复习指导

第一节　考情分析

一、考试介绍

基金从业资格考试包含三个科目:科目一《基金法律法规、职业道德与业务规范》、科目二《证券投资基金基础知识》和科目三《私募股权投资基金基础知识》。考生通过科目一和科目二考试,或通过科目一和科目三考试,则具备基金从业资格的注册条件。

基金从业资格考试的报名条件、报名时间、考试时间、考试时长等相关信息,考生可扫描右侧二维码查看具体内容。

二、考情分析

为了更好地把握科目特点,熟悉考试重点,本书分析了最近几次考试真题的分布情况。在分析考试真题数据的基础上,编者整理了各个章节在考试中所占的大概分值。具体见下表。

考试真题平均分布情况

所属章节	分值(分)
第一章　金融市场、资产管理与投资基金	3～4
第二章　证券投资基金概述	10～11
第三章　证券投资基金的类型	2～3
第四章　证券投资基金的监管	19～20
第五章　基金职业道德	9～10
第六章　基金的募集、交易与登记	9～10
第七章　基金的信息披露	9～10
第八章　基金客户和销售机构	4～5
第九章　基金销售行为规范及信息管理	9～10
第十章　基金客户服务	4～5
第十一章　基金管理人公司治理和风险管理	7～8
第十二章　基金管理人的内部控制	7～8
第十三章　基金管理人的合规管理	2～3

基金从业资格考试对知识点的考查角度多样,考查形式多变,因此,本数据仅供考生参考。

三、考试题型解读

基金从业资格考试题型为单项选择题,共计100题,每题1分。其中包括以下几种形式。

(一)普通单选题

普通的单选题,即在给出的四个选项中选出符合题目要求的唯一答案。例如,"关于……的说法,正确/错误的是……""……包括/不包括……"。

【例题】中国证监会对基金市场监管的主要措施不包括(　　)。

    A.行政处罚　　　　　　　　　　B.限制交易

    C.调查取证　　　　　　　　　　D.刑事处罚

(二)组合型选择题

这种题型是在题干下提供多个题支,再将这些题支进行四种不同形式的组合作为四个选项,从四个选项中选择唯一的答案。相对于普通单选题,有一定难度,要求考生对知识点有更准确的把握。解答此类题型可以使用排除法。

【例题】中国证监会实行注册管理的基金服务机构包括(　　)。

    Ⅰ.基金销售机构　　　　　　　　Ⅱ.基金销售支付机构

    Ⅲ.基金份额登记机构　　　　　　Ⅳ.基金估值核算机构

    A.Ⅰ、Ⅱ、Ⅲ、Ⅳ　　　　　　　B.Ⅰ、Ⅱ

    C.Ⅰ、Ⅱ、Ⅲ　　　　　　　　　D.Ⅰ、Ⅲ、Ⅳ

(三)综合型选择题

三个选择题共用一个材料,主要用于考查考生的计算和分析等综合能力。在《基金法律法规、职业道德与业务规范》科目中,综合型选择题考查得不多,一套试卷一般只考查一道。

【例题】2014年3月11日,投资者A认购了某只灵活配置混合型证券投资基金(以下简称"甲基金")300万元,认购费率为1%,基金份额面值为1元。2015年7月8日,该基金发布分红公告,拟以2015年7月10日为权益登记日和除息日实施分红,每10份基金份额派发红利0.3元,现金红利发放日为2015年7月11日,2015年7月12日该基金份额净值为1.523元。假设投资者A采用的分红方式为现金分红,且持有的该基金份额一直不变。根据以上信息,回答以下三题:

(1)2014年3月11日投资者A认购的甲基金份额为(　　)份。

    A.303000000　　B.294764243　　C.297029703　　D.300000000

(2)2015年,甲基金分红时,投资者A可以分得的现金红利为(　　)元。

    A.8910891　　　B.9000000　　　C.9090000　　　D.8842927

(3)2015年7月12日,甲基金的累计份额净值为(　　)元。

    A.1.523　　　　B.1.553　　　　C.1.823　　　　D.1.493

四、命题规律分析

(一)理解记忆型题目考查更加灵活

这类题目包括简单的对教材原文,如对基金市场上各类市场主体的职责、时间数据的考查,在记忆和理解知识点的基础上进行正确或错误的判断等。考试题目向更加灵活的方向发展,因此考生切忌死记硬背。《基金法律法规、职业道德与业务规范》科目内容相对简单,考生在学习时可以根据学习要求有侧重点地对知识点进行了解、理解和掌握。

(二)历次考试均会涉及少量计算题

在考试中,计算题属于历次考试中的必考题,但是题量不多。《基金法律法规、职业道德与业务规范》科目涉及计算公式的章节主要集中在第六章,包括开放式基金认购费用与认购份额、申购份额及赎回金额的计算,封闭式基金折(溢)价率的计算,ETF(Exchange Traded Funds,交易型开放式指数基金)份额折算的方法等。

计算题难度不大,通常直接考查计算公式的应用,考生理解并掌握计算公式的使用方法即可。

(三)案例题比重逐渐增加,更加贴合实际

考试中,一部分题目通过设定情境对相关的知识点进行考查,更加贴合实际。此类题目难度并不大,答题的根本还是对教材内容的掌握程度,以及对知识点的灵活运用程度,考生应认真审题,结合所学的知识分析各个选项。

【例题】某客户经理在向客户推荐该基金时,声称该产品属于量化对冲产品,风险相当于银行存款,几乎无风险,但收益较银行存款高几倍,每年预期收益10%以上。该过程中,客户经理在宣传基金业绩时的不当活动有(　　)。

Ⅰ.预测基金的证券投资业绩

Ⅱ.诋毁其他基金管理人、基金托管人或者基金销售机构

Ⅲ.夸大或者片面宣传基金

Ⅳ.登载单位或者个人的推荐性文字

　　A.Ⅱ、Ⅲ、Ⅳ　　　　B.Ⅰ、Ⅱ、Ⅲ　　　　C.Ⅰ、Ⅲ　　　　D.Ⅰ、Ⅱ

【答案】C　【解析】该过程中,客户经理在宣传基金业绩时的不当活动包括:①预测基金的证券投资业绩;②夸大或者片面宣传基金。选项C正确。

第二节　复习指导

一、怎么使用本书

本套书采用了双色、边栏的形式进行整体编排,与以往的单排或者双排格式有很大的不同。本书主要包含以下模块:

(1)目录中的"重难点索引"栏(如图1所示)。与一般图书的目录不同,本书目录除了正文的正常目录之外专门增加了"重难点索引"栏,展示了每一章节中考试的重点和难点内容(大多为考试中必考知识点),方便考生查阅和复习。在时间不够充裕的情况下,考生可以通过重难点索引快速获取重要知识点信息,优先学习;在复习的过程中,考生通过重难点索引,既可以明确主要复习范围,也可以快速定位到具体内容。

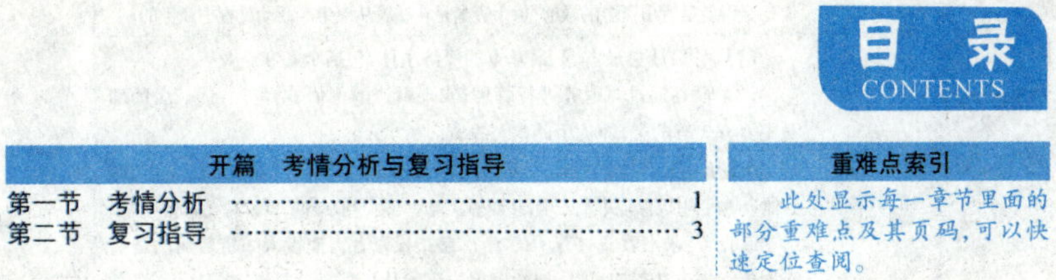

目　录

CONTENTS

图1　重难点索引

(2)本章应试分析(如图2所示)。主要介绍了章节整体知识结构、章节在考试中所占分值、章节内容学习的难易程度、章节中重要知识点提示等。同时,也根据不同章节的特点,给出了学习建议。

● 本章应试分析

本章分四节介绍金融市场、资产管理与投资基金的基础知识:第一节介绍金融市场的金融与居民理财的关系、金融市场的分类、构成要素和监管;第二节和第三节介绍资产管理的本质与资产管理行业,进而介绍我国资产管理行业的现状和资产管理业务模式;第四节介绍投资基金的基础知识,如概念、主要类别。本章属于基础性章节,内容较为简单,在考试中所占分值为3分~4分,所占分值不高。考生在学习时,根据本教材的学习要求,加强对重要知识点的记忆。

图2　本章应试分析

(3)思维导图(如图3所示)。思维导图是对章节知识点脉络进行梳理,并在此基础上,将不同知识点的学习要求进行标注;一方面帮助考生建立整体的框架意识,另一方面也方便考生快速获取不同知识点的学习要求。考生在复习前期,可以根据思维导图了解主要内容和学习要求;在复习后期,可以根据学习要求选择重点的复习范围。

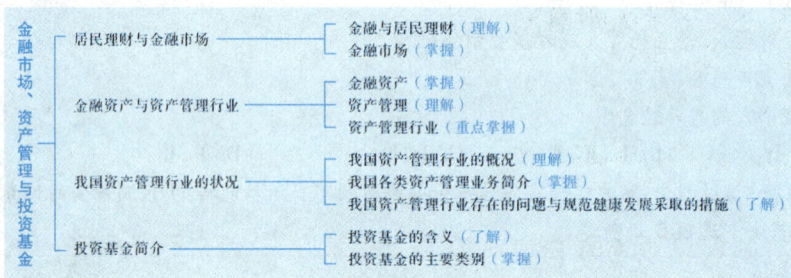

图3　思维导图

(4)核心功能一:名师同步精讲(如图4所示)。此模块为本书核心功能之一,以表格的形式呈现知识点的具体内容。本书定义为应试指导教材,坚持多考多讲,少考少讲,缩小考生备考范围,将主要精力放在学习重点内容上。书中的知识点讲解力求精练,如果考生想获取更多细节内容,可以扫描每节标题右侧的二维码,进入题库系统学习更详细的内容,并可以观看配套视频课程。

● 名师同步精讲

第一节　居民理财与金融市场

一、金融与居民理财(理解)

项　目	内　容
金融	金融就是货币资金的融通,货币资金是在居民从事生产活动过程中产生的。
居民理财	(1)居民:社会最古老、最基本的经济主体,包括个人和企业。 (2)理财:通过对财务进行管理,实现财产的保值、增值。目前,居民理财主要方式有两类,即货币储蓄与投资。 ①储蓄:具有保值性特征,是指居民将暂时不用或结余的货币收入存入银行或其他金融机构,以保证本金安全,并期望获得一定利息收益的一种存款活动。 ②投资:未来收益具有不确定性,是指投资者当期投入一定数额的资金而期望在未来获得回报,所得的回报应该能补偿投资资金被占用的时间、预期的通货膨胀率以及期望更多的未来收益。 最普遍的投资产品包括股票、债券、基金等。

图4　名师同步精讲

(5)核心功能二:名师指导(如图5所示)。本书的第二个核心功能,即为名师指导。在名师指导中,我们详细分析了每个知识点在考试中的考查概率、所占分值、考查角度及考查特点等,并对一些重要的知识点进行提示和分析。

🎓 名 师 指 导

👍 考查概率:20%。
本考点较少考查。
命题角度:投资的概念。

图5 名师指导

(6)核心功能三:母题精选(如图6所示)。我们学习的最终检测都需要去考试做题,所以我们的学习不能脱离考试实际的情况。获取考试实际情况的最快捷方式即为考试真题。本书选取了大量的考试真题作为母题呈现,母题是考试中最典型的考查题型,考生通过母题练习,可以掌握考试出题者的出题思路。在书中,考生学习完一个知识点之后,我们会根据考试情况,放置不同的母题供考生练习检测。考生做完题之后,可以扫描旁边的二维码进入题库系统中,查看母题详细解析,同时可以练习与该题同考点的子题。

● 母 题 精 选

【单选题】以下关于投资概念的描述,错误的是( )。
　　A.投资者期望投资回报应该能补偿预期的通货膨胀率
　　B.投资者期望投资回报应该能补偿资金被占用的时间
　　C.投资未来收益具有不确定性
　　D.投资的产出会大于投入
【答案】 D 【解析】投资的未来收益具有不确定性,并不是产出一定会大于投入。选项D描述错误。

图6 母题精选

二、制订学习计划

参加基金从业资格考试的人员,可以根据自身需要报考一个或多个科目。制订详细的学习计划,对于我们备考可谓是事半功倍。《基金法律法规、职业道德与业务规范》科目共13章,根据多数考生备考经验总结,现在提供一套学习计划供考生作为参考。本科目正常的复习时间约为9周。

(一)第一阶段:基础学习和练习(6周)

此阶段重点学习课本内容。平均每周可以学习2章内容。在具体的学习中,考生须以课本为主,本书配套的题库系统为辅,坚持"看一节教材 + 看一节视频课程 + 做一节习题",将"看、听、练"结合起来。很多考生,只看不练,或者只练不看,都是不合适的。在配套资源丰富的情况下,我们希望考生能充分利用本套教材及其配套资源进行备考。

在一章学习完之后,考生可以在配套的题库系统中按章进行检测,查漏补缺。

主要学习工具:教材、视频课程和配套题库系统。

(二)第二阶段:综合检测(2周)

基础学习完之后,考生对整体的学习内容有了较为细致的了解,需要通过综合检测来巩固前期所有章节内容。我们主要选择配套题库系统中的"真题必练"来进行综合检测。

此外,在配套题库系统中还包含了押题试卷、模拟试卷,亦可作为重要的综合检测工具。

主要学习工具:配套题库系统。

(三)第三阶段:考前复习巩固(1周)

在此阶段,临近考试,我们开始进行考前复习巩固。一方面,从教材内容着手,要复习前期教材中所学的重点和难点知识点,可以运用"思维导图"和"重难点索引"作为参考线,将所学内容重新梳理一遍,重要的知识点进行巩固学习;另一方面,从做题着手,要充分运用配套题库系统中"错题训练"前期做错和收藏的题,将有价值的题目再次复习一遍,查漏补缺。

主要学习工具:教材和配套题库系统。

以上所提供的学习计划时间,只是为考生提供一个参考和思路。不同的人实际面临的情况都会不一样,考生可以结合自己的实际情况,制订最适合自己的学习进度。

三、学习技巧

(一)学习要看、听、练结合

我们建议考生在日常学习中,坚持"看一节教材+看一节视频课程+做一节习题"。将看书和做题结合起来,一方面没那么枯燥,另一方面也可以全面检测学习效果。另外,有些书本理论知识比较深奥难懂,听老师的视频课程,跟着老师学习,则能快速获取知识点中的关键信息。

本套书随书送视频课程,考生扫描每个章节标题右边的二维码即可进入查看。

(二)充分利用配套题库系统

本书配套题库系统功能全面,包含了考点速记、章节练习、真题必练、错题训练等功能,并支持在手机、电脑、平板上操作运用。使用题库系统的好处主要是可以跟踪和记录做题数据,方便后期我们查看错题、收藏题和练习进度。

所有的成功都离不开有条理的计划和持之以恒的努力,祝愿每一个考生都能在求学的道路上一往直前!

备注:关于本书配套的智能考试题库系统具体介绍和使用方法请参看本书"附录二 智能考试题库系统使用指导"。

第一章 金融市场、资产管理与投资基金

本章应试分析

本章分四节介绍金融市场、资产管理与投资基金的基础知识:第一节介绍金融市场的金融与居民理财的关系、金融市场的分类、构成要素和监管;第二节和第三节介绍资产管理的本质与资产管理行业,进而介绍我国资产管理行业的现状和资产管理业务模式;第四节介绍投资基金的基础知识,如概念、主要类别。本章属于基础性章节,内容较为简单,在考试中所占分值为3分~4分,所占分值不高。考生在学习时,根据本教材的学习要求,加强对重要知识点的记忆。

思维导图

金融市场、资产管理与投资基金

- 居民理财与金融市场
  - 金融与居民理财(理解)
  - 金融市场(掌握)
- 金融资产与资产管理行业
  - 金融资产(掌握)
  - 资产管理(理解)
  - 资产管理行业(重点掌握)
- 我国资产管理行业的状况
  - 我国资产管理行业概况(理解)
  - 我国各类资产管理业务简介(掌握)
  - 我国资产管理行业存在的问题与规范健康发展采取的措施(了解)
- 投资基金简介
  - 投资基金的含义(了解)
  - 投资基金的主要类别(掌握)

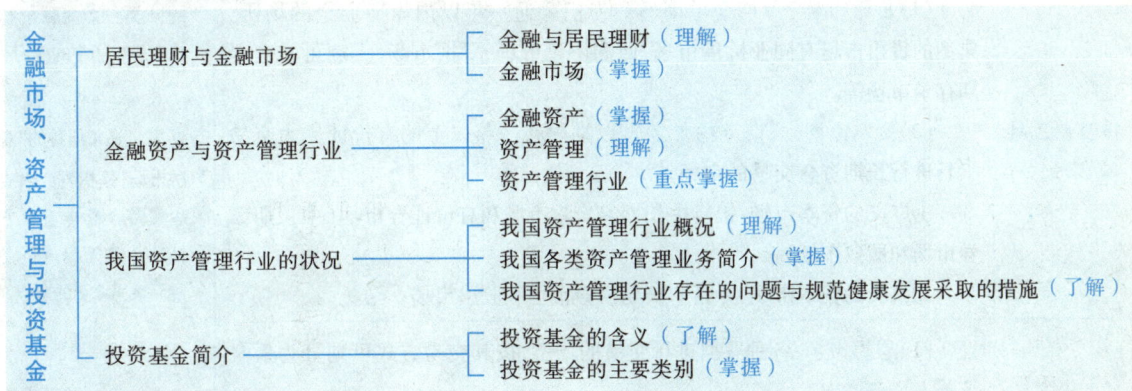

名师同步精讲

第一节 居民理财与金融市场

视频讲解 微信扫描

一、金融与居民理财(理解)

项 目	内 容
金融	金融就是货币资金的融通,货币资金是在居民从事生产活动过程中产生的。
居民理财	(1)居民:社会最古老、最基本的经济主体,包括个人和企业。 (2)理财:通过对财务进行管理,实现财产的保值、增值。目前,居民理财主要方式有两类,即货币储蓄与投资。 ①储蓄:具有保值性特征,是指居民将暂时不用或结余的货币收入存入银行或其他金融机构,以保证本金安全,并期望获得一定利息收益的一种存款活动。 ②投资:未来收益具有不确定性,是指投资者当期投入一定数额的资金而期望在未来获得回报,所得的回报应该能补偿投资资金被占用的时间、预期的通货膨胀率以及期望更多的未来收益。 最普遍的投资产品包括股票、债券、基金等。

名师指导

考查概率:20%。
本考点较少考查。
命题角度:投资的概念。

● 母题精选

【单选题】 以下关于投资概念的描述,错误的是(   )。

A. 投资者期望投资回报应该能补偿预期的通货膨胀率

B. 投资者期望投资回报应该能补偿资金被占用的时间

C. 投资未来收益具有不确定性

D. 投资的产出会大于投入

【答案】 D **【解析】** 投资的未来收益具有不确定性,并不是产出一定会大于投入。选项D描述错误。

二、金融市场(掌握)

(一)金融市场的分类

项 目	内 容
按交易工具期限划分	(1)货币市场(短期金融市场):专门融通一年以内短期资金的场所。典型的货币市场有同业拆借市场、回购协议市场、票据市场、大额可转让定期存单市场等。 (2)资本市场(长期金融市场):以期限在一年以上的有价证券为交易工具进行长期资金交易的市场。 ①广义的资本市场:银行中长期存贷款市场和有价证券市场(中长期债券市场和股票市场)。 ②狭义的资本市场:专指中长期债券市场和股票市场。
按交易标的物划分	(1)票据市场:各种票据进行交易的场所,按其交易方式可划分为票据承兑市场和贴现市场。 (2)证券市场:股票、债券、基金等有价证券发行和转让流通的市场。 (3)衍生工具市场:各种衍生金融工具进行交易的市场。其中,衍生金融工具主要包括远期合约、期货合约、期权合约和互换协议等。 (4)外汇市场:各国中央银行、外汇银行、外汇经纪人及客户组成的外汇买卖、经营活动的总和。 (5)黄金市场:专门集中进行黄金买卖的交易中心或场所。 **记忆关键词:**票据;证券;衍生工具;外汇;黄金
按交割期限划分	(1)现货市场:交易协议达成后在两个交易日内进行交割的市场。 (2)期货市场:交易在协议达成后并不立刻交割,而是约定在某一特定时间后进行交割的市场。期货市场协议成交和标的交割是分离的。
按交易性质划分	(1)发行市场(一级市场):筹集资金的公司或政府机构将其新发行的股票和债券等证券销售给最初购买者的金融市场。 (2)流通市场(二级市场):已经发行的证券进行买卖、转让和流通的市场。
按地理范围划分	(1)国内金融市场:一国范围内的资金融通与资金交易的市场,通常仅由国内金融机构参与,不会涉及货币资金的跨境流动。可分为全国性、区域性及地方性的金融市场。

👍 考查概率:80%。在考试中所占分值约为1分。

命题角度:①金融市场的分类。②金融机构在金融市场中的作用。

💡 我们通常所称的"金融市场"是指资金供应者和资金需求者双方通过金融工具进行交易而融通资金的市场。

💡 对于金融市场的分类,经常会按不同标准划分,可分为哪些类市场的形式出题,也有可能考查分类中有哪些细分市场,考生应厘清其中的关系,切勿混淆分类。

续表

项　目	内　容
按地理 范围划分	（2）国际金融市场：国家与国家之间的资金融通与资金交易的市场，涉及货币资金的跨境流动，由经营国家间货币业务的金融机构组成，其经营内容广泛，包括跨境的资金借贷、外汇买卖、证券买卖、资金交易等。

● 母 题 精 选

【单选题】按照交易工具的期限对金融市场进行分类，可以分为（　　）。

A. 票据市场和证券市场　　　　　　B. 票据承兑市场和贴现市场

C. 现货市场和期货市场　　　　　　D. 货币市场和资本市场

【答案】 D 【解析】按照交易工具的期限对金融市场进行分类，可以分为货币市场和资本市场。

【单选题】票据市场是指各种票据进行交易的场所，按交易方式主要分为（　　）。

A. 直接交易市场和间接交易市场　　　B. 长期票据市场和短期票据市场

C. 票据正回购市场和票据逆回购市场　　D. 票据承兑市场和票据贴现市场

【答案】 D 【解析】票据市场是指各种票据进行交易的场所，按交易方式主要分为票据承兑市场和票据贴现市场。

（二）金融市场的构成要素

项　目	内　容
市场参与者	金融市场的参与者有政府、中央银行、金融机构、企业和个人居民等。其中，金融机构和个人居民的角色最为重要。 （1）金融机构：在金融市场具有支配性作用，是最重要的中介机构，也是储蓄转化为投资的重要渠道，在金融市场上充当资金的供给者、需求者和中间人等多重角色。 （2）个人居民：金融市场上主要的资金供给者，也是维持金融市场供求均衡的重要力量。 **记忆关键词：**支配性；最重要；多重角色
金融工具	（1）地位：金融工具是金融市场上进行交易的载体，最初被称为信用工具，是证明债权债务关系并据以进行货币资金交易的合法凭证。 （2）性质：金融工具是法律契约，交易双方的权利和义务受法律保护。具有广泛的社会可接受性，流通转让性强。
金融交易的 组织方式	（1）场内交易方式：有固定场所、有制度、集中进行交易，在我国主要指交易所的交易方式。 （2）场外交易方式：在证券交易所之外各金融机构柜台上买卖双方进行面议、分散交易，如柜台交易方式。我国典型的场外交易市场有银行间债券市场、代办股份转让系统、债券柜台交易市场等。 （3）电信网络交易方式：没有固定场所，交易双方也不直接接触，主要借助电子通信或互联网络技术手段来完成交易。

💡 市场参与者、金融工具、金融交易的组织方式是金融市场上必备的市场要素，三者缺一不可。

💡 我国目前共有八家证券及其他金融交易所，包括上海证券交易所、深圳证券交易所、中国金融期货交易所、上海期货交易所、郑州商品交易所、大连商品交易所、全国中小企业股份转让系统和上海黄金交易所。

● 母题精选

【单选题】关于金融机构的作用,以下表述正确的是(   )。

Ⅰ.是金融市场中最重要的中介机构,是储蓄转化投资的重要渠道

Ⅱ.在金融市场上充当资金的供给者、需求者和中间人等多重角色

Ⅲ.是金融市场上主要直接的资金供给者

Ⅳ.作为机构投资者在金融市场具有支配性作用

  A.Ⅰ、Ⅱ、Ⅲ、Ⅳ   B.Ⅰ、Ⅲ、Ⅳ   C.Ⅰ、Ⅱ、Ⅲ   D.Ⅰ、Ⅱ、Ⅳ

【答案】 D 【解析】金融机构在金融市场上充当资金的供给者、需求者和中间人等多重角色,既是金融市场的中间人,也是金融市场的投资者、货币政策的传递者和承受者。居民是金融市场上主要的资金供给者。第Ⅲ项表述错误。

（三）金融市场的监管

项　目	内　容
金融市场"市场失灵"的表现	(1)外部性问题。 (2)脆弱性问题。 (3)不完全竞争问题。 (4)信息不对称问题。
我国金融市场的监管体系	我国金融市场监管采取的是银行保险业、证券业分业监管的模式。 (1)在国务院的领导下,中国人民银行作为中央银行,承担宏观监管职责。 (2)中国银行保险监督管理委员会、中国证监会分别对银行业、保险业金融机构和证券业金融机构及这些机构的业务活动实施监督管理。 (3)交易所、行业协会等自律机构在各自范围内实施自律管理。

第二节　金融资产与资产管理行业

一、金融资产(掌握)

项　目	内　容
概念	(1)概念:金融资产是一种凭证,不但代表了未来收益或资产的合法要求权,标示了明确的价值,而且表明了交易双方的所有权关系和债权关系。 (2)来源:资金的供给者主要通过投资金融工具获得各种类型的金融资产。 **记忆关键词:**凭证;合法要求权;投资金融工具
分类	(1)债券类金融资产:以票据、债券等契约型投资工具为主。 (2)股权类金融资产:以各类股票为主。 **记忆关键词:**票据;债券;股票

考查概率:80%。在考试中所占分值约为1分。

命题角度:金融资产的概念、来源与分类。

● 母 题 精 选

【单选题】关于金融资产,以下描述错误的是(　　)。

　　A. 金融资产是代表未来收益或资产合法要求权的凭证

　　B. 金融资产具有较大的升值空间

　　C. 金融资产一般分为债券类金融资产和股权类金融资产

　　D. 资金的供给者通过投资金融工具获得各类金融资产

【答案】 B　**【解析】**金融资产未来在获得收益的同时也存在风险,其收益和风险是并存的。选项B描述错误。

【单选题】以下均为债券类金融资产的是(　　)。

　　A. 基金、国债期货　　　　　　　　　B. 可转债、票据

　　C. 城投债、限售股　　　　　　　　　D. 现金、定期分红蓝筹股

【答案】 B　**【解析】**债券类金融资产以票据、债券等契约型投资工具为主。只有选项B属于债券和票据。

二、资产管理(理解)

<table>
<tr><th>项　目</th><th colspan="2">内　容</th></tr>
<tr><td>概念</td><td colspan="2">　　资产管理是指金融机构受投资者委托进行证券和其他金融产品的投资并提供金融资产管理服务、收取费用的行为。其目的是为了实现投资者的特定目标和利益。</td></tr>
<tr><td>特征</td><td colspan="2">　　(1)从参与角度来看:包括委托方(投资者)和受托方(资产管理人)两大参与方。受托方根据委托方授权,进行资产投资管理,承担受托人义务。
　　(2)从受托资产角度来看:受托资产主要是货币等金融资产。
　　(3)从管理方式角度来看:主要通过投资于银行存款、证券、期货、基金、保险、实体企业股权以及其他可被证券化的资产实现增值。
　　记忆关键词:委托方;受托方;货币;增值</td></tr>
<tr><td>本质</td><td colspan="2">　　(1)本质:受人之托、代人理财。
　　(2)具体表现:①一切资产管理活动都要求所获取的收益与所承担的风险相匹配。②管理人必须坚持"卖者有责",受人之托、忠人之事,做到诚实守信、勤勉尽责、实事求是。③投资人必须做到"买者自负",不存在任何保底保收益等"刚性兑付"行为。</td></tr>
</table>

👍 **考查概率:**20%。
本考点较少考查。
命题角度:资产管理的具体特征。

💡 "刚性兑付"是指在投资过程中,金融机构承担了投资资金安全保障的全部责任,一旦标的到期无法按约兑付,金融机构便会自行"兜底",垫付本金或者本息的现象。

● 母 题 精 选

【单选题】下列不属于资产管理特征的是(　　)。

　　A. 从参与方来看,包括委托方和受托方

　　B. 从收益特征来看,具有增值的特点

　　C. 从管理方式来看,主要通过投资证券、期货、基金、保险等资产实现增值

　　D. 从受托资产来看,主要为货币等金融资产,一般不包括固定资产等实物资产

【答案】 B　**【解析】**选项B不属于资产管理的特征。

三、资产管理行业（重点掌握）

项 目	内 容
范围	资产管理行业涉及面非常广泛,包括银行、证券、保险、基金、信托、期货等行业,但是具体范围目前仍无明确界定。
作用	(1)对于市场经济来说:①资产管理行业能够为市场经济体系有效配置资源,提高整个社会经济的效率和生产服务水平。②资产管理行业能对金融资产进行合理定价,给金融市场提供流动性,降低交易成本,使金融市场更加健康有效,最终有利于一国经济的发展。 　　(2)对于企业和个人来说:①能够帮助投资人搜集、处理各种和投资有关的信息,提供各类投资机会,帮助投资者进行投资决策,并提供决策的最佳执行服务,使投资融资更加便利。②资产管理行业创造出十分广泛的投资产品和服务,满足投资者的各种投资需求,使资金的需求方和提供方能够便利地连接起来。 　　**记忆关键词:**配置资源;合理定价;提供流动性;降低交易成本;投资机会;投资决策

考查概率:100%。在考试中所占分值约为1分。
命题角度:资产管理行业的作用。

💡资产管理行业的作用是历次考试的必考点,考生必须熟练掌握。

● 母 题 精 选

【单选题】资产管理行业的作用包括( )。
Ⅰ.搜集、处理各种和投资有关的宏观、微观信息　　Ⅱ.提供各类投资机会
Ⅲ.帮助投资人进行投资决策　　Ⅳ.承担投资人损失
　　A.Ⅰ、Ⅲ、Ⅳ　　　　B.Ⅰ、Ⅱ、Ⅲ　　　　C.Ⅰ、Ⅱ、Ⅳ　　　　D.Ⅱ、Ⅲ、Ⅳ
【答案】　B　【解析】资产管理行业能够帮助投资人搜集、处理各种和投资有关的信息,提供各类投资机会,帮助投资者进行投资决策,不能承担投资人的损失。第Ⅳ项说法错误。

第三节　我国资产管理行业的状况

一、我国资产管理行业概况（理解）

项 目	内 容
传统的资产管理行业	(1)基金管理公司提供各类公募基金、私募基金。 (2)信托公司提供各类信托计划。
我国资产管理行业现状	(1)现状:机构投资者广泛参与,各类资产管理业务交叉融合。除传统的基金管理公司和信托公司外,银行、证券、保险等各类金融机构也开展资产管理业务,券商资产管理计划、保险资产管理计划、期货资产管理计划、银行理财等各种资产管理产品也迅速发展。 　　(2)形成原因:①居民个人财富不断积累。②金融监管机构对资产管理的金融管制逐渐放松。③投资者理财需求不断上升。

考查概率:40%。本考点较少考查。
命题角度:我国资产管理行业现状。

● 母 题 精 选

【单选题】以下不属于资产管理产品的是(　　)。

  A. 集合信托计划   B. 私募股权投资基金

  C. 保险资产管理计划   D. 银行大额存单质押融资

【答案】　D　【解析】银行、证券、保险等各类金融机构,除公募基金、私募基金、信托计划外,还提供券商资产管理计划、保险资产管理计划、期货资产管理计划、银行理财等各种资产管理产品。

【单选题】关于资产管理行业的现状,以下表述错误的是(　　)。

  A. 各类机构广泛参与,各类资产管理业务交叉融合是我国目前大资产管理的现状

  B. 传统的资产管理行业主要是基金公司和信托公司

  C. 银行、保险等各类机构不能开展资产管理业务

  D. 随着我国居民个人财富的不断积累,投资者对理财的需求不断上升

【答案】　C　【解析】我国银行、证券、保险等各类金融机构均可以开展资产管理业务,选项C表述错误。

二、我国各类资产管理业务简介(掌握)

> 👍 考查概率:60%。本考点内容较为重要,考查的可能性较大,考生应重点掌握。

项　目	内　容
证券投资基金管理公司及其子公司资产管理业务	(1)证券投资基金管理公司概述。 证券投资基金管理公司是经国务院证券监督管理机构批准,在中国境内设立,从事证券投资基金管理业务和国务院证券监督管理机构许可的其他业务的企业法人。 (2)业务。 ①公开募集基金:向不特定对象募集资金或者向特定对象募集资金累计超过200人以及法律、行政法规规定的其他情形。 ②特定客户资产管理业务:向特定客户募集资金或者接受特定客户财产委托担任资产管理人,托管机构担任资产托管人,运用委托财产进行投资,为资产委托人获取利益的活动。特定客户资产管理业务可以分为两类: ③专项资产管理计划:基金管理人设立专门的子公司,投资于未通过证券交易所转让的股权、债权及其他财产权利以及中国证监会认可的其他资产的特定资产管理计划。

> 💡 我国的"国务院证券监督管理机构"即中国证券监督管理委员会,简称中国证监会。

下表为特定客户资产管理业务的两类：

为单一客户办理特定资产管理业务	为多个客户办理特定资产管理业务
客户委托的初始资产不得低于3000万元,国务院证券监督管理机构另有规定的除外。	单个资产管理计划的委托人不得超过200人,但单笔委托金额在300万元以上的不受此限制;客户委托的初始资产合计应在3000万元~50亿元,国务院证券监督管理机构另有规定的除外。

续　表

项　目	内　容
证券投资基金管理公司及其子公司资产管理业务	④私募股权基金管理业务:基金管理人可以设立专门子公司,通过设立特殊目的机构或者设立合伙企业或者公司形式的私募股权投资基金来从事私募股权投资基金管理业务。
私募机构资产管理业务	(1)设立私募基金管理机构和发行私募基金,不设行政审批。 (2)非公开募集基金应当向合格投资者募集,合格投资者累计不得超过200人。
证券公司资产管理业务	(1)证券公司可以依法从事客户资产管理的业务包括:①为单一客户办理定向资产管理业务。②为多个客户办理集合资产管理业务。③为客户办理特定目的的专项资产管理业务。 (2)集合资产管理计划应当面向合格投资者推广,合格投资者累计不得超过200人。
期货公司资产管理业务	(1)期货公司及其子公司从事资产管理的业务包括:①为单一客户办理资产管理业务。②为特定多个客户办理资产管理业务。 (2)资产管理业务的单一客户的起始委托资产不得低于100万元。资产管理计划的资产委托人应当为合格投资者,单个资产管理计划的投资者人数不得超过200人。
信托公司资产管理业务	(1)信托公司可以在境内从事资产管理的业务包括:①单一资金信托计划。②集合资金信托计划。 (2)集合资金信托计划是由信托公司担任受托人,按照委托人意愿,为受益人的利益,将两个及以上委托人交付的资金进行集中管理、运用或处分的资金信托业务活动。设立集合资金信托计划,应当符合下列要求:①委托人为合格投资者。②参与信托计划的委托人为唯一受益人。③单个信托计划的自然人人数不得超过50人,但单笔委托金额在300万元以上的自然人投资者和合格的机构投资者数量不受限制。④信托期限不少于1年。⑤信托资金有明确的投资方向和投资策略,且符合国家产业政策以及其他有关规定。⑥信托受益权划分为等额份额的信托单位。⑦信托合同应约定受托人报酬,除合理报酬外,信托公司不得以任何名义直接或间接以信托财产为自己或他人牟利。⑧中国银行保险监督管理委员会规定的其他要求。
保险公司、保险资产管理公司业务	保险资产管理公司的业务主要包括:①保险资金委托投资业务。②保险资产管理产品业务。③资产支持计划业务。④私募基金业务。⑤投资连结保险产品和非寿险非预定收益投资型保险产品的资金管理。⑥公募证券投资基金业务。

💡"证券公司资产管理业务"中的"合格投资者"是指具备相应风险识别能力和承担所投资集合资产管理计划风险能力且符合下列条件之一的单位和个人:①个人或者家庭金融资产合计不低于100万元。②公司、企业等机构净资产不低于1000万元。依法设立并受监管的各类集合投资产品视为单一合格投资者。

💡此处的"合格投资者"应参照非公开募集基金的合格投资者。

💡"信托公司资产管理业务"中的"合格投资者"是指符合下列条件之一,能够识别、判断和承担信托计划相应风险的人:①投资一个信托计划的最低金额不少于100万元的自然人、法人或者依法成立的其他组织。②个人或家庭金融资产总计在其认购时超过100万元,且能提供相关财产证明的自然人。③个人收入在最近三年内每年收入超过20万元或者夫妻双方合计收入在最近三年内每年收入超过30万元,且能提供相关收入证明的自然人。

续 表

项 目	内 容
商业银行资产管理业务	(1)商业银行资产管理业务主要包括:个人理财产品业务和私人银行业务。 (2)商业银行可以向特定目标客户群销售理财计划。商业银行为私人银行客户和高资产净值客户提供理财产品销售服务时应当进行客户风险承受能力评估。

三、我国资产管理行业存在的问题与规范健康发展采取的措施(了解)

项 目	内 容
存在的问题	(1)资金池操作存在到期无法兑付,导致流动性风险问题。 (2)产品多层嵌套,增加风险传递的可能性。 (3)影子银行的存在,使一部分资金监管不足。 (4)刚性兑付问题使风险仍停留在金融体系。 (5)部分非金融机构非法、无序开展资产管理业务。
规范健康发展采取的措施	(1)分类统一标准规制,逐步消除套利空间,遏制产品嵌套导致的风险传递。 (2)引导资产管理业务回归"受人之托、代人理财"的本源,有序打破刚性兑付。 (3)加强流动性风险管控,控制杠杆水平,抑制资产泡沫。 (4)消除多层嵌套行为,抑制通道业务。 (5)加强对银行"非标"业务的监管,防范影子银行风险。 (6)建立综合统计制度,为穿透式监管提供根本基础,及时、准确掌握行业情况,完整反映行业风险状况。

👍 考查概率:0。在考试中本考点基本未考查。考生只需了解即可,不做重点要求。

💡 影子银行是指游离于银行监管体系之外、可能引发系统性风险和监管套利等问题的信用中介体系(包括各类相关机构和业务活动)。

第四节 投资基金简介

一、投资基金的含义(了解)

项 目	内 容
含义	投资基金是指通过向投资者发行受益凭证(基金份额),将社会上的资金集中起来,交由专业的基金管理机构投资于各种资产,实现保值增值的一种资产管理方式。
方式	组合投资、专业管理、利益共享、风险共担的集合投资方式。
性质	属于间接投资工具。
可投资的资产	(1)金融资产,包括股票、债券、外汇、股权、期货、期权等。 (2)其他资产,包括房地产、大宗能源、林权、艺术品等。

👍 考查概率:0。在考试中本考点基本未考查。考生只需了解即可,不做重点要求。

二、投资基金的主要类别（掌握）

项 目	内 容
按资金募集方式划分	（1）公募基金：向不特定投资者公开发行受益凭证进行资金募集的基金。其特点是监管非常严格。 （2）私募基金：私下或直接向少数特定投资者、采用非公开方式募集的基金。其特点包括：①对投资者的投资能力要求较高。②在信息披露和投资限制等方面监管要求较低。③方式较为灵活。
按法律形式划分	（1）契约型基金：依据基金合同而设立的一类基金。 （2）公司型基金：在法律上具有独立法人地位的股份投资公司。 （3）有限合伙型基金：投资者成立有限合伙企业，由有限合伙人以其认缴的出资额为限对基金（合伙企业）债务承担责任，由基金管理人具体负责投资运作的股权投资基金。
按运作方式划分	（1）开放式基金：基金份额不固定，基金份额可以在基金合同约定的时间和场所进行申购或者赎回的一种基金运作方式。 （2）封闭式基金：基金份额在基金合同期限内固定不变，基金份额可以在依法设立的证券交易所交易，但基金份额持有人不得申请赎回的一种基金运作方式。
按所投资的对象划分	（1）传统投资基金：投资于公开市场交易的权益、债券、货币、期货等金融资产的基金，以证券投资基金为代表。 （2）另类投资基金：投资于传统对象以外的投资基金。常见的另类投资基金主要包括下列五类。 ①私募股权基金（Private Equity，PE）：指通过非公开形式对非上市企业进行的权益性投资，在交易实施过程中附带考虑了将来的退出机制，即通过上市、并购或管理层回购等方式，出售持股获利。 ②风险投资基金（Venture Capital，VC）：又称创业基金，一般采用非公开募集方式，将吸收的机构和个人的资金，投向一些初创期或者小型的新型企业，尤其是高新技术企业，帮助所投资的企业尽快发展、成熟，取得上市资格，从而实现资本增值。 ③对冲基金（Hedge Fund，HF）：起源于20世纪50年代初的美国，一般采用非公开募集方式，是基于投资理论和极其复杂的金融市场操作技巧，充分利用各种金融衍生产品的杠杆效用，承担高风险、追求高收益的投资模式。 ④不动产投资基金（Real Estates Investment Trusts，REITs）：公开或非公开两种募集方式均可采用，是一种以发行权益凭证的方式汇集投资者的资金，由专门投资机构进行不动产投资经营管理，并将投资综合收益按比例分配给投资者的一种基金。 ⑤其他另类投资基金：一般采用非公开募集方式，是指投资于传统的股票、债券之外的金融和实物资产的基金，如房地产、证券化资产、对冲基金、大宗商品、黄金、艺术品等。

👍 考查概率：60%。在考试中所占分值约为1分。

命题角度：①投资基金按不同划分方式的分类。②公募基金和私募基金的特点。

💡 证券投资基金是指依照利益共享、风险共担的原则，将分散在投资者手中的资金集中起来委托专业投资机构进行证券投资管理的投资工具。又可分为公募证券投资基金和私募证券投资基金。

母题精选

【单选题】根据募集方式分类，可以将基金分为(　　)。

A.公募基金与私募基金　　　　B.主动型基金与被动型基金

C.封闭式基金与开放式基金　　D.契约型基金与公司型基金

【答案】A　【解析】根据募集方式，可以将基金分为公募基金和私募基金。

【单选题】关于私募基金的特点，以下描述错误的是(　　)。

A.向少数特定投资者采用非公开方式募集　B.应定期向公众进行充分的信息披露

C.在信息披露、投资限制方面监管要求较低　D.对投资者的投资能力有一定的要求

【答案】B　【解析】私募基金在信息披露、投资限制等方面监管要求较低。选项B描述错误。

章节练习

本书不在书本上进行章节练习的展示，在此做特别说明。

1.纸质教材无法跟踪考生做题记录，不能对考生的做题数据进行统计，不方便考生日后复习检查。

2.纸质教材篇幅有限，不能大量展现章节知识点练习题，达不到真正的练习检测效果。

3.软件练习模式多样，适合考生多种情形下进行学习。

综合以上几点考虑，编写组老师结合本书，研发了智能考试题库系统，包含智能题库微信版和智能题库网页版，考生可通过扫描"章节练习"旁边的二维码进入微信版题库进行章节练习，或打开网址 http://cj.ek100.cn/进入网页版题库进行章节练习。

智能题库中包含大量考试真题、押题、模拟题。同时，题库中还为考生提供多种练习方式，包括章节练习、真题试卷、押题试卷、模拟试卷、错题练习等。通过多种练习方式，能够有效巩固考生所学知识，并通过记录做题数据，方便考生检查错题、攻克薄弱知识点(这是纸质练习无法实现的)。

考生在学习过程中可将教材与软件结合起来使用，利用固定充裕的时间学习纸质教材的内容；在有电脑的情况下，可通过网页版题库进行检查学习；有零散时间的时候，可充分利用微信版题库在手机上进行复习。微信版和网页版题库共用账户，做题数据同步。

【提示】首次扫描二维码进入微信版题库，需要注册账户并激活账户(注册及激活方式见附录二)。

第二章　证券投资基金概述

● 本章应试分析

　　本章分六节介绍证券投资基金的基础知识:第一节介绍证券投资基金的含义、特点及与其他金融工具的比较;第二节介绍证券投资基金的运作环节、运作活动,以及其三大类参与主体;第三节以法律形式和运作方式为依据对基金做具体的分类;第四节和第五节分别从全球和我国的角度介绍证券投资基金业的发展;第六节总结证券投资基金业在我国金融体系中的地位与作用。本章在考试中所占分值为 10 分～11 分,所占分值非常高,但是整体难度不大,考生在学习的同时应多做练习,加强对知识点的记忆。

● 思维导图

```
                    证券投资基金的含义与特点 ──┬── 证券投资基金的含义（了解）
                                              ├── 证券投资基金的基本特点（重点掌握）
                                              └── 证券投资基金与其他金融工具的比较（重点掌握）

                    证券投资基金的运作与参与主体 ──┬── 证券投资基金的运作（重点掌握）
                                                 ├── 证券投资基金的参与主体（重点掌握）
                                                 └── 证券投资基金的运作关系（了解）

证                  证券投资基金的法律形式和运作方式 ──┬── 契约型基金和公司型基金——依据法律形式划分（重点掌握）
券                                                    ├── 基金财产的独立性（了解）
投                                                    ├── 封闭式基金和开放式基金——依据运作方式划分（重点掌握）
资                                                    └── 伞型基金（了解）
基
金                  证券投资基金的起源与发展 ──┬── 证券投资基金的起源与初期发展（了解）
概                                            ├── 证券投资基金在美国及全球的普及性发展（了解）
述                                            └── 全球基金业发展的趋势和特点（了解）

                    我国证券投资基金业的发展历程 ──┬── 我国证券投资基金业发展的五条主线（了解）
                                                  ├── 1985—1997年的萌芽和早期发展时期（了解）
                                                  ├── 1998—2002年的试点发展阶段（了解）
                                                  ├── 2003—2007年的行业快速发展阶段（了解）
                                                  ├── 2008—2014年的行业平稳发展及创新探索阶段（了解）
                                                  └── 2015年至今的防范风险和规范发展阶段（了解）

                    证券投资基金业在金融体系中的地位与作用（重点掌握）
```

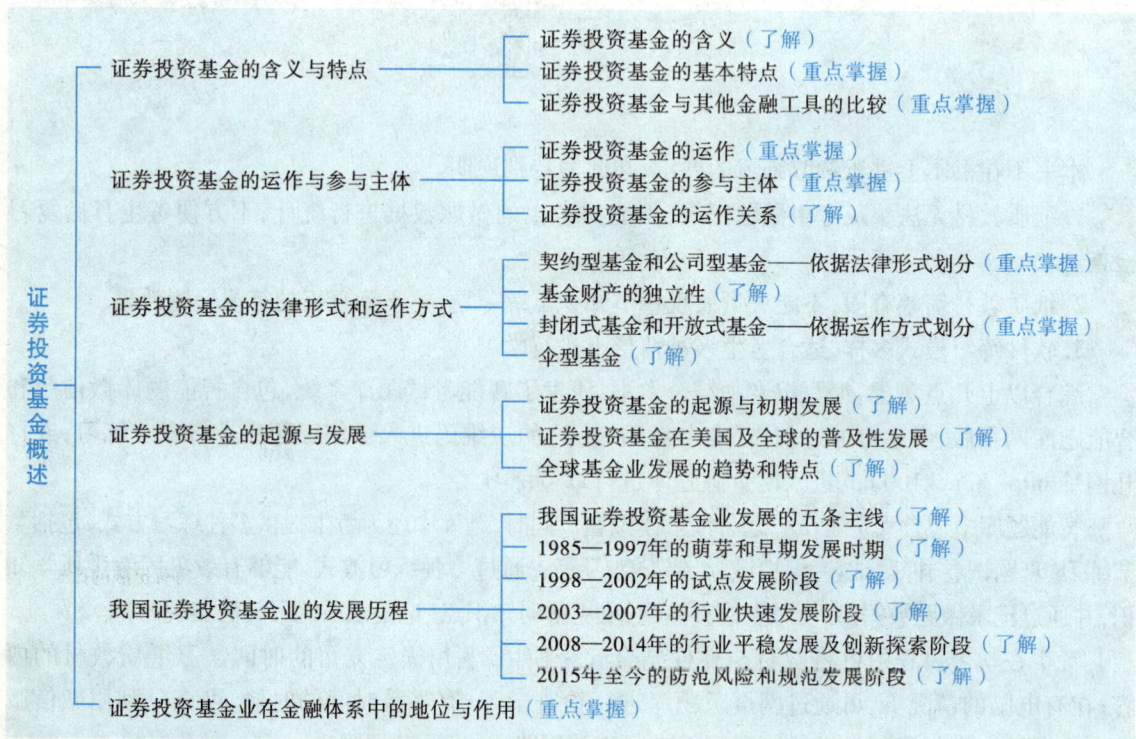

● 名师同步精讲

第一节　证券投资基金的含义与特点

一、证券投资基金的含义（了解）

项　目	内　容
含义	证券投资基金是指通过发售基金份额,将众多不特定投资者的资金汇集起来,形成独立财产,委托基金管理人进行投资管理,基金托管人进行财产托管,由基金投资人共享投资收益、共担投资风险的集合投资方式。

名师指导

👍 考查概率:0。在考试中本考点基本未考查。考生只需了解即可,不做重点要求。

续表

项　目	内　容
对证券投资基金含义的理解	（1）本质上是间接通过基金管理人代理投资的一种方式。 （2）基金管理人和托管人可以按照基金的资产规模获得一定比例的管理费收入和托管费收入。 （3）证券投资基金在世界各国的称谓有所不同。 ①在美国称"共同基金"。②在英国和中国香港特别行政区称"单位信托基金"。③在欧洲一些国家和地区称"集合投资基金"或"集合投资计划"。④在日本和中国台湾地区称"证券投资信托基金"。

二、证券投资基金的基本特点（重点掌握）

项　目	内　容
集合理财、专业管理	（1）集合理财特点表现在将众多投资者的资金汇集起来，委托基金管理人集中进行投资，这样可以发挥资金的规模优势，降低投资成本。 （2）专业管理特点表现在基金管理人拥有更为专业的软、硬件资源，能够更好地对证券市场进行全方位的动态跟踪与深入分析。这样，中小投资者也能享受到专业化的投资管理服务。 **记忆关键词：**规模优势；动态跟踪；深入分析；专业化
组合投资、分散风险	基金通常会购买多种股票组合投资，投资者购买基金就相当于用很少的资金购买了一篮子股票，这样在市场不利时，能够有效分散风险；在市场有利时，能够享受到组合投资带来的利益。
利益共享、风险共担	基金投资所产生的风险和利益均由所有投资者按比例进行分配，基金管理人和基金托管人作为提供服务的机构，一般按基金合同的规定从基金资产中收取一定比例的管理费、托管费，并不参与基金收益的分配，也不承担基金投资产生的风险。 **记忆关键词：**比例；托管费；管理费；不参与；不承担
严格监管、信息透明	基金监管机构对证券投资基金业实行严格的监管制度，并强制基金进行及时、准确、充分的信息披露。
独立托管、保障安全	基金管理人负责基金的投资操作，基金托管人负责基金财产的保管，形成相互制约、相互监督的制衡机制，保障投资者资金的安全。

👍 考查概率：100%。在考试中所占分值为1分～2分。

命题角度：证券投资基金的具体特点。

💡 考生应注意，基金投资所产生的风险和利益均由投资者按照持有份额的比例承担和分配，基金管理人和托管人既不承担也不分配。

● 母 题 精 选

【单选题】以下不属于证券投资基金特点的是（　　）。
　　A.组合投资、分散风险　　　　　　B.风险可控、利益确保
　　C.严格监管、信息透明　　　　　　D.独立托管、保障安全

【答案】　B　**【解析】**证券投资基金特点包括：①集合理财、专业管理。②组合投资、分散风险。③利益共享、风险共担。④严格监管、信息透明。⑤独立托管、保障安全。

【单选题】关于证券投资基金"利益共享、风险共担"的特点，以下表述正确的是(　　)。

　　A.基金投资者一般按照持有的基金份额分配基金收益

　　B.基金投资收益在扣除由基金承担的费用后，部分盈余归基金投资者所有

　　C.基金托管人与基金管理人共同分担投资风险

　　D.为基金提供服务的基金管理人会参与基金收益的分配

【答案】　A　【解析】基金投资者一般会按照所持有的基金份额比例进行分配。选项A表述正确；基金投资收益在扣除由基金承担的费用后的盈余全部归基金投资者所有，为基金提供服务的基金托管人、基金管理人一般按基金合同的规定从基金资产中收取一定比例的托管费、管理费，既不参与基金收益的分配，也不承担基金风险。选项B、C、D表述错误。

三、证券投资基金与其他金融工具的比较(重点掌握)

（一）基金与股票、债券的比较

项　目	基　金	股　票	债　券
反映的经济关系不同	信托关系，是一种受益凭证。	所有权关系，是一种所有权凭证。	债权债务关系，是一种债权凭证。
所筹资金的投向不同	间接投资工具，主要投向有价证券等金融工具或产品。	直接投资工具，主要投向实业领域。	
投资收益和风险大小不同	风险相对适中、收益相对稳健。	高风险、高收益。	低风险、低收益。

考查概率：100%。

在考试中所占分值为1分~2分。

命题角度：基金与其他金融工具相比的特殊之处。

对于基金反映的经济关系、所筹资金的投向、投资收益与风险的大小是历次考试的重点，考生应掌握和理解基金的本质。

● 母 题 精 选

【单选题】以下投资工具中，属于间接投资工具的是(　　)。

Ⅰ.证券投资基金　　　　　　　　Ⅱ.普通股票

Ⅲ.债券　　　　　　　　　　　　Ⅳ.证券公司集合理财计划

　　A.Ⅰ、Ⅲ、Ⅳ　　　B.Ⅲ、Ⅳ　　　C.Ⅱ、Ⅲ　　　D.Ⅰ、Ⅳ

【答案】　D　【解析】证券投资基金是间接投资工具，所筹集的资金主要投向有价证券等金融工具或产品。证券公司集合理财计划也属于间接投资工具。股票和债券是直接投资工具，筹集的资金主要投向实业领域。

（二）基金与银行储蓄的比较

项　目	基　金	银行储蓄
性质不同	是一种受益凭证，基金管理人不承担投资损失的风险。	是一种信用凭证，属于银行负债，银行负有法定的保本付息责任。
收益和风险特性不同	收益具有一定的波动性，投资风险较大。	利率相对固定，投资相对比较安全。
信息披露程度不同	定期披露。	无须披露。

● 母题精选

【单选题】下列关于不同投资工具投资收益与风险的描述,正确的是( )。

    A.基金可投资于众多金融工具或产品,所以风险有限,收益会相对比较高

    B.银行存款利率相对固定,投资者绝对没有损失本金的风险

    C.股票价格的波动性较大,是一种高风险、高收益的投资品种

    D.债券是一种债权关系,所以债券投资基本上没什么风险

【答案】 C 【解析】基金是一种风险相对适中、收益相对稳健的投资品种,选项 A 描述错误;银行存款利率相对固定,投资相对比较安全,绝对没有损失本金的风险说法过于绝对,选项 B 描述错误;股票价格的波动性较大,是一种高风险、高收益的投资品种,选项 C 描述正确;债券是一种低风险、低收益的投资品种,选项 D 描述错误。

（三）基金与保险产品的比较

项目	基金	保险产品
目的不同	是一种投资工具,是为了获得投资收益。	具有保障功能,更多是在于分散或者转移风险。
对投资人要求不同	对投资人没有太多要求。	保险产品需要根据被保险人自身的情况来计算。
变现能力不同	可以随时变现。	不可以随时变现。

第二节　证券投资基金的运作与参与主体

一、证券投资基金的运作(重点掌握)

项目	内　容
运作环节	①基金的募集。②基金的投资管理。③基金资产的托管。④基金份额的登记交易。⑤基金的估值与会计核算。⑥基金的信息披露。⑦其他基金运作活动在内的所有相关环节。
运作活动	(1)基金的市场营销:主要涉及基金份额的募集和客户服务。 (2)基金的投资管理:体现了基金管理人的服务价值。 (3)基金的后台管理:基金份额的注册登记、基金资产的估值、会计核算、信息披露等后台管理服务对保障基金的安全运作起着重要的作用。 **记忆关键词:**市场营销;募集;客户服务;投资管理;后台管理

考查概率:100%。在考试中所占分值为 1 分~2 分。

命题角度:①基金的运作包括哪些环节。②基金运作活动的内容及市场营销活动涉及的环节。

● 母题精选

【单选题】从基金管理人的角度看,以下不属于证券投资基金运作活动的是( )。

    A.基金的市场营销   B.基金的投资管理

    C.基金的自律监管   D.基金的后台管理

【答案】 C 【解析】基金的运作活动从基金管理人的角度看,可以分为基金的市场营销、基金的投资管理与基金的后台管理三大部分。选项 C 不属于证券投资基金运作活动。

【单选题】基金的市场营销主要涉及(   )。

　　A. 基金份额的募集与客户服务　　　B. 基金的销售与基金份额的注册登记

　　C. 基金份额的募集与运作管理　　　D. 基金的销售与基金投资

【答案】 A 【解析】基金的市场营销主要涉及基金份额的募集和客户服务。

二、证券投资基金的参与主体(重点掌握)

(一)基金当事人

项 目	内 容
基金份额持有人	(1)地位:基金投资者,基金的出资人、基金资产的所有者和基金投资回报的受益人。 (2)按照《中华人民共和国证券投资基金法》第四十六条规定,我国基金份额持有人享有下列权利: ①分享基金财产收益。②参与分配清算后的剩余基金财产。③依法转让或者申请赎回其持有的基金份额。④按照规定要求召开基金份额持有人大会。⑤对基金份额持有人大会审议事项行使表决权。⑥查阅或者复制公开披露的基金信息资料。⑦对基金管理人、基金托管人、基金销售机构损害其合法权益的行为依法提出诉讼。⑧基金合同约定其他权利。
基金管理人	(1)地位:基金产品的募集者和管理者,是基金运作中的核心。 (2)职责:按照基金合同的约定,负责基金资产的投资运作,力争在有效控制风险的同时为基金投资者获取最大的投资收益。 (3)我国的基金管理人:依法设立的基金管理公司。
基金托管人	(1)地位:基金资产的保管者。 (2)职责:保管基金资产,进行基金资金清算、会计复核以及对基金投资运作的监督等。 (3)我国的基金托管人:依法设立并取得基金托管资格的商业银行或其他金融机构。

👍 考查概率:100%。在考试中所占分值为1分～2分。

命题角度:①基金参与主体的类型。②基金当事人类型。③基金市场服务机构的类型及职责。④基金业协会的作用。

💡 考试中可能会出现基金当事人包括哪几类,经常会以组合型选择题的形式出现,考生应牢记三类基金当事人。

母题精选

【单选题】证券投资基金的基金合同当事人为(   )。

Ⅰ.基金投资者　　　Ⅱ.基金托管人　　　Ⅲ.基金管理人

Ⅳ.基金经理　　　Ⅴ.基金份额登记人

　　A. Ⅰ、Ⅱ、Ⅲ　　　B. Ⅰ、Ⅱ、Ⅲ、Ⅴ　　　C. Ⅰ、Ⅱ、Ⅲ、Ⅳ、Ⅴ　　　D. Ⅰ、Ⅱ、Ⅲ、Ⅳ

【答案】 A 【解析】我国的证券投资基金依据基金合同设立,基金份额持有人(即基金投资者)、基金管理人与基金托管人是基金合同的当事人,简称基金当事人。

(二)基金市场服务机构

💡 本考点内容较多,考生应注意掌握基金市场有哪些具体的服务机构,以及这些服务机构的职责。

项 目	内 容
基金销售机构	(1)基金销售机构:指受基金管理公司委托,从事基金销售业务活动的机构,包括基金管理人以及经中国证监会认定的可以从事基金销售的其他机构。

续 表

项 目	内 容
基金销售机构	（2）目前可申请从事基金代理销售的机构：商业银行、证券公司、保险公司、证券投资咨询机构以及独立基金销售机构。
基金销售支付机构	（1）基金销售支付机构：指从事基金销售支付业务活动的商业银行或者支付机构。其法定义务是按照规定办理基金销售结算资金的划付。 （2）从事销售支付活动的条件：①取得了中国人民银行颁发的《支付业务许可证》，并具有完善的资金清算和管理制度，能够确保基金销售结算资金的安全、独立和及时划付。②从事公开募集基金销售支付业务的，应当按照中国证监会的规定进行备案。
基金份额登记机构	（1）基金份额登记机构：指从事基金份额登记业务活动的机构。 （2）主要职责：①建立并管理投资人的基金账户。②负责基金份额的登记。③基金交易确认。④代理发放红利。⑤建立并保管基金份额持有人名册。⑥法律法规或份额登记服务协议规定的其他职责。
基金估值核算机构	（1）基金估值核算机构：指从事基金估值核算业务活动的机构。基金管理人及其委托的基金估值核算机构均可办理基金估值核算业务。 （2）拟从事公开募集基金估值核算业务的条件：必须向中国证监会申请注册。
基金投资顾问机构	（1）基金投资顾问机构：指从事基金投资顾问业务活动的机构。 （2）提供公开募集基金投资顾问业务的条件：必须向工商登记注册地的中国证监会派出机构申请注册。
基金评价机构	（1）基金评价机构：指从事基金评价业务活动的机构。 （2）从事公开募集基金评价业务的条件：应当向基金业协会申请注册。
基金信息技术系统服务机构	（1）基金信息技术系统服务机构：指为基金管理人、基金托管人和基金服务机构提供基金业务核心应用软件开发、信息系统运营维护、信息系统安全保障和基金交易电子商务平台等业务活动的机构。 （2）开展基金信息技术系统服务业务具备的条件：①应当具备国家有关部门规定的资质条件或者取得相关资质认证。②具有开展业务所需要的人员、设备、技术、知识产权等条件。③其信息技术系统服务应当符合法律法规、中国证监会以及行业自律组织等的业务规范要求。
律师事务所和会计师事务所	律师事务所和会计师事务所作为专业、独立的中介服务机构，为基金提供法律、会计服务。

💡 商业银行已具有《支付业务许可证》，无须再另行取得。

💡 公开募集基金的基金份额登记机构只能由基金管理人和中国证监会认定的其他机构担任。

● 母 题 精 选

【单选题】以下不属于基金市场服务机构的是( )。

　　A. 基金估值核算机构和基金销售支付机构　　B. 基金业协会和证监会机构部

　　C. 律师事务所和会计师事务所　　　　　　　D. 基金投资顾问机构和基金评价机构

【答案】 B 【解析】基金市场上有许多面向基金提供各类服务的其他机构,主要包括基金销售机构、基金销售支付机构、基金份额登记机构、基金估值核算机构、基金投资顾问机构、基金评价机构、基金信息技术系统服务机构以及律师事务所、会计师事务所等。

【单选题】按照规定办理基金销售结算资金的划付,是( )的法定义务。

　　A. 基金投资顾问机构　　　　　　　　　　　B. 基金份额登记机构

　　C. 基金评价机构　　　　　　　　　　　　　D. 基金销售支付机构

【答案】 D 【解析】按照规定办理基金销售结算资金的划付,是基金销售支付机构的法定义务。

（三）基金监管机构和自律组织

项 目	内 容
基金监管机构	(1)职责:①依法行使审批或核准权、办理基金备案。②监督管理基金管理人、托管人以及其他从事基金活动的服务机构,并对违法违规行为进行查处。 (2)我国的基金监管机构:中国证监会。
基金自律组织	(1)证券交易所。 ①我国证券交易所的性质:依法设立,不以营利为目的,实行自律性管理的法人。 ②作用:为证券交易提供场所和设施;通过证券交易所募集和交易的基金,需要遵守证券交易所的规则;经中国证监会授权,对基金的投资交易行为承担重要的一线监控职责。 (2)基金行业自律组织。 ①我国基金自律组织:成立于2012年6月6日的中国证券投资基金业协会(以下简称基金业协会)。 ②基金业协会的性质:是证券投资基金行业的自律性组织,是社会团体法人。 ③基金业协会的作用:促进同业交流、提高从业人员素质、加强行业自律管理、促进行业规范发展等。

💡基金监管机构和自律组织在考试中考查的较少,一般会针对基金业协会进行出题,考生只需重点掌握基金业协会的性质、作用即可。

● 母 题 精 选

【单选题】关于基金业协会的作用,以下表述错误的是( )。

　　A. 对违法违规行为进行行政处罚　　　　　　B. 提高从业人员素质

　　C. 促进同业交流　　　　　　　　　　　　　D. 促进行业规范发展

【答案】 A 【解析】基金业协会在促进同业交流、提高从业人员素质、加强行业自律管理、促进行业规范发展等方面具有重要的作用。

【单选题】依据所承担的职责和作用的不同,基金市场的参与主体主要分为(　　)。

Ⅰ.基金当事人　　　　　　　　　Ⅱ.基金市场服务机构

Ⅲ.基金监管机构　　　　　　　　Ⅳ.基金自律组织

　　　　A.Ⅰ、Ⅲ　　　　B.Ⅰ、Ⅱ、Ⅲ、Ⅳ　　　　C.Ⅰ、Ⅱ、Ⅲ　　　　D.Ⅱ、Ⅲ、Ⅳ

【答案】　B　【解析】依据所承担的职责与作用的不同,可以将基金市场的参与主体分为基金当事人、基金市场服务机构、基金监管机构和自律组织四大类。

三、证券投资基金的运作关系(了解)

项　目	内　容
运作关系	(1)基金当事人为主体。 (2)各类中介服务机构参与。 (3)基金监管机构实施全面监管。

考查概率:0。在考试中本考点基本未考查。考生只需了解即可,不做重点要求。

第三节　证券投资基金的法律形式和运作方式

视频讲解　微信扫描

一、契约型基金和公司型基金——依据法律形式划分(重点掌握)

（一）契约型基金和公司型基金概述

项　目	内　容
契约型基金	(1)目前,我国的基金均为契约型基金。 (2)设立依据:基金合同。基金合同是规定基金当事人之间权利和义务的基本法律文件。 (3)我国契约型基金基金合同的签订。 基金管理人、基金托管人之间签署基金合同,基金投资者自取得基金份额后即成为基金份额持有人和基金合同的当事人,依法享受权利并承担义务。
公司型基金	(1)公司型基金在法律上是具有独立法人地位的股份投资公司,以美国的投资公司为代表。 (2)设立依据:基金公司章程。 (3)运作方式:委托基金管理公司作为专业的财务顾问来经营与管理基金资产。基金投资者是股东,享有股东权,并按所持有的股份承担有限责任,分享投资收益。设有董事会,代表投资者的利益行使职权。

考查概率:100%。在考试中所占分值为1分~2分。

命题角度:契约型基金和公司型基金的划分依据,以及两者的区别。

考生应注意,我国目前的基金均是契约型基金,所以在考试中对契约型基金的考查也相对较多。

● 母 题 精 选

【单选题】依据法律形式的不同,证券投资基金可以分为(　　)。

Ⅰ.契约型基金　　Ⅱ.公司型基金　　Ⅲ.开放式基金　　Ⅳ.封闭式基金

　　　　A.Ⅰ、Ⅱ　　　　B.Ⅲ、Ⅳ　　　　C.Ⅰ、Ⅱ、Ⅲ　　　　D.Ⅱ、Ⅲ、Ⅳ

【答案】　A　【解析】证券投资基金依据法律形式的不同,可分为契约型基金与公司型基金。

母题精选　微信扫描

【单选题】以下关于契约型基金的表述错误的是(　　)。

　　A.基金投资者是基金公司的股东

　　B.基金投资者依法享受权利并承担义务

　　C.契约型基金是依据基金管理人、基金托管人之间所签署的基金合同设立的

　　D.基金投资者自取得基金份额后即成为基金份额持有人和基金合同的当事人

【答案】　A　【解析】公司型基金的投资者是基金公司的股东。

(二)契约型基金和公司型基金的区别

项　目	契约型基金	公司型基金
法律主体资格	不具有法人资格。	具有法人资格。
投资者的地位	基金持有人大会赋予基金持有者的权利相对较小。	股东大会赋予基金持有者的权利较大。
基金组织方式和营运依据	①组织方式:信托。 ②设立依据:基金合同。 ③优点:在设立上更为简单、易行。	①组织方式:股份有限公司。 ②设立依据:基金公司章程。 ③优点:法律关系明确清晰,监督约束机制较为完善。

💡契约型基金和公司型基金的三类区别,经常会一起出题,或以组合型选择题的形式出现,或者题干描述的是"契约型基金与公司型基金的区别"不包括哪一类。

● 母题精选

【单选题】契约型基金与公司型基金的主要区别是(　　)。

Ⅰ.法律主体资格不同　Ⅱ.投资者地位不同　Ⅲ.基金运营依据不同　Ⅳ.风险收益特征不同

　　A.Ⅰ、Ⅲ、Ⅳ　　　　B.Ⅰ、Ⅱ、Ⅲ　　　　C.Ⅰ、Ⅱ、Ⅲ、Ⅳ　　　　D.Ⅰ、Ⅱ、Ⅳ

【答案】　B　【解析】契约型基金与公司型基金的区别包括法律主体资格、投资者地位、基金运营依据。不包括第Ⅳ项。

二、基金财产的独立性(了解)

项　目	内　容
基金财产的独立性的表现	(1)《中华人民共和国证券投资基金法》第五条规定,基金财产的债务由基金财产本身承担,基金份额持有人以其出资为限对基金财产的债务承担责任。基金合同另有约定的,从其约定。基金财产独立于基金管理人、基金托管人的固有财产。基金管理人、基金托管人不得将基金财产归入其固有财产。基金管理人、基金托管人因基金财产的管理、运用或者其他情形而取得的财产和收益,归入基金财产。基金管理人、基金托管人因依法解散、被依法撤销或者被依法宣告破产等原因进行清算的,基金财产不属于其清算财产。 (2)《中华人民共和国证券投资基金法》第六条规定,基金财产的债权,不得与基金管理人、基金托管人固有财产的债务相抵销;不同基金财产的债权债务不得相互抵销。 (3)《中华人民共和国证券投资基金法》第七条规定,非因基金财产本身承担的债务,不得对基金财产强制执行。

👍考查概率:0。在考试中本考点基本未考查。考生只需了解即可,不做重点要求。

三、封闭式基金和开放式基金——依据运作方式划分（**重点掌握**）

（一）封闭式基金和开放式基金概述

项　目	内　容
封闭式基金	封闭式基金是指经核准的基金份额总额<u>在基金合同期限内固定不变</u>，基金份额<u>可以在依法设立的证券交易场所交易</u>，但基金份额持有人<u>不得申请赎回</u>的基金。
开放式基金	（1）开放式基金是指<u>基金份额总额不固定，基金份额可以在基金合同约定的时间和场所申购或者赎回的基金</u>。 （2）定期开放式基金：不是在任何交易日都可以自由进行买卖，而是按照一个固定的周期开放。市场上比较常见的是 3 个月和 6 个月开放一次的。目前定期开放基金大多为债券型基金。

（二）封闭式基金和开放式基金的区别

项　目	封闭式基金	开放式基金
期限	存续期固定。	无特定存续期限。
份额限制	固定，在封闭期限内未经法定程序认可不能增减。	不固定，投资者可随时提出申购或赎回申请，基金份额会随之增加或减少。
交易场所	在证券交易所上市交易。封闭式基金份额的买卖，只能委托证券公司在证券交易所按市价买卖，交易在投资者之间完成。	按照基金管理人确定的时间和地点向基金管理人或其销售代理人提出申购、赎回申请，交易在投资者与基金管理人之间完成。
价格形成方式	受二级市场供求关系的影响，交易价格可能折价或溢价，多为折价。	以基金份额净值为基础，不受市场供求关系的影响。交易价格按照每日基金单位资产净值确定。
激励约束机制	激励约束机制较差，但是基金份额固定，没有赎回压力，基金投资管理人员完全可以根据预先设定的投资计划进行长期投资和全额投资，并将基金资产投资于流动性相对较弱的证券上，这在一定程度上有利于基金长期业绩的提高。	提供了更好的激励约束机制，但是基金份额不固定，投资操作常常会受到不可预测的资金流入、流出的影响与干扰。特别是为满足基金赎回的需要，开放式基金必须保留一定的现金资产，并高度重视基金资产的流动性，这在一定程度上会给基金的长期经营业绩带来不利影响。
信息披露	每周公布基金单位资产净值，每季度公布资产组合。	每日公布基金单位资产净值，每季度公布资产组合，每 6 个月公布变更的招募说明书。

考查概率：100%。在考试中所占分值为 1 分~2 分。

命题角度：封闭式基金和开放式基金的内容，以及两者在价格形成上的区别。

封闭式基金和开放式基金的区别看似内容较多，难度较大，但是，考生理解了两类基金的本质，就会降低学习难度。

封闭式基金溢价与折价的形成机制：当市场需求旺盛时，二级市场的交易价格会超过基金份额净值出现溢价交易现象；反之，当市场需求低迷时，交易价格会低于基金份额净值出现折价交易现象。

续 表

项 目	封闭式基金	开放式基金
投资策略	全部资金在封闭期内可进行长期投资。	强调流动性管理,基金资产中要保持一定现金及流动性资产。

● 母 题 精 选

【单选题】关于申购开放式基金份额和买入封闭式基金份额,以下说法错误的是(   )。

    A. 投资者买入某封闭式基金份额将增加该基金份额

    B. 投资者申购某开放式基金将增加该基金份额

    C. 投资者买入封闭式基金份额适用已知价原则

    D. 投资者申购开放式基金份额适用未知价原则

【答案】 A 【解析】封闭式基金的基金份额是固定的,在封闭期限内未经法定程序认可不能增减。选项 A 说法错误。

【单选题】投资者小王决定定期定额投资于基金 A,基金 A 是一只国内股票型基金。基金 A 同时还是一只(   )。

    A. 公司型封闭式基金   B. 契约型开放式基金

    C. 契约型封闭式基金   D. 公司型开放式基金

【答案】 B 【解析】目前,我国的证券投资基金均为契约型基金。开放式基金是指基金份额不固定,基金份额可以在基金合同约定的时间和场所进行申购或者赎回的一种基金运作方式。基金 A 是契约型开放式基金。

四、伞型基金(了解)

考查概率:0。在考试中本考点基本未考查。考生只需了解即可,不做重点要求。

项 目	内 容
概念	伞型基金(系列基金)是指多个基金共用一个基金合同,子基金独立运作,子基金之间可以相互转换的一种基金结构形式。
特点	(1)简化管理、降低成本:不同子基金均隶属于一个总契约和总体管理框架,可以很大程度地简化管理,并可享有规模经济,从而降低设立及管理一只新基金的成本。 (2)强大的扩张功能:包括基金品种的扩张及基金销售地区的扩张。

第四节 证券投资基金的起源与发展

一、证券投资基金的起源与初期发展(了解)

考查概率:0。在考试中本考点基本未考查。考生只需了解即可,不做重点要求。

项 目	内 容
起源	起源于英国——1868 年英国成立的"海外及殖民地政府信托"是第一只被世界公认的证券投资基金。

续 表

项 目	内 容
初期发展	（1）发展于美国：①1924年在波士顿成立的"马萨诸塞投资信托基金"被公认为美国开放式公司型共同基金的鼻祖。②《1933年证券法》要求基金募集时必须发布招募说明书，对基金进行描述。《1934年证券交易法》要求共同基金的销售商要受证券交易委员会（SEC）的监管，并且置于全美证券商协会（NASD）的管理权限之下，NASD对广告和销售设有具体规则。③《1940年投资公司法》和《1940年投资顾问法》是美国关于共同基金的两部最重要的法律，不但规定了对投资公司的监管，而且规定了对基金投资顾问、基金销售商、投资公司董事、管理人员等的管理。 （2）第二次世界大战以后，各发达国家政府纷纷提高了对投资基金业的重视程度。

二、证券投资基金在美国及全球的普及性发展（了解）

项 目	内 容
在美国的发展	（1）1970年以前，大多数共同基金是股票基金，只有一些平衡型基金在其组合中包括一部分债券。 （2）1971年，第一只货币市场基金建立。 （3）1974年，美国《雇员退休收入保障法》（ERISA）颁布实施，企业养老计划获得了重要的法律和税收支持，同时个人退休账户（IRA）开始出现。 （4）1978年，401（K）退休计划和自雇者个人退休计划出现。 （5）经过2001年、2002年的证券市场短暂调整后，投资基金业重新走上快速发展轨道。
在全球普及性发展	（1）进入21世纪以后，全球基金业的规模继续膨胀。特别是2006—2007年，全球基金业的资产规模增长速度明显加快。 （2）在各种基金类型中，股票基金的资产规模和数目都具有优势。不过随着世界经济的不景气、股市低迷，股票基金的比重在下降，而债券基金的资产规模显著上升。 （3）从区域看，全球投资基金的资产主要集中在北美和欧洲地区。

考查概率：0。在考试中本考点基本未考查。考生只需了解即可，不做重点要求。

三、全球基金业发展的趋势和特点（了解）

项 目	内 容
全球基金业发展的趋势和特点	（1）美国占据主导地位，其他国家和地区发展迅猛。 （2）开放式基金成为证券投资基金的主流产品。 （3）基金市场竞争加剧，行业集中趋势突出。 （4）基金资产的资金来源发生了重大变化，养老金越来越成为基金的重要资金来源。 （5）ETF（交易型开放式指数基金）等被动基金规模迅速扩大。 （6）另类投资基金兴起，并出现爆炸式增长。

考查概率：0。在考试中本考点基本未考查。考生只需了解即可，不做重点要求。

第五节　我国证券投资基金业的发展历程

一、我国证券投资基金业发展的五条主线（了解）

项　目	内　容
我国证券投资基金业发展的五条主线	（1）基金业的主管机构从中国人民银行过渡为中国证监会。 （2）基金的监管法规体系日益完善。 （3）基金市场的主流品种从不规范的"老基金"到封闭式基金，再到开放式基金，乃至各类基金创新产品纷纷出现。 （4）投资基金逐渐成为人们家庭金融理财的主要工具之一。 （5）在新的时期，基金行业面临新的机遇和挑战。

二、1985—1997年的萌芽和早期发展时期（了解）

项　目	内　容
主要事件	（1）20世纪80年代末，"中国概念基金"相继推出。 （2）20世纪90年代初期，国内基金开始发展。 ①1991年1月，深圳市率先公布了《深圳市投资信托基金管理暂行规定》。 ②1992年11月，深圳市投资基金管理公司发起设立了当时国内规模最大的封闭式基金——天骥基金。 ③1992年11月，国内第一家投资基金——淄博乡镇企业投资基金（简称"淄博基金"）正式设立，并于1993年8月在上海证券交易所挂牌上市，这是我国首只在证券交易所上市交易的投资基金，该基金为公司型封闭式基金，募集规模为1亿元，60%投向淄博乡镇企业，40%投向上市公司。
存在的问题	（1）缺乏基本的法律规范，基金普遍存在法律关系不清、无法可依、监管不力的问题。 （2）"老基金"资产大量投向了房地产、企业法人股权等，只能算是一种产业投资基金，而非严格意义上的证券投资基金。 （3）"老基金"资产质量普遍不高。

三、1998—2002年的试点发展阶段（了解）

项　目	内　容
试点发展阶段	（1）1997年11月，国务院证券委员会颁布《证券投资基金管理暂行办法》。 （2）1998年3月27日，经中国证监会批准，"基金开元"和"基金金泰"两只封闭式基金成立，拉开了中国证券投资基金试点的序幕。

续　表

项　目	内　容
试点发展阶段	（3）新基金快速发展的同时，中国证监会开始对"老基金"进行清理规范，逐步将"老基金"资产置换后合并扩募改制成为新的证券投资基金。 （4）2000年10月8日，中国证监会发布并实施了《开放式证券投资基金试点办法》，揭开了我国开放式基金发展的序幕。 （5）2001年9月，我国第一只开放式基金——华安创新诞生。 （6）2002年10月，首家中外合资基金管理公司——国联安基金管理公司批准筹建。 （7）2002年12月，首家中外合资基金管理公司招商基金管理公司成立开业。

四、2003—2007 年的行业快速发展阶段（了解）

👍 考查概率：0。在考试中本考点基本未考查。考生只需了解即可，不做重点要求。

项　目	内　容
阶段特点	（1）基金业绩表现异常出色，创历史新高。 （2）基金业资产规模急速增长，基金投资者队伍迅速壮大。 （3）基金产品和业务创新继续发展，创新层出不穷。 （4）基金管理公司分化加剧，业务呈现多元化发展趋势。 （5）构建法规体系，完善基金监管，规范行业发展。
存在的问题	（1）基金经理利用非公开信息进行交易的案件较多。 （2）基金产品结构不合理、同质化现象严重。 （3）基金业人才流失、基金投资者不成熟等。

五、2008—2014 年的行业平稳发展及创新探索阶段（了解）

👍 考查概率：0。在考试中本考点基本未考查。考生只需了解即可，不做重点要求。

项　目	内　容
阶段现状	基金行业进入了平稳发展时期，管理资产规模停滞徘徊，股票型基金呈现持续净流出态势。
阶段特点	（1）完善规则，贯彻放松管制、加强监管的思路。 （2）基金管理公司业务和产品创新，不断向多元化发展，基金产品和基金业务创新不断。 （3）互联网金融与基金业有效融合，极大地发挥了综合竞争优势。 （4）股权与公司治理创新得到突破，有利于建立长效激励约束机制。 （5）专业化分工推动行业服务体系创新，加速了行业外包市场的发展。 （6）私募基金机构和产品发展迅猛。 （7）伴随着互联网金融的发展，混业化与大资产管理的局面初步显现。 （8）国际化与跨境业务的推进，基金管理机构将更加规范化。

六、2015年至今的防范风险和规范发展阶段(了解)

项 目	内 容
阶段现状	基金管理行业的一些不规范行为和风险逐渐暴露出来,监管部门开始采取严格的措施,以降低和防范风险、完善法规规范和加强监督检查。
阶段特点	(1)加强私募机构的规范和清理。 (2)规范基金公司及其子公司的资产管理业务,对基金子公司进行全方位约束。 (3)规范分级、保本等特殊类型基金产品,发展基金中基金产品。 (4)对基金管理公司业务实施风险压力测试,提高基金管理公司的风险管理水平。 (5)专业人士申请设立基金公司的数量攀升,申请主体逐渐多元化。 (6)基金产品呈现货币化、机构化特点,货币市场基金增长速度加快。

考查概率:0。在考试中本考点基本未考查。考生只需了解即可,不做重点要求。

第六节 证券投资基金业在金融体系中的地位与作用(重点掌握)

考查概率:100%。在考试中所占分值为1分~2分。

命题角度:证券投资基金业在金融体系中的作用以及各个作用的具体体现。

项 目	内 容
极大地拓宽了中小投资者的投资渠道	对于中小投资者来说,投资基金是比投资股票更好的选择,这是因为:①对于中小投资者来说,股票市场变幻莫测,由于缺乏投资经验,再加上信息条件的限制,对个股研究有较大的局限性,很难在股市中获得良好的投资收益,而且风险较大。②投资基金把众多投资者的小额资金汇集起来进行组合投资,由专业投资机构进行管理和运作,为投资者提供有效参与证券市场的投资渠道,已经成为广大民众普遍接受的一种理财方式。
优化金融结构,促进经济增长	(1)证券投资基金将中小投资者的闲散资金汇集起来投资于证券市场,扩大了直接融资的比例,为企业在证券市场筹集资金创造了良好的融资环境,实际上起到了将储蓄资金转化为生产资金的作用。 (2)基金能够有效分流储蓄资金,降低金融行业系统性风险,为产业发展和经济增长提供重要的资金来源,有利于生产力的提高和国民经济的发展。
有利于证券市场的稳定和健康发展	(1)证券投资基金发挥专业理财优势,推动市场价值判断体系的形成,倡导理性的投资文化,有助于防止市场的过度投机。 (2)证券投资基金的发展有助于改善我国目前以个人投资者为主的不合理的投资者结构,充分发挥机构投资者对上市公司的监督和制约作用,推动上市公司完善治理结构。

续　表

项　目	内　容
完善金融体系和社会保障体系	（1）通过为保险资金提供专业化的投资服务和投资于货币市场、证券投资基金行业的发展，有利于促进保险市场和货币市场的发展壮大，增强证券市场与保险市场、货币市场之间的协同，改善宏观经济政策和金融政策的传导机制，完善金融体系。 （2）证券投资基金的专业化服务，还可为社保基金、企业年金等各类养老金提供保值增值平台，促进社会保障体系的建立与完善。
推动责任投资，实现可持续发展	（1）社会责任投资（ESG），代表的是环境、社会和公司治理，以 ESG 为核心的社会责任投资理念代表了当前国际投资和经济发展新趋势，社会责任投资运用 ESG 标准指导投资实践，将投资决策标准从财务绩效扩展到绿色发展、公共利益和稳健成长，摒弃短期利益驱动而损害上市公司长期健康发展的行为。 （2）从全球来看，ESG 投资原则已经得到养老金、共同基金、捐赠基金等机构投资者的广泛认可。在推动 ESG 标准指导投资实践、推动社会责任投资方面，基金行业已经做出了较大的努力。

● 母 题 精 选

【单选题】关于证券投资基金业在金融体系中的地位与作用，以下表述错误的是(　　)。

　　A. 为中小投资者拓宽了投资渠道　　　　B. 有利于证券市场的稳定和健康发展

　　C. 稳定上市公司股价　　　　　　　　　D. 优化金融结构、促进经济增长

【答案】　C　【解析】证券投资基金业在金融体系中的地位与作用：①为中小投资者拓宽投资渠道。②优化金融结构，促进经济增长。③有利于证券市场的稳定和健康发展。④完善金融体系和社会保障体系。⑤推动责任投资，实现可持续发展。

【单选题】关于基金投资能够优化金融机构，促进经济增长的原因，以下表述错误的是(　　)。

　　A. 有效分流储蓄资金，降低金融行业系统性风险

　　B. 提高证券市场股票市值，间接促进上市企业业务快速发展

　　C. 基金将中小投资者的闲散资金汇集起来投资证券市场，扩大了直接融资比例

　　D. 起到了将储蓄资金转化为生产资金的作用

【答案】　B　【解析】选项 B 不属于基金投资能够优化金融机构、促进经济增长的原因。

章节练习

扫描"章节练习"旁边的二维码或打开 http://cj.ek100.cn/即可进入智能题库进行章节练习。

第三章　证券投资基金的类型

• 本章应试分析

　　本章主要分十节介绍基金的分类标准和不同类别,并详细介绍股票基金、债券基金、货币市场基金、混合基金、避险策略基金、ETF、QDII 基金、分级基金和基金中基金等基金品种。本章内容较多,在考试中所占的分值为 2 分 ~ 3 分,所占分值较低。整体来说,难度不大,考生应区分好不同类型基金的含义、特征等内容,切勿混淆。

• 思 维 导 图

证券投资基金的类型

- 证券投资基金的分类
  - 证券投资基金分类的意义（了解）
  - 证券投资基金分类的标准（理解）
- 股票基金
  - 股票基金在投资组合中的优势（理解）
  - 股票与股票基金的区别（理解）
  - 股票基金的类型（了解）
- 债券基金
  - 债券基金在投资组合中的优势（了解）
  - 债券与债券基金的区别（了解）
  - 债券基金的分类（了解）
- 货币市场基金
  - 货币市场基金在投资组合中的优势（了解）
  - 货币市场基金的投资对象（了解）
  - 货币市场基金的功能（了解）
  - 美国货币市场基金的产生与发展（了解）
  - 我国货币市场基金的发展与场内货币基金的分类（了解）
- 混合基金
  - 混合基金在投资组合中的优势（了解）
  - 混合基金依据基金资产投资范围与比例及投资策略的分类（理解）
- 避险策略基金
  - 避险策略基金的前身（了解）
  - 避险策略基金的投资策略（了解）
  - 避险策略基金的类型与分析（了解）
- 交易型开放式指数基金（ETF）
  - ETF的特点（理解）
  - ETF的套利交易（理解）
  - ETF与LOF的区别（了解）
  - ETF的类型（了解）
  - ETF联接基金（理解）
- QDII(合格境内机构投资者)基金
  - QDII基金的基本概念（了解）
  - QDII基金的投资对象（掌握）
- 分级基金
  - 分级基金的基本概念与特点（了解）
  - 分级基金的分类（了解）
- 基金中基金(FOF)
  - 基金中基金（FOF）的基本概念与特点（了解）
  - 《基金中基金指引》中规定的基金中基金（FOF）的运作规范（了解）
  - 基金中基金的类型（了解）

名师同步精讲

第一节　证券投资基金的分类

视频讲解　微信扫描

一、证券投资基金分类的意义（了解）

项　目	内　容
对于基金投资者	（1）有利于投资者加深对各种基金的认识、对风险收益特征的把握。 （2）有利于投资者做出正确的投资选择与比较。
对于基金管理公司	将基金业绩的比较放在同一类别中进行，使得比较更加公平合理。
对于基金研究评价机构	基金的分类是进行基金评级的基础。
对于基金监管部门	有利于基金监管部门针对不同基金的特点，实施更有效的分类监管。

二、证券投资基金分类的标准（理解）

项　目	内　容
根据投资对象划分	（1）股票基金：80%以上基金资产投资于股票。 （2）债券基金：80%以上基金资产投资于债券。 （3）货币市场基金：仅投资于货币市场工具。 （4）混合基金：投资于股票、债券和货币市场工具，但股票投资和债券投资的比例不符合股票基金、债券基金的规定。 （5）基金中基金（FOF）：以基金为主要投资标的、80%以上的基金资产投资于其他基金份额。ETF联接基金是一种特殊的基金中基金，是指将绝大部分基金资产投资于跟踪同一标的指数的ETF，紧密跟踪标的指数表现，追求跟踪偏离度和跟踪误差最小化，采用开放式运作方式的基金。 （6）另类投资基金：以股票、债券、货币等传统资产以外的资产作为投资标的的基金。我国的另类投资基金主要包括： ①商品基金：以商品现货或者期货合约为投资对象，主要有黄金ETF和商品期货ETF。②非上市股权基金。③房地产基金。
根据投资目标划分	（1）增长型基金：以追求资本增值为基本目标的基金，较少考虑当期收入，主要以具有良好增长潜力的股票为投资对象。其特点是风险较大、收益较高。 （2）收入型基金：以追求稳定的经常性收入为基本目标的基金，主要以大盘蓝筹股、公司债、政府债券等稳定收益证券为投资对象。其特点是风险较小、收益较低。

名师指导

👍 **考查概率**：0。在考试中本考点基本未考查。考生只需了解即可，不做重点要求。

👍 **考查概率**：20%。本考点考查相对较少。**命题角度**：基金的不同分类标准和基本分类。

💡 本考点虽然在历次考试中考查得不多，但是证券投资基金的分类标准是作为一名基金从业人员应当掌握的基础知识，所以考生也应当理解并掌握。

续　表

项　目	内　容
根据投资目标划分	(3)平衡型基金:既注重资本增值又注重当期收入的基金。其特点是风险、收益介于增长型基金与收入型基金之间。
根据投资理念划分	(1)主动型基金:力图取得超越基准组合表现的基金。 (2)被动型基金(指数基金)。 ①含义:一般选取特定的指数作为跟踪对象,并不主动寻求取得超越市场的表现,而是试图复制指数的表现。 ②目的:达到与选取的特定指数同样的收益水平。 ③特点:客观稳定、费用低廉、分散风险、监控便利。 ④代表性产品:ETF基金。
根据资金来源和用途划分	(1)在岸基金:在本国募集资金并投资于本国证券市场。 (2)离岸基金:一国(地区)的证券投资基金组织在他国(地区)发售证券投资基金份额,并将募集的资金投资于本国(地区)或第三国(地区)证券市场的证券投资基金。 (3)国际基金:资本来源于国内,并投资于国外市场的投资基金,如我国的合格境内机构投资者基金,简称QDII基金。
特殊类型基金	(1)避险策略基金(原保本基金):通过一定的保本投资策略进行运作,同时引入保本保障机制,以保证基金份额持有人在保本周期到期时,可以获得投资本金保证。 (2)上市开放式基金(LOF):既可以在场外市场进行基金份额申购或赎回,又可以在交易所(场内市场)进行基金份额交易和基金份额申购或赎回的基金。是我国对证券投资基金的一种本土化创新。 (3)分级基金:通过事先约定基金的风险收益分配,将基础份额分为预期风险收益不同的子份额,并可将其中部分或全部份额上市交易的结构化证券投资基金。

第二节　股票基金

一、股票基金在投资组合中的优势(理解)

项　目	内　容
优势	(1)以追求长期的资本增值为目标,更适合长期投资。 (2)提供了长期的投资增值性,可供投资者用来满足远期支出的需要,如教育支出、退休支出。 (3)是应对通货膨胀最有效的手段。

💡 LOF结合了银行等代销机构和交易所交易网络两者的销售优势,具有的转托管机制使得投资者既可以通过场外销售渠道申购和赎回基金份额,也可以在交易所买卖该基金或进行基金份额的申购、赎回,使LOF不会出现封闭式基金的大幅折价交易现象。

👍 考查概率:40%。本考点考查相对较少。
命题角度:股票基金在投资组合中的具体优势有哪些。

● 母 题 精 选

【单选题】关于股票基金在投资组合中的作用,以下表述错误的是(　　)。

　　A.股票基金是应对通货膨胀的有效手段

　　B.与其他类型基金相比,股票基金的风险较高,预期收益也较高

　　C.股票基金可供投资者用来满足现金管理的需要

　　D.股票基金以追求长期的资本增值为目标

【答案】 C 【解析】股票基金提供了长期的投资增值性,可供投资者用来满足远期支出的需要,如教育支出、退休支出。选项C表述错误。

二、股票与股票基金的区别(理解)

项　目	股　票	股票基金
价格不同	每一交易日内始终处于变动之中,会受到投资者买卖股票数量的大小和强弱的对比的影响。	每一交易日股票基金只有一个价格。基金份额净值不会受到买卖数量或申购、赎回数量多少的影响。
投资判断不同	会根据上市公司的基本面对股票价格高低的合理性做出判断。	不能对股票基金份额净值进行合理与否的评判,即对基金份额净值高低进行合理与否的判断没有意义。
投资风险不同	投资风险较为集中,投资风险较大。	投资风险较为分散,投资风险较低。

👍 考查概率:40%。本考点考查相对较少。

命题角度:股票与股票基金的区别。

💡 上市公司的基本面包括公司的财务状况、盈利情况、市场占有率、经营管理体制、人才构成等。

● 母 题 精 选

【单选题】关于股票和股票基金,以下说法错误的是(　　)。

　　A.单一股票的投资风险较大、收益相对较高,而股票基金的风险相对较小、收益相对稳定

　　B.股票可以根据一定的标准划分为不同的类型,也可以根据一定的标准对股票基金进行分类

　　C.股票的价格往往在每一个交易日内不断变动,每个交易日非上市股票基金的价格也不断变动

　　D.当日股票价格会受到交易量的影响,而当日股票基金份额净值不受当天申赎数量的影响

【答案】 C 【解析】每一交易日股票基金只有一个价格。选项C说法错误。

三、股票基金的类型(了解)

项　目	内　容
按投资市场划分	(1)国内股票基金:以本国股票市场为投资场所,投资风险主要受国内市场的影响。 (2)国外股票基金:以非本国的股票市场为投资场所,存在一定的汇率风险。国外股票基金又可分为单一国家型股票基金、区域型股票基金和全球股票基金三种类型。

👍 考查概率:0。在考试中本考点基本未考查。考生只需了解即可,不做重点要求。

续　表

项　目	内　容
按投资市场划分	（3）全球股票基金：以全球股票市场为投资对象，进行全球化分散投资，能够有效克服单一国家或区域的投资风险，但是其投资跨度较大，费用也相对较高。
按股票规模划分	（1）小盘股票基金：投资标的是小盘股票，通常将市值小于5亿元的公司或者市值排名靠后，累计市值占市场总市值20%以下的公司划分为小盘股。 （2）中盘股票基金：投资标的是中盘股票，通常将市值大于5亿元小于20亿元的公司或者市值排名居中，累计市值占市场总市值20%以上50%以下的公司划分为中盘股。 （3）大盘股票基金：投资标的是大盘股票，通常将市值大于20亿元的公司或者市值排名居前，累计市值占市场总市值50%以上的公司划分为大盘股。
按股票性质划分	（1）价值型股票基金：专注于价值型股票投资。价值型股票的收益稳定、价值被低估、安全性较高，市盈率、市净率通常较低。其可以进一步被细分为五类，包括低市盈率股、蓝筹股、收益型股票、防御型股票和逆势型股票。 （2）成长型股票基金：专注于成长型股票投资。成长型股票的收益增长速度快，未来发展潜力大，市盈率、市净率通常较高。其可以进一步分为三类：持续成长型股票、趋势增长型股票和周期型股票。 （3）平衡型基金：同时投资于价值型股票与成长型股票。 （4）三者之间收益与风险的比较。 ①收益：价值型股票基金＜平衡型基金＜成长型股票基金。 ②风险：价值型股票基金＜平衡型基金＜成长型股票基金。
按基金投资风格划分	根据基金投资风格划分，可分为九种类型： <table><tr><td>类型</td><td>小盘</td><td>中盘</td><td>大盘</td></tr><tr><td>成长型</td><td>小盘成长型</td><td>中盘成长型</td><td>大盘成长型</td></tr><tr><td>平衡型</td><td>小盘平衡型</td><td>中盘平衡型</td><td>大盘平衡型</td></tr><tr><td>价值型</td><td>小盘价值型</td><td>中盘价值型</td><td>大盘价值型</td></tr></table>
按行业划分	（1）行业股票基金：以某一特定行业或板块为投资对象，如基础行业基金、资源类股票基金、房地产基金、金融服务基金、科技股基金等。 （2）行业轮换型基金：集中于行业投资，投资风险相对较高。

股票基金是基金市场主要的产品类型之一，虽然考查得不多，但是考生需要将其作为基础知识掌握。

蓝筹股是指经营业绩较好，具有稳定且较高的现金股利支付的公司股票。

风格轮换现象：基金在投资风格上不是始终如一的，而是根据市场环境对投资风格进行不断调整的现象。很多基金都存在这一现象。

第三节　债券基金

一、债券基金在投资组合中的优势（了解）

项　目	内　容
优势	（1）主要以债券为投资对象,收益较为稳定。 （2）风险小于股票基金,属于收益、风险适中的基金产品。 （3）与股票基金进行组合投资时,能较好地分散投资风险。

考查概率:0。在考试中本考点基本未考查。考生只需了解即可,不做重点要求。

二、债券与债券基金的区别（了解）

项　目	债　券	债券基金
收益不同	利率固定,利息收入稳定,到期时收回本金。	收益有升有降,不如债券的利息固定。
到期日不同	有一个确定的到期日。	没有一个确定的到期日。
收益率不同	投资收益率可以计算。	收益率较难计算和预测。
投资风险不同	信用风险比较集中。	通过分散投资有效避免了单一债券可能面临较高的信用风险。

考查概率:0。在考试中本考点基本未考查。考生只需了解即可,不做重点要求。

三、债券基金的分类（了解）

项　目	内　容
一般债券基金的分类	（1）按发行主体划分,分为政府债券、企业债券、金融债券等,与此相对应,产生政府债券基金、企业债券基金、金融债券基金等。 （2）按债券到期日划分,分为短期债券、长期债券等,与此相对应,产生短期债券基金、长期债券基金等。 （3）按债券信用等级划分,分为低等级债券、高等级债券等,与此相对应,产生低等级债券基金、高等级债券基金等。
我国市场上的特殊分类	（1）标准债券型基金(纯债基金):仅投资于固定收益类金融工具,不能投资于股票市场,又可分为短债基金、信用债基金等类型。 （2）普通债券型基金:主要进行债券投资(80%以上基金资产),但也投资于股票市场,在我国市场上占主要部分,又可分为一级债基和二级债基。 （3）其他策略型的债券基金:如可转债基金等。

考查概率:0。在考试中本考点基本未考查。考生只需了解即可,不做重点要求。

此处的一级债基和二级债基均以债券投资策略为主,但是前者可适当参与新股申购和股票增发;后者除可适当参与新股申购和股票增发外,还可适当参与二级市场股票等权益资产投资。

第四节　货币市场基金

一、货币市场基金在投资组合中的优势（了解）

项　目	内　容
优势	（1）风险低、流动性好。 （2）是风险厌恶者进行短期投资或暂时存放现金的理想工具。

考查概率:0。在考试中本考点基本未考查。考生只需了解即可,不做重点要求。

二、货币市场基金的投资对象（了解）

考查概率：0。在考试中本考点基本未考查。考生只需了解即可，不做重点要求。

项　目	内　容
货币市场工具（现金投资工具）	（1）定义：到期日不足一年的短期金融工具。 （2）发行主体：政府、金融机构以及信誉卓著的大型工商企业。 （3）特点：流动性好、安全性高、收益率非常低。 （4）货币市场与货币市场基金的主要区别：货币市场进入门槛通常很高；货币市场基金的投资门槛极低。 （5）交易方式：属于场外交易市场，主要由买卖双方通过电话或电子交易系统以协商价格完成交易。
货币市场基金的投资对象	（1）可以投资的金融工具： ①现金。②期限在一年以内（含一年）的银行存款、债券回购、中央银行票据、同业存单。③剩余期限在397天以内（含397天）的债券、非金融企业债务融资工具、资产支持证券。④中国证监会、中国人民银行认可的其他具有良好流动性的货币市场工具。 （2）不得投资的金融工具： ①股票。②可转换债券、可交换债券。③以定期存款利率为基准利率的浮动利率债券，已进入最后一个利率调整期的除外。④信用等级在AA+以下的债券与非金融企业债务融资工具。⑤中国证监会、中国人民银行禁止投资的其他金融工具。

三、货币市场基金的功能（了解）

考查概率：0。在考试中本考点基本未考查。考生只需了解即可，不做重点要求。

项　目	内　容
支付功能	（1）每个交易日办理基金份额申购、赎回。 （2）在基金合同中约定以红利再投资作为收益分配的方式，每日进行收益分配。 （3）每日按照面值（一般为1元）进行报价。
兼具银行储蓄和支票账户的功能	在美国等发达市场，投资者可以根据货币市场基金账户余额开出支票用于支付，在自动取款机（ATM）上从货币市场基金账户中提取现金。

四、美国货币市场基金的产生与发展（了解）

考查概率：0。在考试中本考点基本未考查。考生只需了解即可，不做重点要求。

项　目	内　容
20世纪70年代初	货币市场基金出现。
20世纪70年代后期	连续多年的通货膨胀导致市场利率剧增，货币市场工具利率远远高于储蓄存款利率上限，货币市场基金的总资产规模迅速扩大。

续　表

项　目	内　容
2008 年	全球金融危机中,美国一些货币市场基金净值跌破 1 美元。面对货币基金在金融危机中遭遇的高赎回压力和低变现能力,美国证券交易委员会(SEC)修改了监管规则,强化了货币基金的流动性管理,使其回归为有效的现金管理工具。
2014 年	SEC 在 2014 年通过一项新规,要求面向机构投资者的优质货币市场基金采用浮动资产净值,以避免出现大规模赎回现象。

五、我国货币市场基金的发展与场内货币基金的分类(了解)

（一）我国货币市场基金的发展历程

项　目	内　容
2003 年 12 月	华安现金富利基金、招商现金增值基金、博时现金收益三只货币市场基金获批,我国开始出现货币市场基金。
2004 年 8 月	《货币市场基金管理暂行规定》颁布,对货币市场基金的募集、申购、赎回、投资、信息披露等活动做了规定。
2005 年 12 月	中信银行与南方基金管理公司合作,开发了中信南方联名信用卡。
2006 年 5 月	融通基金管理公司与民生银行合作推出了"易支付"货币基金,拓展了基金的支付功能。
2006 年 9 月	中国工商银行与九家基金管理公司的货币基金合作推出"利添利"账户等。
2008 年以后	多家基金公司与银行建立合作关系。
2012 年 12 月	华宝兴业基金公司旗下的中国首只上市交易型货币基金——华宝添益成立,并于 2013 年 1 月 28 日在上海证券交易所挂牌上市。
2013 年 7 月	支付宝开通了"余额宝"业务,其实质就是用支付宝的余额购买天弘货币基金。

（二）场内货币基金的分类

项　目	内　容
申赎型	(1)基金编码:以"519"开头,只能在场内进行申赎而无法进行交易。 　　(2)计息规则:"算头不算尾",T 日申购,当日享受收益;T 日赎回,不享受当日收益。 　　(3)交易规则:T 日申购的份额,T+1 日可赎回;T 日赎回后 T 日资金可用,T+1 日可取。
交易型	(1)基金编码:以"511"开头,可以在场内申购和赎回,也可以在场内交易,并且可以 T+0 日交易。

考查概率:0。在考试中本考点基本未考查。考生只需了解即可,不做重点要求。

随着货币市场基金在我国的快速发展,其重要性不言而喻,考生需要重点掌握。

续表

项　目	内　容
交易型	（2）计息规则：买卖"算头不算尾"，T日买入，当天享受收益；T日卖出，当天不享受收益。申赎"算尾不算头"，T日申购，$T+1$日享受收益；T日赎回，T日享受收益，$T+1$日不享受收益。 （3）交易规则：T日买入，T日可赎可卖；T日卖出，资金T日可用，$T+1$日可取。T日申购，$T+2$日可卖可赎；T日赎回，资金$T+2$日可用可取。
交易兼 申赎型	（1）基金编码：以"159"开头，既可以在市场上$T+0$日交易，又可以$T+0$日申赎。 （2）计息规则："算尾不算头"，T日申购或买入，$T+1$日享受收益；T日赎回或卖出，T日享受收益，$T+1$日不享受收益。 （3）交易规则：T日买入，T日可赎可卖；T日卖出，资金T日可用，$T+1$日可取；T日申购，T日可卖可赎，T日赎回，资金T日可用，$T+1$日可取。

第五节　混合基金

一、混合基金在投资组合中的优势（了解）

项　目	内　容
优势	投资者通过投资混合基金，达到在股票、债券等不同资产类别之间进行灵活配置的目的。

考查概率：0。在考试中本考点基本未考查。考生只需了解即可，不做重点要求。

二、混合基金依据基金资产投资范围与比例及投资策略的分类（理解）

项　目	内　容
偏股型基金	（1）含义：基金合同载明或者合同本义是以股票为主要投资方向，业绩比较基准中以股票指数为主，基金名称自定义为混合基金。 （2）分类：①基金合同中载明有约束力的股票投资下限是60%。②不满足60%股票投资比例下限要求，但业绩比较基准中股票比例值为60%～100%。
灵活配置 型基金	（1）含义：原则上基金名称中有"灵活配置"四个字，基金合同载明或者合同本义是股票和债券等大类资产之间较大比例灵活配置，基金名称自定义为混合基金。 （2）分类：基准股票比例60%～100%（含60%）、基准股票比例30%～60%（均不含）、基准股票比例0～30%（含30%）。 （3）灵活配置型基金与偏股型基金和偏债型基金的划分依据：基金名称中是否有"灵活配置"四个字。

考查概率：20%。本考点考查相对较少。
命题角度： 混合投资基金的分类。

当某只基金无法划分为偏股和偏债的，都纳入灵活配置型基金。

续　表

项　目	内　容
偏债型基金	（1）含义：基金合同载明或者合同本义是以债券为主要投资方向，业绩比较基准中以债券指数为主，基金名称自定义为混合基金。 （2）债券投资比例：基金合同中债券应等于或者大于60%，或者业绩比较基准中债券比例值等于或者大于70%。
保本型基金	基金名称中出现保本字样，基金合同载明基金管理人或者第三方承担保本保证责任，基金名称自定义为混合基金。
避险策略型基金	基金合同载明通过一定的避险投资策略进行投资运作，引入相关保障机制，以达到在避险策略周期到期时，力求避免基金份额持有人投资本金出现亏损的情形，基金名称自定义为混合基金。
绝对收益目标基金	（1）含义：基金合同没有明确的基金投资方向，业绩比较基准为银行定期存款收益或者定期存款收益基础上增加某个固定值或者某个年化固定值，基金名称自定义为混合基金。 （2）性质：不能保证保本和保证收益，仅是追求绝对收益目标。 （3）分类：灵活策略基金和对冲策略基金。
其他混合型基金	（1）含义：不适合与其他混合基金进行收益与风险评价比较，在上述分类中无法明确归属。 （2）从其他混合基金中形成单独分类的条件：某个领域或者特征的基金数量达到10只。

💡一般来说，依据资产配置的不同，混合基金可划分为偏股型基金、偏债型基金、股债平衡型基金和灵活配置型基金等。考生需要掌握这一分类，在考试中，根据题目具体选项进行答题。

● 母 题 精 选

【单选题】以下不属于混合型证券投资基金的是（　　）。

　　A. 偏债型基金　　　B. 股债平衡型基金　　C. 指数型基金　　　D. 偏股型基金

【答案】C　【解析】通常可以依据资产配置的不同，将混合基金分为偏股型基金、偏债型基金、股债平衡型基金、灵活配置型基金等。

第六节　避险策略基金

一、避险策略基金的前身（了解）

👍考查概率：0。在考试中本考点基本未考查。考生只需了解即可，不做重点要求。

项　目	内　容
前身	保本基金。
特点	招募说明书中明确引入保本保障机制，以保证基金投资者在保本周期到期时，获得投资本金的保证。

续　表

项　目	内　容
投资目标	锁定风险的同时力争有机会获得潜在的高回报。
我国避险策略基金的保本保障机制	（1）基金管理人与符合条件的保障义务人签订风险买断合同，约定由基金管理人向保障义务人支付费用，保障义务人在避险策略基金到期出现基金份额净值低于基金合同约定的投资本金情形时，负责向基金份额持有人补足差额。基金管理人不对基金份额持有人承担差额补足责任，保障义务人在向基金份额持有人补足差额后，无权利向基金管理人追偿。 （2）经中国证监会认可的其他保障机制。
适用范围	比较稳健和保守的投资者。

二、避险策略基金的投资策略(了解)

项　目	内　容
对冲保险策略	主要依赖金融衍生产品，如股票期权、股指期货等，实现投资组合价值的保本与增值。我国目前较少采用此类。
固定比例投资组合保险策略（CPPI）	（1）通过比较投资组合现时净值与投资组合价值底线，从而动态调整投资组合中风险资产与保本资产的比例，以兼顾保本与增值目标的保本策略。 （2）CPPI 的投资步骤可分为三步： ①根据投资组合期末最低目标价值（基金的本金）和合理的折现率设定投资组合的价值底线。 ②计算投资组合现时净值超过价值底线的数额，即安全垫，是风险投资（如股票投资）可承受的最高损失限额。 ③按安全垫的一定倍数确定风险资产投资的比例，并将其余资产投资于保本资产（如债券投资），从而在确保实现保本目标的同时，实现投资组合的增值。风险资产投资额通常可用下式确定： 风险资产投资额 = 放大倍数 ×（投资组合现时净值 – 价值底线） = 放大倍数 × 安全垫 风险资产投资比例 = 风险资产投资额/基金净值 × 100% 一般可以通过适当放大安全垫的倍数，提高风险资产投资比例以增加基金的收益。

三、避险策略基金的类型与分析(了解)

项　目	内　容
类型	（1）本金保证、收益保证和红利保证三种类型。 （2）我国目前避险策略基金的类型：没有保证收益的类型。
分析指标	（1）封闭周期：封闭周期应适当，封闭周期较长使基金经理有较大的操作灵活性，但是投资者承担的机会成本也较高。

👍 考查概率：0。在考试中本考点基本未考查。考生只需了解即可，不做重点要求。

💡 我国目前采用固定比例投资组合保险策略作为投资的保本策略。

👍 考查概率：0。在考试中本考点基本未考查。考生只需了解即可，不做重点要求。

续　表

项　目	内　容
分析指标	（2）保本比例：到期时投资者可获得的本金保障比率。常见的保本比例为80%～100%。 （3）赎回费：对提前赎回基金的投资者收取较高的赎回费，可以加大投资者退出投资的难度。 （4）安全垫：较高的安全垫可以提高基金运作灵活性，同时也有助于增强基金到期保本的安全性。

第七节　交易型开放式指数基金（ETF）

一、ETF 的特点（理解）

项　目	内　容
被动操作的指数基金	ETF 是以某一选定的指数所包含的成分证券或商品为投资对象，依据构成指数的证券或商品种类和比例，采取完全复制或抽样复制，进行被动投资的指数基金。
独特的实物申购、赎回机制（ETF 的最大特色）	（1）含义：投资者向基金管理公司申购 ETF，需要拿这只 ETF 指定的一篮子证券或商品来换取；赎回时得到的也是相应的一篮子证券或商品。 （2）优势：省略了用现金购买证券或商品以及为应付赎回卖出证券或商品的环节。 （3）其他规定：ETF 有"最小申购、赎回份额"的规定，只有资金达到一定规模的投资者才能参与 ETF 一级市场的实物申购、赎回。
实行一级市场与二级市场并存的交易制度	（1）一级市场与二级市场并存的交易制度。①在一级市场上，只有资金达到一定规模的投资者（30 万份、50 万份、100 万份以上）在交易时间内可以随时进行以股票换份额（申购）、以份额换股票（赎回）的交易，中小投资者被排斥在一级市场之外。②正常情况下，ETF 二级市场交易价格与基金份额净值比较接近。 （2）ETF 本质上是一种指数基金，但是相比传统的指数基金，ETF 的复制效果更好，成本更低，买卖更为方便，并可以进行套利交易。

👍 **考查概率：20%。** 本考点考查相对较少。

命题角度： ETF 的特点。

💡 目前，我国股票 ETF 均采用实物申购、赎回；部分商品和债券 ETF 采用实物申购、赎回和全现金替代申购、赎回两种模式；跨时区 ETF 则完全采用现金替代模式进行申购、赎回。

● 母题精选

【单选题】与传统的指数基金相比，关于上市交易型开放式指数基金（ETE）的优势，以下表述错误的是（　　）。

A. 无套利机会，相对更加公平　　　　B. 管理费用更低，交易成本更低

C. 买卖更方便，可以在交易日随时进行买卖　D. 跟踪某一标的市场指数，复制效果好

【答案】 A 【解析】ETF 本质上是一种指数基金，与传统的指数基金相比，ETF 的复制效果更好，成本更低，买卖更为方便，并可以进行套利交易。选项 A 表述错误。

二、ETF 的套利交易（理解）

考查概率：20%。本考点考查相对较少。命题角度：ETF 套利交易的影响。

项　目	内　容
基本原理	（1）当二级市场 ETF 交易价格低于其份额净值，即发生折价交易时，大的投资者可以通过在二级市场低价买进 ETF，然后在一级市场赎回（高价卖出）份额，再于二级市场上卖掉股票而实现套利交易。 （2）当二级市场 ETF 交易价格高于其份额净值，即发生溢价交易时，大的投资者可以在二级市场买进一篮子股票，于一级市场按份额净值转换为 ETF（相当于低价买入 ETF）份额，再于二级市场上高价卖掉 ETF 而实现套利交易。
影响	（1）折价套利会减少 ETF 的总份额。 （2）溢价套利会增加 ETF 的总份额。 （3）正常情况下，套利活动会使套利机会消失，因此套利机会并不多，通过套利活动引发 ETF 规模的变动也就不会很大。ETF 规模的变动最终取决于市场对 ETF 的真正需求。

● 母题精选

【单选题】关于 ETF，以下说法正确的是（　　）。

A. 投资者向基金公司赎回 ETF，获得现金

B. 折价套利会增加 ETF 的总份额

C. ETF 申购时可使用一篮子股票

D. 无论是机构投资者还是中小投资者，均可以在一级和二级市场进行 ETF 套利

【答案】　C　【解析】ETF 的申购、赎回通过交易所进行。选项 A 说法错误；折价套利会导致 ETF 总份额的减少，溢价套利会导致 ETF 总份额的增加。选项 B 说法错误；投资者向基金管理公司申购 ETF，需要用这只 ETF 指定的一篮子证券或商品来换取。选项 C 说法正确；中小投资者被排斥在一级市场之外，在二级市场上，无论是资金在一定规模以上的投资者还是中小投资者，均可按市场价格进行 ETF 份额的交易。选项 D 说法错误。

三、ETF 与 LOF 的区别（了解）

考查概率：0。本考点单独考查得较少，但是通常会结合 ETF 的特点、套利等一起出题。

项　目	ETF	LOF
申购、赎回的标的	一篮子证券或商品	基金份额与现金的对价
申购、赎回的场所	交易所	代销网点和交易所均可
对申购、赎回的限制	资金在一定规模以上的投资者（30 万份以上）	没有特别要求
基金投资策略	采用完全被动式管理方法，以拟合某一指数为目标	普通的开放式基金增加了交易所的交易方式，可以是指数型基金，也可以是主动型基金
净值报价频率	每 15 秒提供一个基金参考净值（IOPV）报价	一天只提供一次或几次基金参考净值报价

四、ETF 的类型（了解）

项 目	内 容
根据 ETF 跟踪某一标的市场指数划分	（1）股票型 ETF：可进一步分为全球指数 ETF、综合指数 ETF、行业指数 ETF、风格指数 ETF（如成长型、价值型等）等。 （2）债券型 ETF。 （3）商品型 ETF。
根据复制方法划分	（1）完全复制型 ETF：根据构成指数的全部成分股在指数中所占的权重，进行 ETF 的构建。例如，我国首只 ETF——上证 50ETF。 （2）抽样复制型 ETF：通过选取指数中部分有代表性的成分股，参照指数成分股在指数中的比重设计样本股的组合比例进行 ETF 的构建，目的是以最低的交易成本构建样本组合，使 ETF 能较好地跟踪指数。

五、ETF 联接基金（理解）

项 目	内 容
含义	将绝大部分基金财产投资于某一 ETF，即目标 ETF，密切跟踪标的指数表现，可以在场外，如银行渠道等申购赎回的基金。
ETF 联接基金投资比例的规定	（1）投资于目标 ETF 的资产不得低于联接基金资产净值的 90%，其余部分应投资于标的指数成分股和备选成分股。 （2）ETF 联接基金的管理人不得对 ETF 联接基金财产中的 ETF 部分计提管理费。
特征	（1）处于从属地位，依附于主基金。通过主基金投资，若主基金不存在，联接基金也不存在。 （2）提供了银行、证券公司场外、互联网公司平台等申购 ETF 的渠道，可以吸引大量的银行和互联网平台客户直接通过联接基金介入 ETF 的投资，增强 ETF 的影响力，主要是为银行渠道和互联网公司平台的中小投资者申购 ETF 打开通道。 （3）可以提供目前 ETF 不具备的定期定额投资等方式来介入 ETF 的运作。 （4）不能参与 ETF 的套利，发展联接基金主要是为了做大指数基金的规模。 （5）是一种特殊的基金中基金（FOF），ETF 联接基金持有目标 ETF 的市值不得低于该联接基金资产净值的 90%。
ETF 联接基金与 ETF 的比较	（1）相同点：①业绩表现均紧密跟踪标的指数表现。②运作方式均为开放式。

考查概率：0。在考试中本考点基本未考查。考生只需了解即可，不做重点要求。

世界上第一只 ETF 指数参与份额（TIPs）是由加拿大多伦多证券交易所于 1990 年推出的。

考查概率：20%。本考点考查相对较少。

命题角度：ETF 联接基金的含义与特征。

我国最早的联接基金是 2009 年成立的华安上证 180ETF 联接基金和交银 180 治理 ETF 联接基金。

续 表

项 目	内 容	

ETF 联接基金与 ETF 的比较

（2）不同点。

项 目	ETF 联接基金	ETF
申购门槛	低,1000 份即可。	高,至少 30 万份。
投资标的	①跟踪同一标的指数的组合证券。②标的指数的成分股和备选成分股。③中国证监会规定的其他品种。④ETF 联接基金财产中,目标 ETF 不得低于基金资产净值的 90%。	一篮子股票或其他资产组合。
申购、赎回渠道	银行、证券公司、互联网平台等。	证券公司。
费用	①管理人不得对 ETF 联接基金财产中自身管理的基金部分收取管理费。②托管人不得对 ETF 联接基金财产中的 ETF 部分计提托管费。③认购、申购、赎回的费率与开放式基金的相关费率类似。	在交易所的费用与封闭式基金的交易费用相同,比现在的开放式基金申购赎回费低。

● 母 题 精 选

【单选题】关于 ETF 联接基金的主要特征,以下表述错误的是(   )。

A.联接基金可以进行定期定额投资

B.联接基金可以参与 ETF 套利

C.联接基金提供了银行等渠道申购 ETF 的途径

D.联接基金的绝大部分基金财产投资于某一 ETF

【答案】 B 【解析】联接基金不能参与 ETF 的套利,发展联接基金主要是为了做大指数基金的规模。选项 B 表述错误。

第八节　QDII(合格境内机构投资者)基金

一、QDII 基金的基本概念(了解)

项 目	内 容
含义	在一国境内设立,经该国有关部门批准从事境外证券市场的股票、债券等有价证券投资的基金。

考查概率:0。在考试中本考点基本未考查。考生只需了解即可,不做重点要求。

续　表

项　目	内　容
性质	在我国，人民币没有实现可自由兑换、资本项目尚未开放的情况下，有限度地允许境内投资者投资海外证券市场的一项过渡性的制度安排。
计价货币	人民币、美元或其他主要外汇货币。
在投资组合中的优势	(1)是一种新的投资机会。 (2)为投资者降低组合投资风险提供了新的途径。

二、QDII 基金的投资对象(掌握)

👍 考查概率：60%。在考试中所占分值约为 1 分。

命题角度：QDII 基金可投资的金融产品或工具与不得投资的金融产品或工具分别有哪些。

项　目	内　容
可投资的金融产品或工具	(1)银行存款、可转让存单、银行承兑汇票、银行票据、商业票据、回购协议、短期政府债券等货币市场工具。 (2)政府债券、公司债券、可转换债券、住房按揭支持证券、资产支持证券等，以及经中国证监会认可的国际金融组织发行的证券。 (3)与中国证监会签署双边监管合作谅解备忘录的国家或地区证券市场挂牌交易的普通股、优先股、全球存托凭证和美国存托凭证、房地产信托凭证。 (4)在已与中国证监会签署双边监管合作谅解备忘录的国家或地区证券监管机构登记注册的公募基金。 (5)与固定收益、股权、信用、商品指数、基金等标的物挂钩的结构性投资产品。 (6)远期合约、互换及经中国证监会认可的境外交易所上市交易的权证、期权、期货等金融衍生产品。
不得投资的金融产品或工具	(1)购买不动产。 (2)购买房地产抵押按揭。 (3)购买贵重金属或代表贵重金属的凭证。 (4)购买实物商品。 (5)除应付赎回、交易清算等临时用途以外，借入现金。该临时用途借入现金的比例不得超过基金、集合计划资产净值的 10%。 (6)利用融资购买证券，但投资金融衍生产品除外。 (7)参与未持有基础资产的卖空交易。 (8)从事证券承销业务。 (9)中国证监会禁止的其他行为。

● 母 题 精 选

【单选题】下列关于 QDII 基金的表述，正确的是(　　)。

A. QDII 可以融资购买证券
B. QDII 可以投资贵金属凭证
C. QDII 可以投资与股权挂钩的结构性投资产品
D. QDII 可以投资房地产抵押按揭

【答案】 C 【解析】QDII 不得利用融资购买证券,投资金融衍生产品除外,选项 A 表述错误;QDII 不得购买贵重金属或代表贵重金属的凭证,选项 B 表述错误;QDII 可以投资与固定收益、股权、信用、商品指数、基金等标的物挂钩的结构性投资产品,选项 C 表述正确;QDII 不得投资房地产抵押按揭,选项 D 表述错误。

第九节　分级基金

一、分级基金的基本概念与特点（了解）

👍考查概率:0。在考试中本考点基本未考查。考生只需了解即可,不做重点要求。

项 目	内 容
概念	(1)分级基金:通过事先约定基金的风险收益分配,将母基金份额分为预期风险收益不同的子份额,并可将其中部分或全部类别份额上市交易的结构化证券投资基金。 (2)母基金份额:分级基金的基础份额。 (3)A 类份额:预期风险收益较低的子份额。 (4)B 类份额:预期风险收益较高的子份额。
特点	(1)一只分级基金,同时具有多类份额,满足不同投资者的需求。 (2)A 类、B 类份额分级,资产作为整体进行投资运作。 (3)基金份额可在交易所上市交易。 (4)内含衍生工具特性与杠杆特性。 (5)多种收益实现方式、投资策略丰富。

二、分级基金的分类（了解）

👍考查概率:0。在考试中本考点基本未考查。考生只需了解即可,不做重点要求。

项 目	内 容
按运作方式划分	(1)封闭式分级基金:母基金份额只能在基金发行时购买,发行结束后不能申购、赎回母基金份额,只能通过二级市场买卖分级份额(A 类或 B 类份额)。其有一定存续期限,一般为三年期或五年期,封闭期到期后,分级基金通常转为普通 LOF 基金进行运作,分级机制不再延续。 (2)开放式的分级基金,可分为以下两类: ①有期限分级基金:到期后会转型为普通 LOF 基金。 ②永续分级基金:保证分级基金的分级机制在正常情况下长期有效和永久存续。
按投资对象划分	(1)股票型分级基金。 (2)债券型分级基金(包括转债分级基金)。 (3)QDII 分级基金。
按投资风格划分	(1)主动投资型分级基金。 (2)被动投资(指数化)型分级基金。

续　表

项　目	内　容
按募集方式划分	（1）合并募集：统一以母基金代码进行募集，募集完成后，将基金份额按比例分拆为两类子份额。 （2）分开募集：通常为债券型分级基金，基金以子份额的代码分开募集，通过比例配售实现子份额的配比。
按子份额之间收益分配规则划分	（1）简单融资型分级基金：相当于 B 级份额以一定的约定成本向 A 级份额融资而获得杠杆。 （2）复杂型分级基金：子份额通常暗含多个期权，估值与定价更为复杂。
按是否存在母基金份额划分	（1）存在母基金份额的分级基金：我国现有全部股票型分级基金和少部分债券型基金均属于此类。 （2）不存在母基金份额的分级基金：我国大部分债券型分级基金属于此类。
按是否具有折算条款划分	（1）具有折算条款的分级基金。分级基金的折算条款有两类： ①定期折算条款：一般情况下，将 A 类份额的约定收益以母基金的形式折算给 A 类份额持有人。 ②不定期折算：一般为当分级基金 B 类份额净值触发下阈值时进行下折算，或者当母基金份额或 B 类份额的份额净值触发上阈值时进行上折算。 （2）不具有折算条款的分级基金。

💡 我国现有的分级基金大多是简单融资型分级基金。

第十节　基金中基金（FOF）

视频讲解　微信扫描

一、基金中基金（FOF）的基本概念与特点（了解）

项　目	内　容
概念	以其他证券投资基金为投资对象的基金，其投资组合由其他基金组成。
特点	将大部分资产投资于"一篮子"基金，而不直接投资于股票、债券等金融工具。

👍 考查概率：0。在考试中本考点基本未考查。考生只需了解即可，不做重点要求。

二、《基金中基金指引》中规定的基金中基金（FOF）的运作规范（了解）

项　目	内　容
明确定义	将 80% 以上的基金资产投资于经中国证监会依法核准或注册的公开募集的基金份额。
强化分散投资	（1）FOF 持有单只基金的市值，不得高于 FOF 资产净值的 20%，且不得持有其他 FOF。 （2）除 ETF 联接基金外，同一管理人管理的全部 FOF 持有单只基金不得超过被投资基金净资产的 20%。

👍 考查概率：0。在考试中本考点基本未考查。考生只需了解即可，不做重点要求。

续 表

项 目	内 容
不允许持有复杂、衍生品性质的基金份额	FOF 不得持有具有复杂、衍生品性质的基金份额,包括分级基金和中国证监会认定的其他基金份额,中国证监会认可或批准的特殊 FOF 除外。
合理设置投资限制条件	(1)除 ETF 联接基金外,FOF 投资其他基金时,被投资基金的运作期限应当不少于一年,最近定期报告披露的基金净资产应当不低于 1 亿元。 (2)基金管理人应当做好 FOF 的流动性风险管理,对于运用 FOF 财产投资于封闭运作基金、定期开放基金等流通受限基金的,应当合理设置投资比例,制定专门的风险管理制度。 (3)基金管理人运用 FOF 财产投资于股票、债券等金融工具的,投资品种和比例应当符合 FOF 的投资目标和投资策略。
减少重复收费	基金管理人不得对 FOF 财产中持有的自身管理的基金部分收取 FOF 的管理费;基金托管人不得对 FOF 财产中持有的自身托管的基金部分收取 FOF 的托管费;基金管理人运用 FOF 财产申购自身管理的基金(ETF 除外),应当通过直销渠道申购,且不得收取申购费、赎回费、销售服务费等销售费用。
遵循 FOF 份额持有人利益优先原则	FOF 持有的基金召开基金份额持有人大会时,FOF 的基金管理人应代表 FOF 份额持有人的利益,根据基金合同的约定参与所持有基金的份额持有人大会,并在遵循 FOF 份额持有人利益优先原则的前提下行使相关投票权利。
对 FOF 信息披露的规定	FOF 的投资风格应当清晰、鲜明。基金名称应当表明基金类别和投资特征。基金合同中应明确被投资基金的选择标准。定期报告和招募说明书等文件中应设立专门章节披露所持有基金的相关情况,并揭示相关风险。
保证估值的公允性和信息披露的及时性	FOF 应当采用公允的估值方法,及时、准确地反映基金资产的价值变动。基金管理人应当在 FOF 所投资基金披露净值的次日,及时披露 FOF 份额净值和份额累计净值。
基金公司开展 FOF 业务的组织架构的规定	除 ETF 联接基金外,基金管理人开展 FOF 业务,应当设置独立部门、配备专门人员,制定业务规则和明确相关安排,有效防范利益输送、内幕交易等行为。除 ETF 联接基金外,FOF 的基金经理不得同时兼任其他基金的基金经理。
相关主体的责任规定	基金管理人应当与相关各方认真制订基金产品方案,明确认购、申购、赎回、投资管理、估值核算、信息披露等环节的运作机制、业务流程和管理制度,做好相关技术准备,有效防范投资运作风险,确保基金平稳安全运行。

💡 此处的"相关情况"包括:①投资政策,持仓、损益情况,净值披露时间等。②交易及持有基金产生的费用。③FOF 持有的基金发生的重大影响事件。④FOF 投资于管理人以及管理人关联方所管理基金的情况。

三、基金中基金的类型（了解）

项　目		内　　容
依据运作模式划分	主动管理主动型FOF	（1）含义:基金经理应主动对不同资产的未来表现进行判断并择时,然后基于配置结论将标的投资于各主动管理型基金。 （2）优点:FOF产品可以得益于母基金管理人的大类资产投资能力以及子基金管理人的具体金融工具投资能力。
	主动管理被动型FOF	（1）含义:基金经理通过主动管理的方式投资于被动型基金产品,如ETF等特征鲜明的主题类基金。 （2）优点:①母基金的基金经理的投资观点可以较完整地以执行。②在费用、流动性等方面有相对优势。
	被动管理主动型FOF	（1）含义:FOF母基金采用指数编制的方式或者采用特定的投资比例对子基金进行投资并做定期调整,而被投资的子基金则为主动管理型基金。 （2）优势:母基金基金经理的主要工作聚焦于子基金的挑选,避免在资产配置、择时上出现错误,从而削弱FOF的整体业绩。
	被动管理被动型FOF	这一运作模式往往意味着FOF基金经理对各类资产有着固定且长期的展望,通过投资被动型子基金达到对资产长期配置的目的。
依据投资标的及投资方向划分	股票型FOF	80%以上的基金资产投资于股票型基金份额（包括股票指数基金）。
	债券型FOF	80%以上的基金资产投资于债券型基金份额（包括债券指数基金）。
	货币型FOF	80%以上的基金资产投资于货币市场基金份额,且剩余基金资产的投资范围和要求应当与货币市场基金一致。
	混合型FOF	投资于股票型基金份额、债券型基金份额、货币市场基金份额以及其他基金份额,且不符合股票型基金中基金、债券型基金中基金、货币型基金中基金等相关要求。
	其他类型FOF	即FOF将80%以上的基金资产投资于其他某一类型的基金,如FOF将80%以上的基金资产投资于商品期货基金份额的,为商品期货基金中基金。

章节练习

扫描"章节练习"旁边的二维码或打开 http://cj.ek100.cn/ 即可进入智能题库进行章节练习。

第四章　证券投资基金的监管

本章应试分析

　　本章分五节介绍我国证券投资基金的监管体系:第一节介绍我国基金监管的含义、特征、体系及基本原则;第二节介绍我国基金监管的体制,包括基金监管机构和行业自律组织;第三节和第四节介绍对基金机构和公开募集基金活动的监管方式;第五节介绍非公开募集基金的监管。本章在考试中所占的分值为 19 分 ~20 分,所占分值极高。整体来说,内容较多且难度较大。考生在学习时,应当根据本教材的学习要求,对重点知识点全面掌握,多做练习以巩固所学知识。

思维导图

```
                    ┌ 基金监管概述 ──────────┬ 基金监管的含义与特征（理解）
                    │                        ├ 基金监管体系（理解）
                    │                        └ 基金监管的原则（理解）
                    │
                    │ 基金监管机构和行业自律组织 ┬ 政府基金监管机构——中国证监会（重点掌握）
                    │                        ├ 基金行业自律组织——基金业协会（重点掌握）
证                  │                        └ 证券市场的自律管理者——证券交易所（理解）
券                  │
投                  │ 对基金机构的监管 ───────┬ 对基金管理人的监管内容（重点掌握）
资                  │                        ├ 对基金托管人的监管内容（重点掌握）
基                  │                        └ 对基金服务机构的监管内容（重点掌握）
金                  │
的                  │ 对公开募集基金活动的监管 ┬ 对基金公开募集的监管内容（重点掌握）
监                  │                        ├ 对公开募集基金销售活动的监管内容（重点掌握）
管                  │                        ├ 对公开募集基金投资与交易行为的监管内容（掌握）
                    │                        ├ 对公开募集基金信息披露的监管内容（理解）
                    │                        └ 基金份额持有人及基金份额持有人大会（重点掌握）
                    │
                    └ 对非公开募集基金的监管 ─┬ 非公开募集基金的概念及其基金管理人的登记事宜（掌握）
                                             ├ 对非公开募集基金募集的监管内容（重点掌握）
                                             └ 对非公开募集基金运作的监管内容（重点掌握）
```

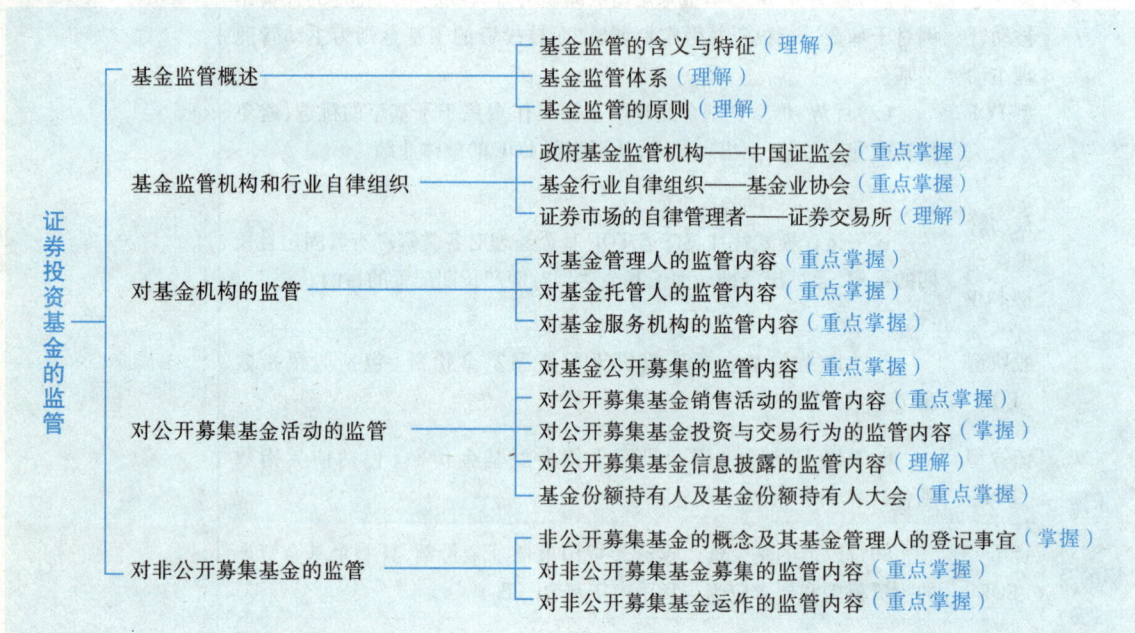

名师同步精讲

第一节　基金监管概述

一、基金监管的含义与特征（理解）

项　目	内　容
含义	一般专指行政监管,是指有法定监管权的政府机构依法对基金市场、基金市场主体及其活动的监督和管理。

> **名师指导**
>
> 👍 **考查概率**:20%。
> 本考点考查相对较少。
> **命题角度**:基金监管的特征以及每一特征的具体含义。

续　表

项　目	内　容
特征	(1)监管内容的全面性,涉及基金市场方方面面的监管。 (2)监管对象的广泛性,包括所有的基金机构及其从业人员乃至基金行业自律组织。 (3)监管时间的连续性。 (4)监管主体及其权限的法定性。 (5)监管活动的强制性。 **记忆关键词:**全面性;广泛性;连续性;法定性;强制性

二、基金监管体系(理解)

项　目	内　容
基金监管 活动的要素	(1)监管目标:基金监管活动所要达到的目的和效果,是基金监管活动的出发点和价值归宿,基金监管活动须依法进行。基金监管目标内容包括三类:①保护投资人及相关当事人的合法权益。②规范证券投资基金活动。③促进证券投资基金行业和资本市场的健康发展。 (2)监管体制:基金监管活动主体及其职权的制度体系。 (3)监管内容:基金监管具体对象的范围,包括基金市场活动的主体和基金市场主体的活动。 (4)监管方式:基金监管所采用的手段和措施。 **记忆关键词:**目标;体制;内容;方式

👍 考查概率:40%。本考点考查相对较少。
命题角度:①基金监管活动的四要素。②基金监管的具体目标。

● 母题精选

【单选题】基金监管活动的要素主要包括(　　)等。
　　A.目标、原则、方式、手段　　　　B.原则、内容、方式、手段
　　C.目标、体制、内容、方式　　　　D.目标、体制、手段、方式
【答案】　C　【解析】基金监管活动的要素主要包括目标、体制、内容和方式等。

母题精选微信扫描

三、基金监管的原则(理解)

项　目	内　容
保护投资人 利益原则	基金监管的首要目标就是保障投资人的利益。
适度监 管原则	政府干预是必要的,同时也应当是"适度"的,对于基金监管,应严格限定在基金市场失灵的领域。
高效监 管原则	(1)基金监管机构要有合法的监管地位和合理的监管权限和职责。 (2)要求确定合理的监管内容体系,要有所管有所不管,要管得有效。 (3)在现代市场经济条件下,要求有规范的监管程序、科学的监管技术、现代化的监管手段。

👍 考查概率:40%。本考点考查相对较少。
命题角度:基金监管原则中的依法监管原则。

💡 基金监管的六大原则是基金监管活动最基本、最重要的基础,是对基金监管活动目的和宗旨的高度抽象,也是基金监管活动目的和宗旨得以实现的前提。

续 表

项 目	内 容
依法监管原则	（1）含义：是指监管机构的设置及其监管职权的取得，必须有法律依据；监管职权的行使，必须依据法律程序；对违法行为的制裁，必须依据法律的明确规定，秉公执法，不偏不倚。 （2）我国基金监管活动的主要依据：①《中华人民共和国证券投资基金法》。②中国证监会、基金业协会、证券交易所发布的一系列相关的部门规章、规范性文件和自律规则。
审慎监管原则	（1）含义：是指基金监管机构在制定监管规范以及实施监管行为时，注重基金机构的偿付能力和风险防控，以确保基金运行稳健和基金财产安全，切实保护投资者合法权益。所以，审慎监管也称"结构性的早期干预和解决方案"。 （2）审慎监管原则应贯穿于基金市场准入和持续监管的全过程。
"三公"原则	（1）公开原则：要求基金市场具有充分的透明度，实现市场信息、基金监管机构的监管规则和处罚等的公开化。 （2）公平原则：基金市场主体平等，要求基金监管机构依照同样的标准衡量同类监管对象的行为。 （3）公正原则：要求基金监管机构在公开、公平基础上，对监管对象公正对待、一视同仁。"三公"原则中，重在"公正"，即公正监管、公正执法，是依法监管原则的具体化。

● 母 题 精 选

【单选题】关于依法监管原则，以下说法错误的是(   )。

　　A.基金监管机构职权的取得应当有法律依据

　　B.基金监管机构不能为提高监管效率而在法定标准的基础上提高制裁力度

　　C.基金监管活动的依据主要包括法律和中国证监会的规章，但不包括行业协会的自律规则

　　D.基金监管机构的设置必须有法律依据

【答案】 C 【解析】基金监管活动的主要依据是《中华人民共和国证券投资基金法》以及中国证监会、基金业协会、证券交易所发布的一系列相关的部门规章、规范性文件和自律规则。选项C说法错误。

第二节　基金监管机构和行业自律组织

一、政府基金监管机构——中国证监会（重点掌握）

（一）对基金市场的监管职责

项 目	内 容
地位	我国基金市场的监管主体。
中国证监会的职责	（1）制定有关证券投资基金活动监督管理的规章、规则，并行使审批、核准或者注册权。 （2）办理基金备案。

考查概率：100%。在考试中所占分值为1分～2分。
命题角度：①中国证监会在我国基金市场中的地位。②中国证监会的职责。③中国证监会对基金市场的监管措施。

续 表

项 目	内 容
中国证监会的职责	(3)对基金管理人、基金托管人及其他机构从事证券投资基金活动进行监督管理,对违法行为进行查处,并予以公告。 (4)制定基金从业人员的资格标准和行为准则,并监督实施。 (5)监督检查基金信息的披露情况。 (6)指导和监督基金业协会的活动。 (7)法律、行政法规规定的其他职责。
基金监管职责的分工	(1)总体要求:职责清晰、分工明确、反应快速、协调有序。 (2)分工目的:在集中统一监管体制下,落实各部门、各单位的监管责任制,形成各部门、各单位各司其职、各负其责、密切协作的基金监管体系。
证券基金机构监管部门的职责	(1)负责涉及证券投资基金行业的重大政策研究。 (2)草拟或制定证券投资基金行业的监管规则。 (3)对有关证券投资基金的行政许可项目进行审核。 (4)全面负责对基金管理公司、基金托管银行及基金销售机构的监管。 (5)指导、组织和协调证监局、证券交易所等部门对证券投资基金的日常监管。 (6)对证监局的基金监管工作进行督促检查。 (7)对日常监管中发现的重大问题进行处置。

💡 本考点内容非常重要,考生应当重点掌握,尤其是中国证监会的职责。

● 母 题 精 选

【单选题】中国证监会的职责包括以下各项中的( )。
Ⅰ.办理公募基金募集完成后的备案　　Ⅱ.核准并公告公募基金的基金合同生效
Ⅲ.指导和监督中国证券投资基金业协会的活动　Ⅳ.查处违法行为并给予公告
　　　　A.Ⅰ、Ⅲ、Ⅳ　　　B.Ⅰ、Ⅱ、Ⅲ　　　C.Ⅰ、Ⅲ　　　D.Ⅰ、Ⅱ、Ⅲ、Ⅳ
【答案】 A 【解析】第Ⅱ项不属于中国证监会的职责。

(二)对基金市场的监管措施

💡 中国证监会对基金市场的四类监管措施及其具体内容也是历次考试的重点。

项 目	内 容
检查	(1)检查属于事中监管方式。 (2)分类:①日常检查和年度检查。②现场检查和非现场检查。
调查取证	中国证监会依法履行监管职责,有权采取以下措施。 ①进入涉嫌违法行为发生场所调查取证。②询问当事人和与被调查事件有关的单位和个人,要求其对与被调查事件有关的事项做出说明。③查阅、复制与被调查事件有关的财产权登记、通信记录等资料。④查阅、复制当事人和与被调查事件有关的单位和个人的证券交易记录、登记过户记录、财务会计资料及其他相关文件和资料。⑤对可能被转移、隐匿或者毁损的文件和资料,可以予以封存。⑥查询当事人和与被调查事件有关的单位和个人的资金账户、证券账户和银行账户。⑦对有证据证明已经或者可能转

续 表

项 目	内 容
调查取证	移或者隐匿违法资金、证券等涉案财产或者隐匿、伪造、毁损重要证据的,经中国证监会主要负责人批准,可以冻结或者查封。
限制交易	限制交易时,限制的期限不得超过 15 个交易日;案情复杂的,可以延长 15 个交易日。
行政处罚	中国证监会可以采取的行政处罚措施主要包括:①没收违法所得;②罚款;③责令改正;④警告;⑤暂停或者撤销基金从业资格;⑥暂停或者撤销相关业务许可;⑦责令停业等。

● 母 题 精 选

【单选题】中国证监会对基金市场监管的主要措施不包括( )。

　　A. 行政处罚　　　　B. 限制交易　　　　C. 调查取证　　　　D. 刑事处罚

【答案】 D 【解析】中国证监会依法履行职责,有权采取的监管措施包括检查、调查取证、限制交易、行政处罚。

（三）中国证监会工作人员的义务与责任

项 目	内 容
中国证监会工作人员的义务与责任	(1)依法履行职责,进行调查或者检查时,不得少于二人,并应当出示合法证件。 (2)对调查或者检查中知悉的商业秘密负有保密的义务。 (3)应当忠于职守、依法办事、公正廉洁,接受监督,不得利用职务牟取私利。 (4)中国证监会领导干部离职后三年内,一般工作人员离职后二年内,不得到与原工作业务直接相关的机构任职。但经过中国证监会批准,可以在基金管理公司、证券公司、期货公司等机构担任督察长、合规总监、首席风险官等职务。

二、基金行业自律组织——基金业协会(重点掌握)

（一）我国基金业协会的发展历程

项 目	内 容
2001 年 8 月	中国证券业协会基金公会成立。
2004 年 12 月	中国证券业协会证券投资基金业委员会成立,承接了原基金公会的职能和任务。
2007 年	中国证券业协会设立了基金公司会员部,负责基金管理公司和基金托管银行特别会员的自律管理。
2012 年 6 月	中国证券投资基金业协会正式成立,原中国证券业协会基金公司会员部的行业自律职责转入中国证券投资基金业协会。

💡 本考点考查得较少,考生在学习过程中,理解即可,注意内容中涉及的具体数据。

👍 考查概率:100%。在考试中所占分值为1 分～2 分。

命题角度:①基金业协会的性质、组成、权力机构。②基金业协会的职责。

续　表

项　目	内　容
2013 年	《中华人民共和国证券投资基金法》专门增设"基金行业协会"一章,确定了中国证券投资基金业协会的地位并规范了其职责。

● 母 题 精 选

【单选题】确定中国证券投资基金业协会地位并规范其职责的法律依据是(　　)。
　　A.中华人民共和国证券投资基金法　　　B.社会团体登记管理条例
　　C.中国证券投资基金业协会章程　　　　D.中国证监会各类基金行业立法

【答案】　A　【解析】2013年《中华人民共和国证券投资基金法》专门增设"基金行业协会"一章,确定了中国证券投资基金业协会的地位并规范了其职责。

（二）基金业协会的性质、组成及其职责

项　目	内　容
性质	是证券投资基金行业的自律性组织,是社会团体法人。
组成	(1)基金管理人、基金托管人应当加入基金业协会,基金服务机构可以加入基金业协会。 (2)会员的分类。 ①普通会员:公募基金管理人、托管人加入协会的,为普通会员。 ②联席会员:按照中国证监会或协会规定注册、备案或登记的基金服务机构加入协会,为联席会员。 ③观察会员:私募基金管理人和从事私募资产管理业务的金融机构加入协会,应当先申请成为观察会员。自成为观察会员之日起满一年,同时符合资产管理规模标准及合规经营标准的,可申请为普通会员。 ④特别会员:证券期货交易所等全国性交易场所,登记结算机构等为基金行业提供重要基础设施的服务机构,与基金行业相关的全国性社会团体,对基金行业有重要影响的地方股权交易中心等地方性交易场所以及地方性社会团体,对基金行业有重要影响的境外机构,基金行业的重要机构投资者,其他对基金行业具有重要影响的机构。
权力机构	(1)权力机构:全体会员组成的会员大会。其职责是制定协会章程,并报中国证监会备案。 (2)执行机构:理事会,其成员由会员大会选举产生。
职责	(1)教育和组织会员遵守有关证券投资的法律、行政法规,维护投资人合法权益。 (2)依法维护会员的合法权益,反映会员的建议和要求。 (3)制定和实施行业自律规则,监督、检查会员及其从业人员的执业行为,对违反自律规则和协会章程的,按照规定给予纪律处分。 (4)制定行业执业标准和业务规范,组织基金从业人员的从业考试、资质管理和业务培训。

基金业协会是证券投资基金行业的自律性组织,所以在历次考试中对于基金业协会的考查也较多,考生应重点掌握基金业协会的性质、组成及其职责。

此处的"基金服务机构"应当包括从事基金销售、份额登记、估值、评价、信息技术系统服务等机构,也包括为基金业务提供法律和会计等专业服务的律师事务所和会计师事务所。

续表

项 目	内 容
职责	(5)提供会员服务,组织行业交流,推动行业创新,开展行业宣传和投资人教育活动。 (6)对会员之间、会员与客户之间发生的基金业务纠纷进行调解。 (7)依法办理非公开募集基金的登记、备案。 (8)协会章程规定的其他职责。

● 母题精选

【单选题】关于中国证券投资基金业协会的会员类别,以下说法正确的是( )。

　　A.基金托管人可以选择是否入会　　　　B.分为特殊会员和普通会员

　　C.公募基金管理人应当成为普通会员　　D.分为境外会员和境内会员

【答案】 C 【解析】基金管理人、基金托管人应当加入基金业协会。选项A说法错误;会员分为四类:普通会员、联席会员、观察会员、特别会员。公募基金管理人、托管人加入协会的,为普通会员。选项B、D说法错误;选项C说法正确。

【单选题】关于中国基金业协会,以下描述正确的是( )。

　　A.中国基金业协会的权力机构是理事会

　　B.中国基金业协会是证券投资基金行业的自律性组织

　　C.中国基金业协会章程应报经国务院批准

　　D.中国基金业协会应负责办理公开募集基金的注册备案工作

【答案】 B 【解析】基金业协会的权力机构是全体会员组成的会员大会,理事会是执行机构,选项A描述错误;中国基金业协会是证券投资基金行业的自律性组织,选项B描述正确;基金业协会章程由会员大会制定,并报中国证监会备案,选项C描述错误;基金业协会负责依法办理非公开募集基金的登记、备案,公开募集基金应当经中国证监会注册,选项D描述错误。

三、证券市场的自律管理者——证券交易所(理解)

👍 考查概率:20%。
本考点考查相对较少。
命题角度:证券交易所的法律地位。

项 目	内 容
法律地位	(1)监管者:实行自律管理,享有交易所业务规则制定权,是市场的管理者,具有法定的监管权限。 (2)被监管者:要接受政府证券监管机构的监管。
对基金份额上市交易的监管	基金份额在证券交易所上市交易,应当遵守证券交易所的业务规则,接受证券交易所的自律性监管。
对基金投资行为的监管	证券交易所一旦发现基金交易有异常行为,涉嫌违法违规的,可以根据具体情况,采取电话提示、警告、约见谈话、公开谴责等措施,并同时向中国证监会报告。

● 母 题 精 选

【单选题】作为实行自律管理的法人，证券交易所(　　)。

A. 不是市场的管理者，没有监管权限

B. 负责组织证券交易，没有监管权限

C. 是市场的管理者，具有法定的监管权限

D. 是市场的管理者，不受政府监管机构的监管

【答案】　C　【解析】证券交易所具有监管者和被监管者的双重身份，一方面是市场的管理者，具有法定的监管权限；另一方面，其作为特殊的市场主体，也要接受政府证券监管机构的监管。选项 C 正确。

第三节　对基金机构的监管

一、对基金管理人的监管内容（重点掌握）

（一）基金管理人的市场准入监管

项　目	内　容
基金管理人的法定组织形式	基金管理人由依法设立的公司或者合伙企业担任。公开募集基金的基金管理人，由基金管理公司或者经国务院证券监督管理机构按照规定核准的其他机构担任。
设立管理公开募集基金的基金管理公司的条件	（1）《中华人民共和国证券投资基金法》规定的设立管理公开募集基金的基金管理公司的条件包含以下内容。①有符合本法和《中华人民共和国公司法》规定的章程。②注册资本不低于 1 亿元，且必须为实缴货币资本。③主要股东应当具有经营金融业务或者管理金融机构的良好业绩、良好的财务状况和社会信誉，资产规模达到国务院规定的标准，最近三年没有违法记录。④取得基金从业资格的人员达到法定人数。设立基金管理公司，拟任高级管理人员、业务人员不少于 15 人，并应当取得基金从业资格。⑤董事、监事、高级管理人员具备相应的任职条件。⑥有符合要求的营业场所、安全防范设施和与基金管理业务有关的其他设施。⑦有良好的内部治理结构、完善的内部稽核监控制度、风险控制制度。⑧法律、行政法规规定的和经国务院批准的中国证监会规定的其他条件。 （2）中国证监会应当自受理基金管理公司设立申请之日起 6 个月内依照上述条件和审慎监管原则进行审查，做出批准或者不予批准的决定。 （3）基金管理人变更重大事项，应当报经中国证监会批准。重大事项包括：①变更持有 5% 以上股权的股东。②变更公司的实际控制人。③变更其他重大事项等。

考查概率：100%。在考试中所占分值为 1 分～2 分。

命题角度：本考点中所有内容均有考查的可能。

此处的"**主要股东**"是指持有基金管理公司股权比例最高且不低于 25% 的股东。主要股东为法人或者其他组织的，净资产不低于 2 亿元；主要股东为自然人的，个人金融资产不低于 3000 万元，在境内外资产管理行业从业 10 年以上。

● 母 题 精 选

【单选题】关于公募基金管理公司主要股东的条件，以下描述正确的是(　　)。

A. 最近一年没有违法记录

B. 主要股东为自然人的，个人金融资产不得低于 1000 万元

C. 主要股东为法人或者其他组织的，净资产不得低于 2 亿元

D. 主要股东持有基金管理公司股权比例不得低于 30%

【答案】 C 【解析】主要股东应是最近三年没有违法记录,选项 A 描述错误;主要股东为自然人的,个人金融资产不低于 3000 万元,选项 B 描述错误;主要股东为法人或者其他组织的,净资产不低于 2 亿元,选项 C 描述正确;主要股东持有基金管理公司股权比例最高且不低于 25%,选项 D 描述错误。

【单选题】基金管理人变更重大事项,应当报经中国证监会批准,变更的重大事项包括(   )。

A. 变更公司注册地
B. 变更持有 5% 以上股权的股东
C. 注销分公司
D. 修改公司章程

【答案】 B 【解析】基金管理人变更重大事项,应当报经中国证监会批准。重大事项包括:①变更持有 5% 以上股权的股东。②变更公司的实际控制人。③变更其他重大事项等。选项 B 正确。

(二)对基金管理人从业人员的资格和任职监管

项　目	内　容
基金管理人的从业人员的任职资格	(1)基金经理的任职条件。 ①取得基金从业资格。②通过中国证监会或者其授权机构组织的证券投资法律知识考试。③具有三年以上证券投资管理经历。④没有《中华人民共和国公司法》《中华人民共和国证券投资基金法》等法律、行政法规规定的不得担任公司董事、监事、经理和基金从业人员的情形。⑤最近三年没有受到证券、银行、工商和税务等行政管理部门的行政处罚。 (2)不得担任基金管理人的董事、监事、高级管理人员和其他从业人员的情形。 ①因犯有贪污贿赂、渎职、侵犯财产罪或破坏社会主义市场经济秩序罪,被判处刑罚的。②对所任职的公司、企业因经营不善破产清算或者因违法被吊销营业执照负有个人责任的董事、监事、厂长、高级管理人员,自该公司、企业破产清算终结或者被吊销营业执照之日起未逾五年的。③个人所负债务数额较大,到期未清偿的。④因违法行为被开除的基金管理人、基金托管人、证券交易所、证券公司、证券登记结算机构、期货交易所、期货公司及其他机构的从业人员和国家机关工作人员。⑤因违法行为被吊销执业证书或者被取消资格的律师、注册会计师和资产评估机构、验证机构的从业人员、投资咨询从业人员。⑥法律、行政法规规定不得从事基金业务的其他人员。
基金管理人的从业人员的兼任和竞业禁止规定	(1)公开募集基金的基金管理人的董事、监事、高级管理人员和其他从业人员,不得担任基金托管人或者其他基金管理人的任何职务,不得从事损害基金财产和基金份额持有人利益的证券交易及其他活动。 (2)高级管理人员、基金管理公司基金经理应当维护所管理基金的合法利益,在基金份额持有人的利益与基金管理公司、基金托管银行的利益发生冲突时,应当坚持基金份额持有人利益优先的原则;不得从事或者配合他人从事损害基金份额持有人利益的活动。

💡 本考点中对于基金经理的任职条件考查得较多,考生应当掌握基金经理任职的五个条件。

💡 基金管理人的从业人员是指基金管理人的董事、监事、高级管理人员、投资管理人员以及其他从业人员。其中,基金经理属于投资管理人员。

● 母题精选

【单选题】关于基金经理的任职条件,以下描述错误的是(   )。

A. 最近三年没有受到证券、银行等行政管理部门的行政处罚
B. 取得基金从业资格

C. 通过中国证监会或者其授权机构组织的证券投资法律知识考试

D. 具有二年以上证券投资管理经历

【答案】　D　【解析】基金经理任职应当具有三年以上证券投资管理经历。选项 D 描述错误。

(三) 对基金管理人及其从业人员执业行为的监管

项　目	内　容
基金管理人的法定职责	公开募集基金的基金管理人应当履行下列职责。①依法募集资金,办理基金份额的发售和登记事宜。②办理基金备案手续。③对所管理的不同基金财产分别管理、分别记账,进行证券投资。④按照基金合同的约定确定基金收益分配方案,及时向基金份额持有人分配收益。⑤进行基金会计核算并编制基金财务会计报告。⑥编制中期和年度基金报告。⑦计算并公告基金资产净值,确定基金份额申购、赎回价格。⑧办理与基金财产管理业务活动有关的信息披露事项。⑨按照规定召集基金份额持有人大会。⑩保存基金财产管理业务活动的记录、账册、报表和其他相关资料。⑪以基金管理人名义,代表基金份额持有人利益行使诉讼权利或者实施其他法律行为。⑫中国证监会规定的其他职责。
基金管理人及其从业人员的执业禁止行为规定	公开募集基金的基金管理人及其董事、监事、高级管理人员和其他从业人员不得有下列行为。①将其固有财产或者他人财产混同于基金财产从事证券投资。②不公平地对待其管理的不同基金财产。③利用基金财产或者职务之便为基金份额持有人以外的人牟取利益。④向基金份额持有人违规承诺收益或者承担损失。⑤侵占、挪用基金财产。⑥泄露因职务便利获取的未公开信息,利用该信息从事或者明示、暗示他人从事相关的交易活动。⑦玩忽职守,不按照规定履行职责。⑧法律、行政法规和中国证监会规定禁止的其他行为。
基金管理人的从业人员证券投资的限制	基金管理人的董事、监事、高级管理人员和其他从业人员,其本人、配偶、利害关系人进行证券投资,应当事先向基金管理人申报,并不得与基金份额持有人发生利益冲突。公开募集基金的基金管理人应当建立董事、监事、高级管理人员和其他从业人员进行证券投资的申报、登记、审查、处置等管理制度,并报中国证监会备案。

💡明确基金管理人的法定职责是确保其依法履行职责的基础,在考试中,经常会考核基金管理人应当履行的职责。

● 母题精选

【单选题】以下选项中不属于基金管理人职责范畴的是(　　)。

A. 计算并公告基金资产净值

B. 办理基金份额发售和登记事宜

C. 办理基金备案手续

D. 办理基金财产的基金账户及证券账户开设手续

【答案】　D　【解析】选项 D 不属于基金管理人应当履行的职责。

【单选题】为防范与基金份额持有人持有利益发生冲突,法律对公开募集基金的基金管理人的董事、监事、高级管理人员和其他从业人员的证券投资行为进行了明确规定,以下符合规定的是( )。

A.公司董事、监事、高级管理人员和其他从业人员,其本人、配偶、利害关系人进行证券投资,应当事先向基金管理人申报

B.公司高级管理人员和其他从业人员禁止进行证券投资

C.公司董事、监事因不接触基金投资信息,所以其证券投资活动不需要进行限制

D.公司董事、监事本人及其配偶、利害关系人进行证券投资,应当事后向基金管理人申报

【答案】A **【解析】**依据《中华人民共和国证券投资基金法》的规定,基金管理人的董事、监事、高级管理人员和其他从业人员,其本人、配偶、利害关系人进行证券投资,应当事先向基金管理人申报,并不得与基金份额持有人发生利益冲突。选项A正确;选项B、C、D错误。

(四)对基金管理人内部治理的监管

项　目	内　容
基金份额持有人利益优先的原则	公开募集基金的基金管理人的股东、董事、监事和高级管理人员在行使权利或者履行职责时,应当遵循基金份额持有人利益优先的原则。当基金管理人及其从业人员的利益与基金份额持有人利益发生冲突时,应以基金份额持有人利益优先。
对基金管理人内部治理结构的监管	(1)公开募集基金的基金管理人应当建立良好的内部治理结构,明确股东会、董事会、监事会和高级管理人员的职责权限,确保基金管理人独立运作。基金管理人可以实行专业人士持股计划,建立长效激励约束机制。 (2)建立良好的内部治理结构,应明确股东会、董事会、监事会和高级管理人员的职责权限,建立长效的激励和约束机制,完善监督和内控机制,确保基金管理人合法合规地行使职权,审慎高效地运作基金,维护基金份额持有人的利益。
对基金管理人的股东、实际控制人的监管	基金管理人的股东、实际控制人应当按照中国证监会的规定及时履行重大事项报告义务,并禁止以下行为:①虚假出资或者抽逃出资。②未依法经股东会或者董事会决议擅自干预基金管理人的基金经营活动。③要求基金管理人利用基金财产为自己或者他人牟取利益,损害基金份额持有人的利益。④中国证监会规定禁止的其他行为。
风险准备金制度	公开募集基金的基金管理人应当从管理基金的报酬中,即基金管理费收入中计提风险准备金。公开募集基金的基金管理人因违法违规,违反基金合同等原因给基金财产或者基金份额持有人合法权益造成损失,应当承担赔偿责任的,可以优先使用风险准备金予以赔偿。

💡基金管理人应当每月从基金管理费收入中计提风险准备金,计提比例不得低于基金管理费收入的10%。风险准备金余额达到上季度末管理基金资产净值的1%时,可以不再提取。

母题精选

【单选题】关于基金管理人内部治理的监管,以下说法错误的是(　　)。

A. 当基金管理人与基金份额持有人的利益发生冲突时,应以份额持有人利益优先

B. 基金管理人的股东、实际控制人应当按照中国证监会规定及时履行重大事项报告义务

C. 基金管理人应当从基金财产中计提风险准备金,以增强管理人防范能力,保护份额持有人利益

D. 基金管理人应建立良好的内部治理结构,明确股东会、董事会、监事会和高管的职责权限,确保基金管理人独立运作

【答案】 C 【解析】公开募集基金的基金管理人应当从管理基金的报酬中计提风险准备金,而不是基金财产,选项C说法错误。

(五)中国证监会对基金管理人的监管措施

项 目	内 容
对基金管理人违法违规行为的监管措施	公开募集基金的基金管理人违法违规,或者其内部治理结构、稽核监控和风险控制管理不符合规定的,中国证监会应当责令其限期改正;逾期未改正,或者其行为严重危及该基金管理人的稳健运行、损害基金份额持有人合法权益的,中国证监会可以区别情形,对其采取下列措施。 　　①限制业务活动,责令暂停部分或者全部业务。②限制分配红利,限制向董事、监事、高级管理人员支付报酬、提供福利。③限制转让固有财产或者在固有财产上设定其他权利。④责令更换董事、监事、高级管理人员或者限制其权利。⑤责令有关股东转让股权或者限制有关股东行使股东权利。
对基金管理人出现重大风险的监管措施	(1)公开募集基金的基金管理人的董事、监事、高级管理人员未能勤勉尽责,致使基金管理人存在重大违法违规行为或者重大风险的,中国证监会可以责令其更换。 　　(2)公开募集基金的基金管理人违法经营或者出现重大风险,严重危害证券市场秩序、损害基金份额持有人利益的,中国证监会可以对该基金管理人采取责令停业整顿、指定其他机构托管、接管、取消基金管理资格或者撤销等监管措施。 　　(3)在公开募集基金的基金管理人被责令停业整顿、被依法指定托管、接管或者清算期间,或者出现重大风险时,经中国证监会批准,可以对该基金管理人直接负责的董事、监事、高级管理人员和其他直接责任人员采取下列措施。 　　①通知出境管理机关依法阻止其出境。②申请司法机关禁止其转移、转让或者以其他方式处分财产,或者在财产上设定其他权利。
对基金管理人职责终止的监管措施	(1)有下列情形之一的,公开募集基金的基金管理人职责终止。 　　①被依法取消基金管理资格。②被基金份额持有人大会解任。③依法解散、被依法撤销或者被依法宣告破产。④基金合同约定的其他情形。

💡 本考点的考查重点是公开募集基金的基金管理人职责终止的情形,考生应注意理解并掌握。

💡 基金管理人整改后,应当向中国证监会提交报告。中国证监会验收合格后,应当自验收完毕之日起3日内解除对其采取的相关措施。

续 表

项 目	内 容
对基金管理人职责终止的监管措施	(2)对基金管理人职责终止的监管措施。 ①基金份额持有人大会应当在6个月内选任新基金管理人;新基金管理人产生前,由国务院证券监督管理机构指定临时基金管理人。②按照规定聘请会计师事务所对基金财产进行审计,并将审计结果予以公告,同时报国务院证券监督管理机构备案。

母题精选

【单选题】关于公募基金的基金管理人职责终止的事由,以下表述错误的是( )。

　　A.被基金份额持有人大会解任　　　　B.基金管理人连续三年亏损

　　C.被依法撤销或者依法宣告破产　　　D.被依法取消基金管理资格

【答案】 B 【解析】依据《中华人民共和国证券投资基金法》的规定,公开募集基金的基金管理人职责终止的事由包括:①被依法取消基金管理资格。②被基金份额持有人大会解任。③依法解散、被依法撤销或者被依法宣告破产。④基金合同约定的其他情形。不包括选项B。

二、对基金托管人的监管内容(重点掌握)

(一)基金托管人的市场准入监管

项 目	内 容
基金托管人资格的审核	(1)基金托管人由依法设立的商业银行或者其他金融机构担任。 (2)商业银行担任基金托管人的,由中国证监会会同中国银行保险监督管理委员会核准;其他金融机构担任基金托管人的,由中国证监会核准。
担任基金托管人的条件	担任基金托管人,应当具备下列条件。 ①净资产和风险控制指标符合有关规定。②设有专门的基金托管部门。③取得基金从业资格的专职人员达到法定人数。④有安全保管基金财产的条件。⑤有安全高效的清算、交割系统。⑥有符合要求的营业场所、安全防范设施和与基金托管业务有关的其他设施。⑦有完善的内部稽核监控制度和风险控制制度。⑧法律、行政法规规定的和经国务院批准的中国证监会、中国银行保险监督管理委员会规定的其他条件。

考查概率:100%。在考试中所占分值为1分~2分。

命题角度:本考点中所有内容均有考查的可能。

考生应注意,基金托管人与基金管理人是相互独立的,两者不得是同一机构,也不得相互出资或者持有股份。

母题精选

【单选题】关于基金托管人的市场准入监管,以下说法错误的是( )。

　　A.基金托管人有安全保管基金财产的条件

　　B.基金托管人的净资产和风险控制指标符合有关规定

　　C.基金托管人资格应由中国银行保险监督管理委员会和中国证监会共同核准

　　D.基金托管人取得基金从业资格的专职人员应达到法定人数

【答案】 C 【解析】基金托管人由依法设立的商业银行或者其他金融机构担任。商业银行担任基金托管人的,由中国证监会会同中国银行保险监督管理委员会核准;其他金融机构担任基金托管人的,由中国证监会核准。选项C说法错误。

（二）对基金托管人业务行为的监管

项　目	内　容
基金托管人的职责	基金托管人应当履行下列职责。 ①安全保管基金财产。②按照规定开设基金财产的资金账户和证券账户。③对所托管的不同基金财产分别设置账户，确保基金财产的完整与独立。④保存基金托管业务活动的记录、账册、报表和其他相关资料。⑤按照基金合同的约定，根据基金管理人的投资指令，及时办理清算、交割事宜。⑥办理与基金托管业务活动有关的信息披露事项。⑦对基金财务会计报告、中期和年度基金报告出具意见。⑧复核、审查基金管理人计算的基金资产净值和基金份额申购、赎回价格。⑨按照规定召集基金份额持有人大会。⑩按照规定监督基金管理人的投资运作。⑪中国证监会规定的其他职责。
基金托管人的监督义务	（1）基金托管人发现基金管理人的投资指令违反法律、行政法规和其他有关规定，或者违反基金合同约定的，应当拒绝执行，立即通知基金管理人，并及时向国务院证券监督管理机构报告。 （2）基金托管人发现基金管理人依据交易程序已经生效的投资指令违反法律、行政法规和其他有关规定，或者违反基金合同约定的，应当立即通知基金管理人，并及时向国务院证券监督管理机构报告。

● 母 题 精 选

【单选题】关于基金托管人应当履行的职责，以下描述错误的是(　　)。
　　A.为基金投资决策提供研究支持
　　B.安全保管基金财产
　　C.按照规定开设基金财产的资金账户和证券账户
　　D.办理与基金托管业务活动有关的信息披露事项
【答案】A　【解析】基金托管人应当履行的职责不包括为基金投资决策提供研究支持。

【单选题】基金托管人发现基金管理人的投资指令违反法律、行政法规和其他有关规定，或者违反基金合同约定的，应当采取的措施(　　)。
Ⅰ.执行基金管理人的指令　　　　　　Ⅱ.拒绝执行基金管理人的指令
Ⅲ.立即通知基金管理人　　　　　　　Ⅳ.及时向国务院证券监督管理机构报告
　　A.Ⅱ、Ⅲ、Ⅳ　　　　　B.Ⅲ、Ⅳ　　　　　C.Ⅰ、Ⅲ、Ⅳ　　　　　D.Ⅰ、Ⅱ、Ⅲ、Ⅳ
【答案】A　【解析】基金托管人发现基金管理人的投资指令违反法律、行政法规和其他有关规定，或者违反基金合同约定的，应当拒绝执行，立即通知基金管理人，并及时向国务院证券监督管理机构报告。

（三）中国证监会对基金托管人的监管措施

项　目	内　容
责令整改措施	基金托管人不再具备《中华人民共和国证券投资基金法》规定的条件，或者未能勤勉尽责，在履行《中华人民共和国证券投资基金法》规定的职责时存在重大失误的，中国证监会、中国银行保险监督管理委员会应当责令其

续　表

项　目	内　容
责令整改措施	改正;逾期未改正,或者其行为严重影响所托管基金的稳健运行、损害基金份额持有人利益的,中国证监会、中国银行保险监督管理委员会可以区别情形,对其采取下列措施。 ①限制业务活动,责令暂停办理新的基金托管业务。②责令更换负有责任的专门基金托管部门的高级管理人员。
取消托管资格措施	中国证监会、中国银行保险监督管理委员会对有下列情形之一的基金托管人,可以取消其基金托管资格。 ①连续三年没有开展基金托管业务的。②违反《中华人民共和国证券投资基金法》规定,情节严重的。③法律、行政法规规定的其他情形。
对基金托管人职责终止的监管措施	(1)有下列情形之一的,基金托管人职责终止。 ①被依法取消基金托管资格。②被基金份额持有人大会解任。③依法解散、被依法撤销或者被依法宣告破产。④基金合同约定的其他情形。 (2)对基金托管人职责终止的监管措施。 ①基金份额持有人大会应当在6个月内选任新基金托管人;新基金托管人产生前,由中国证监会指定临时基金托管人。②按照规定聘请会计师事务所对基金财产进行审计,并将审计结果予以公告,同时报中国证监会备案。

● 母题精选

【单选题】中国证监会对基金托管人的监管措施不包括(　　)。

　　A.追究基金托管人相关责任人的刑事责任　B.取消托管资格措施

　　C.对基金托管人职责终止的监管措施　　　D.责令整改措施

【答案】A　【解析】中国证监会对基金托管人的监管措施包括:①责令整改措施。②取消托管资格措施。③对基金托管人职责终止的监管措施。中国证监会无追究刑事责任的权限。选项A错误。

【单选题】关于基金托管人职责终止的情形,以下描述错误的是(　　)。

　　A.被基金份额持有人大会解任

　　B.被依法取消基金托管人资格

　　C.依法解散、被依法撤销或者被依法宣告破产

　　D.所托管基金出现违规情形

【答案】D　【解析】依据《中华人民共和国证券投资基金法》的规定,有下列情形之一的,基金托管人职责终止:①被依法取消基金托管资格。②被基金份额持有人大会解任。③依法解散、被依法撤销或者被依法宣告破产。④基金合同约定的其他情形。不包括选项D。

三、对基金服务机构的监管内容（重点掌握）

项　目	内　　容
基金服务机构的注册	（1）《证券投资基金销售管理办法》规定，基金管理人可以办理其募集的基金产品的销售业务。商业银行、证券公司、期货公司、保险机构、证券投资咨询机构、独立基金销售机构以及中国证监会认定的其他机构从事基金销售业务的，应向工商注册登记所在地的中国证监会派出机构进行注册并取得相应资格。 　　（2）商业银行、证券公司、期货公司、保险机构、证券投资咨询机构、独立基金销售机构以及中国证监会认定的其他机构申请注册基金销售业务资格，应当具备下列条件： 　　①具有健全的治理结构、完善的内部控制和风险管理制度，并得到有效执行。②财务状况良好，运作规范稳定。③有与基金销售业务相适应的营业场所、安全防范设施和其他设施。④有安全、高效的办理基金发售、申购和赎回等业务的技术设施，且符合中国证监会对基金销售业务信息管理平台的有关要求，基金销售业务的技术系统已与基金管理人、中国证券登记结算公司相应的技术系统进行了联网测试，测试结果符合国家规定的标准。⑤制定了完善的资金清算流程，资金管理符合中国证监会对基金销售结算资金管理的有关要求。⑥有评价基金投资人风险承受能力和基金产品风险等级的方法体系。⑦制定了完善的业务流程、销售人员执业操守、应急处理措施等基金销售业务管理制度，符合中国证监会对基金销售机构内部控制的有关要求。⑧有符合法律法规要求的反洗钱内部控制制度。⑨中国证监会规定的其他条件。 　　（3）其他需要实行注册管理的基金服务机构：中国证监会对于公开募集基金的基金份额登记机构、基金估值核算机构实行注册管理。
基金服务机构的备案	需要实行备案管理的基金服务机构包括基金销售支付机构、基金投资顾问机构、基金评价机构、基金信息技术系统服务机构等。
基金服务机构的法定义务	基金销售机构 　　（1）向投资人充分揭示投资风险。 　　（2）根据投资人的风险承担能力，销售不同风险等级的基金产品。 　　（3）确保基金销售结算资金、基金份额的安全、独立。 　　（4）禁止任何单位或者个人以任何形式挪用基金销售结算资金、基金份额。
	基金销售支付机构 　　（1）按照规定办理基金销售结算资金的划付。 　　（2）确保基金销售结算资金安全、及时划付。 　　（3）确保基金销售结算资金、基金份额的安全、独立。 　　（4）禁止任何单位或者个人以任何形式挪用基金销售结算资金、基金份额。

考查概率：100%。在考试中所占分值为1分~2分。

命题角度：①需要实行注册管理的基金服务机构有哪些。②申请注册基金销售业务资格应当具备的条件。③基金服务机构的法定义务，尤其是基金销售支付机构与基金份额登记机构的法定义务。

续 表

项　目	内　　容
基金服务机构的法定义务	**基金份额登记机构** （1）妥善保存登记数据,并将基金份额持有人名称、身份信息及基金份额明细等数据备份至中国证监会认定的机构。其保存期限自基金账户销户之日起不得少于20年。 （2）基金份额登记机构应当保证登记数据的真实、准确、完整,不得隐匿、伪造、篡改或者毁损。 （3）确保基金销售结算资金、基金份额的安全、独立。 （4）禁止任何单位或者个人以任何形式挪用基金销售结算资金、基金份额。
	基金投资顾问机构及其从业人员 （1）提供基金投资顾问服务,应当具有合理的依据。 （2）对其服务能力和经营业绩进行如实陈述。 （3）不得以任何方式承诺或者保证投资收益。 （4）不得损害服务对象的合法权益。
	基金评价机构及其从业人员 （1）客观公正,按照依法制定的业务规则开展基金评价业务。 （2）禁止误导投资人,防范可能发生的利益冲突。
	律师事务所、会计师事务所 （1）接受基金管理人、基金托管人的委托,为有关基金业务活动出具法律意见书、审计报告、内部控制评价报告等文件,应当勤勉尽责,对所依据的文件资料内容的真实性、准确性、完整性进行核查和验证。 （2）制作、出具的文件有虚假记载、误导性陈述或者重大遗漏,给他人财产造成损失的,应当与委托人承担连带赔偿责任。

💡 基金销售机构、基金销售支付机构、基金份额登记机构、基金投资顾问机构及其从业人员、基金评价机构及其从业人员,以及律师事务所、会计师事务所均应遵循的共同的法定义务包括三点。①勤勉尽责,恪尽职守。②建立应急等风险管理制度和灾难备份系统。③不得泄露与基金份额持有人、基金投资运作相关的非公开信息。

● 母题精选

【单选题】中国证监会实行注册管理的基金服务机构包括(　　　)。

Ⅰ.基金销售机构　　　　　　　Ⅱ.基金销售支付机构
Ⅲ.基金份额登记机构　　　　　Ⅳ.基金估值核算机构

　　A.Ⅰ、Ⅱ、Ⅲ、Ⅳ　　　B.Ⅰ、Ⅱ　　　C.Ⅰ、Ⅱ、Ⅲ　　　D.Ⅰ、Ⅲ、Ⅳ

【答案】 D 【解析】商业银行、证券公司、保险公司、期货公司、证券投资咨询机构、独立基金销售机构、保险代理公司、保险经纪公司符合一定条件,均可向中国证监会申请注册为基金销售机构。第Ⅰ项正确;基金销售支付机构需要根据中国证监会的规定予以备案,第Ⅱ项错误;中国证监会对于公开募集基金的基金份额登记机构、基金估值核算机构实行注册管理,对于基金投资顾问机构、基金评价机构、基金信息技术系统服务机构实行备案管理,第Ⅲ、Ⅳ项正确。

【单选题】申请开展基金销售业务资格的机构,其技术系统应与(　　)的系统进行联网测试。

A. 商业银行电子银行部　　　　　　B. 第三方支付公司

C. 中国证券登记结算公司　　　　　D. 中国人民银行清算中心

【答案】C　【解析】申请开展基金销售业务资格的机构,其技术系统应与基金管理人、中国证券登记结算公司相应的技术系统进行了联网测试,测试结果符合国家规定的标准。

【单选题】关于基金份额登记机构的法定义务,以下表述错误的是(　　)。

A. 不得泄露与基金份额持有人、基金投资运作相关的非公开信息

B. 将基金份额持有人名称、身份信息及基金份额明细等数据备份至基金管理人指定的机构

C. 保证登记数据的真实、准确、完整,不得隐藏、伪造、篡改或者毁损

D. 勤勉尽责、恪尽职守,妥善保存登记数据

【答案】B　【解析】基金份额登记机构应当将基金份额持有人名称、身份信息及基金份额明细等数据备份至中国证监会认定的机构。选项B表述错误。

第四节　对公开募集基金活动的监管

一、对基金公开募集的监管内容(重点掌握)

(一)公开募集基金的注册

项　目		内　容
注册制度		公开募集基金,应在国务院证券监督管理机构进行注册。未注册的,不得公开或者变相公开募集基金。
基金注册的申请	向中国证监会提交的文件	①申请报告。②基金合同草案。③基金托管协议草案。④招募说明书草案。⑤律师事务所出具的法律意见书。⑥中国证监会规定提交的其他文件。
	公开募集基金的基金合同内容	①募集基金的目的和基金名称。②基金管理人、基金托管人的名称和住所。③基金的运作方式。④封闭式基金的基金份额总额和基金合同期限,或者开放式基金的最低募集额总额。⑤确定基金份额发售日期、价格和费用的原则。⑥基金份额持有人、基金管理人和基金托管人的权利、义务。⑦基金份额持有人大会召集、议事及表决的程序和规则。⑧基金份额发售、交易、申购、赎回的程序、时间、地点、费用计算方式,以及给付赎回款项的时间和方式。⑨基金收益分配原则、执行方式。⑩基金管理人、基金托管人报酬的提取、支付方式与比例。⑪与基金财产管理、运用有关的其他费用的提取、支付方式。⑫基金财产的投资方向和投资限制。⑬基金资产净值的计算方法和公告方式。⑭基金募集未达到法定要求的处理方式。⑮基金合同解除和终止的事由、程序以及基金财产清算方式。⑯争议解决方式。⑰当事人约定的其他事项。

考查概率:100%。在考试中所占分值为2分~3分。

命题角度:①基金注册的申请需要向中国证监会提交的文件。②基金招募说明书的内容。③募集期限。④募集基金失败时基金管理人的责任。

本考点内容非常重要,历次考试均出2~3道题,整体难度不大,考生应认真学习,避免失分。

续 表

项 目		内 容
基金注册的申请	基金招募说明书的内容	①基金募集申请的准予注册文件名称和注册日期。②基金管理人、基金托管人的基本情况。③基金合同和基金托管协议的内容摘要。④基金份额的发售日期、价格、费用和期限。⑤基金份额的发售方式、发售机构及登记机构名称。⑥出具法律意见书的律师事务所和审计基金财产的会计师事务所的名称和住所。⑦基金管理人、基金托管人报酬及其他有关费用的提取、支付方式与比例。⑧风险警示内容。⑨中国证监会规定的其他内容。
基金注册的审查		国务院证券监督管理机构应当自受理公开募集基金的募集注册申请之日起6个月内依照法律、行政法规及国务院证券监督管理机构的规定进行审查,做出注册或者不予注册的决定。

● 母 题 精 选

【单选题】申请募集公募基金应提交的必备文件包括(   )。
A. 申请报告草案、基金合同草案、基金托管协议草案、发售公告草案、法律意见书草案
B. 申请报告、基金合同草案、基金托管协议草案、招募说明书草案、法律意见书草案
C. 申请报告、基金合同草案、基金托管协议草案、招募说明书草案、法律意见书
D. 申请报告、基金合同草案、基金托管协议草案、发售公告草案、法律意见书

【答案】 C 【解析】申请募集公募基金应向中国证监会提交的文件:①申请报告。②基金合同草案。③基金托管协议草案。④招募说明书草案。⑤律师事务所出具的法律意见书。⑥中国证监会规定提交的其他文件。

【单选题】基金招募说明书中关于"基金管理人报酬"应披露的信息包括(   )。
Ⅰ.费率水平   Ⅱ.计提方式   Ⅲ.适用税率   Ⅳ.支付方式
A. Ⅰ、Ⅲ   B. Ⅰ、Ⅱ、Ⅲ、Ⅳ   C. Ⅰ、Ⅱ、Ⅳ   D. Ⅰ、Ⅱ、Ⅲ

【答案】 C 【解析】基金招募说明书中关于"基金管理人报酬"应披露的信息包括有关费用的提取、支付方式与比例。

(二)公开募集基金的发售

项 目	内 容
发售条件	(1)基金募集申请经注册后,方可发售基金份额。 (2)基金份额的发售,由基金管理人或者其委托的基金销售机构办理。 (3)基金管理人应当在基金份额发售的三日前公布招募说明书、基金合同及其他有关文件。这些文件应当真实、准确、完整。 (4)对基金募集所进行的宣传推介活动,应当符合有关法律、行政法规的规定,不得有下列行为: ①虚假记载、误导性陈述或者重大遗漏。②对证券投资业绩进行预测。③违规承诺收益或者承担损失。④诋毁其他基金管理人、基金托管人或者其他基金销售机构。⑤法律、行政法规和国务院证券监督管理机构规定禁止的其他行为。

续 表

项 目	内 容
募集期限	基金管理人应当自<u>收到准予注册文件之日起6个月内</u>进行基金募集。超过6个月开始募集、原注册的事项未发生实质性变化的,应当报国务院证券监督管理机构备案;发生实质性变化的,应当向国务院证券监督管理机构重新提交注册申请。基金募集期限自基金份额发售之日起计算。
基金的备案	(1)基金募集期限届满,封闭式基金募集的基金份额<u>总额达到准予注册规模的80%以上</u>,开放式基金募集的基金份额总额超过准予注册的最低募集份额总额,并且基金份额持有人人数符合中国证监会规定的,基金管理人应当<u>自募集期限届满之日起10日内聘请法定验资机构验资</u>,自收到验资报告之日起10日内,向中国证监会提交验资报告,办理基金备案手续,并予以公告。 　　(2)基金募集期间募集的资金应当<u>存入专门账户</u>,在基金募集行为结束前,任何人不得动用。
募集基金失败时基金管理人的责任	(1)基金合同成立的条件:投资人交纳认购的基金份额的款项。 　　(2)基金合同生效的条件:基金管理人依法向国务院证券监督管理机构办理基金备案手续。 　　(3)基金募集失败时基金管理人的责任:<u>①以其固有财产承担因募集行为而产生的债务和费用。②在基金募集期限届满后30日内返还投资人已交纳的款项,并加计银行同期存款利息。</u>

💡 募集基金失败时基金管理人的责任是历次考试的必考内容,考生应重点掌握。

● 母题精选

【单选题】关于公募基金的募集,以下描述正确的是(　　)。
　　A. 基金管理人应当自募集期限届满之日起30日内聘请法定验资机构验资
　　B. 基金募集期间募集的资金应当存入专门账户,募集结束前任何人不得动用
　　C. 封闭式基金募集规模达到准予注册规模的60%以上,方可办理基金备案手续
　　D. 基金管理人应当自收到基金准予注册文件之日起3个月内进行基金募集
【答案】 B 【解析】基金管理人应当自募集期限届满之日起10日内聘请法定验资机构验资,选项A描述错误;基金募集期间募集的资金应当存入专门账户,募集结束前任何人不得动用,选项B描述正确;封闭式基金募集规模达到准予注册规模的80%以上,方可办理基金备案手续,选项C描述错误;基金管理人应当自收到基金准予注册文件之日起6个月内进行基金募集,选项D描述错误。

【单选题】基金募集期限届满不能满足法律规定的成立条件的,基金管理人应当承担的责任是(　　)。
　　A. 在基金募集期限届满后60日返还投资人已交纳的款项,并加计银行活期存款利息
　　B. 在基金募集期限届满后30日内返还投资人已交纳的款项,并加计银行同期存款利息
　　C. 向基金销售机构支付销售费用
　　D. 将因聘请律师为基金产品出具法律意见书而产生的费用分摊给各投资人
【答案】 B 【解析】基金募集期限届满,基金不满足有关募集要求的,基金募集失败,基金管理人应承担下列责任:①以其固有财产承担因募集行为而产生的债务和费用。②在基金募集期限届满后30日内返还投资人已交纳的款项,并加计银行同期存款利息。

二、对公开募集基金销售活动的监管内容(重点掌握)

考查概率:100%。在考试中所占分值为1分~2分。
命题角度:①建立基金销售适用性管理制度的内容。②基金宣传推介材料不得存在的情形。③对基金宣传推介材料的监管。

项 目	内 容
基金销售适用性监管	(1)适用性原则:坚持投资人利益优先原则,把适当的产品销售给适当的基金投资人 。 (2)建立基金销售适用性管理制度的内容包括以下方面。 ①对基金管理人进行审慎调查的方式和方法。②对基金产品的风险等级进行设置、对基金产品进行风险评价的方式和方法。③对基金投资人风险承受能力进行调查和评价的方式和方法。④对基金产品和基金投资人进行匹配的方法。 (3)基金销售机构所使用的基金产品风险评价方法及其说明应当向基金投资人公开,并加强对投资者的教育,引导投资者充分认识基金产品的风险特征,保障投资者的合法权益。 (4)基金销售机构办理基金销售业务时应当根据反洗钱法规相关要求识别客户身份,核对客户的有效身份证件,登记客户身份基本信息,确保基金账户持有人名称与身份证明文件中记载的名称一致,并留存有效身份证件的复印件或者影印件。
对基金宣传推介材料的监管	(1)基金宣传推介材料的内容。 基金宣传推介材料,是指为推介基金向公众分发或者公布,使公众可以普遍获得的书面、电子或者其他介质的信息,包括:①公开出版资料。②宣传单、手册、信函、传真、非指定信息披露媒体上刊发的与基金销售相关的公告等面向公众的宣传资料。③海报、户外广告。④电视、电影、广播、互联网资料、公共网站链接广告、短信及其他音像、通信资料。⑤中国证监会规定的其他材料。 (2)基金宣传推介材料必须真实、准确,与基金合同、基金招募说明书相符,不得存在的情形包括以下方面。 ①虚假记载、误导性陈述或者重大遗漏。②预测基金的证券投资业绩。③违规承诺收益或者承担损失。④诋毁其他基金管理人、基金托管人或者基金销售机构,或其他基金管理人募集或者管理的基金。⑤夸大或者片面宣传基金,违规使用安全、保证、承诺、保险、避险、有保障、高收益、无风险等可能使投资人认为没有风险的或者片面强调集中营销时间限制的表述。⑥登载单位或者个人的推荐性文字。⑦中国证监会规定的其他情形。 (3)对基金宣传推介材料的监管。 ①基金管理人的基金宣传推介材料,应当事先经基金管理人负责基金销售业务的高级管理人员和督察长检查,出具合规意见书,并自向公众分发或者发布之日起五个工作日内报主要经营活动所在地中国证监会派出机构备案。②其他基金销售机构的基金宣传推介材料,应当事先经基金销售机构负责基金销售业务和合规的高级管理人员检查,出具合规意见书,并自向公众分发或者发布之日起五个工作日内报工商注册登记所在地中国证监会派出机构备案。

制作基金宣传推介材料的基金销售机构应当对基金宣传推介材料的内容负责,保证其内容的合规性,并确保向公众分发、公布的材料与备案的材料一致。

续表

项　目	内　容
对基金销售费用的监管	（1）基金管理人应当在基金合同、招募说明书或者公告中载明收取销售费用的项目、条件和方式，在招募说明书或者公告中载明费率标准及费用计算方法。 （2）基金销售机构按照基金合同和招募说明书的约定向投资人收取认购费、申购费、赎回费、转换费和销售服务费等费用。也可以收取一定的增值服务费。 （3）基金管理人与基金销售机构可以在基金销售协议中约定依据基金销售机构销售基金的保有量提取一定比例的客户维护费，用以向基金销售机构支付客户服务及销售活动中产生的相关费用。

此处的"增值服务"是指基金销售机构在销售基金产品的过程中，在确保遵守基金和相关产品销售适用性原则的基础上，向投资人提供的除法定或者基金合同、招募说明书约定服务以外的附加服务。

● 母题精选

【单选题】基金销售适用性管理制度的必要内容不包含(　　)。
A. 对基金销售人员进行审慎调查的方式和方法
B. 对基金产品和基金投资人进行匹配的方法
C. 对基金管理人进行审慎调查的方式和方法
D. 对基金产品进行风险评价的方式和方法

【答案】A　【解析】基金销售适用性管理制度的必要内容不包含对基金销售人员进行审慎调查的方式和方法。选项A正确。

【单选题】某客户经理在向客户推荐该基金时，声称该产品属于量化对冲产品，风险相当于银行存款，几乎无风险，但收益较银行存款高几倍，每年预期收益10%以上。该过程中，客户经理在宣传基金业绩时的不当活动有(　　)。
Ⅰ. 预测基金的证券投资业绩
Ⅱ. 诋毁其他基金管理人、基金托管人或者基金销售机构
Ⅲ. 夸大或者片面宣传基金
Ⅳ. 登载单位或者个人的推荐性文字
　　A. Ⅱ、Ⅲ、Ⅳ　　　　B. Ⅰ、Ⅱ、Ⅲ　　　　C. Ⅰ、Ⅲ　　　　D. Ⅰ、Ⅱ

【答案】C　【解析】该过程中，客户经理在宣传基金业绩时的不当活动包括：①预测基金的证券投资业绩。②夸大或者片面宣传基金。选项C正确。

三、对公开募集基金投资与交易行为的监管内容（掌握）

项　目	内　容
基金的投资方式	《中华人民共和国证券投资基金法》规定，基金管理人运用基金财产进行证券投资，除国务院证券监督管理机构另有规定外，应当采用资产组合的方式。资产组合的具体方式和投资比例，依照本法和国务院证券监督管理机构的规定在基金合同中约定。

考查概率：60%。在考试中所占分值约为1分。

命题角度：基金财产的投资范围与不得用于投资的情形。

续表

项目	内 容
基金的投资范围	①上市交易的股票、债券。 ②中国证监会规定的其他证券及其衍生品种。
基金财产不得投资的情形	①承销证券。②违反规定向他人贷款或者提供担保。③从事承担无限责任的投资。④买卖其他基金份额,但是中国证监会另有规定的除外。⑤向基金管理人、基金托管人出资。⑥从事内幕交易,操纵证券交易价格及其他不正当的证券交易活动。⑦法律、行政法规和中国证监会规定禁止的其他活动。

● 母题精选

【单选题】以下关于基金财产的运用,合规的是( )。

　　A.用于发起设立有限合伙企业　　　　B.购买上市公司定向增发的股票

　　C.用于承销公开发行的股票和债券　　D.购买基金托管人的股权

【答案】 B 【解析】基金财产不得用于从事承担无限责任的投资,有限合伙企业中的普通合伙人对合伙企业债务承担无限连带责任,选项A不合规;基金财产可以用于投资上市交易的股票、债券,选项B合规;基金财产不得承销证券,选项C不合规;基金财产不得向基金管理人、基金托管人出资,选项D不合规。

四、对公开募集基金信息披露的监管内容（理解）

考查概率:20%。

在考试中本考点较少考查。

命题角度:公开披露的基金信息有哪些。

项目	内 容
基金信息披露的要求	(1)基金管理人、基金托管人和其他基金信息披露义务人应当依法披露基金信息,并保证所披露信息的真实性、准确性和完整性。 (2)基金信息披露义务人应当确保应予披露的基金信息在国务院证券监督管理机构规定时间内披露,并保证投资人能够按照基金合同约定的时间和方式查阅或者复制公开披露的信息资料。
公开披露的基金信息	①基金招募说明书、基金合同、基金托管协议。②基金募集情况。③基金份额上市交易公告书。④基金资产净值、基金份额净值。⑤基金份额申购、赎回价格。⑥基金财产的资产组合季度报告、财务会计报告及中期和年度基金报告。⑦临时报告。⑧基金份额持有人大会决议。⑨基金管理人、基金托管人的专门基金托管部门的重大人事变动。⑩涉及基金财产、基金管理业务、基金托管业务的诉讼或者仲裁。⑪中国证监会规定应予披露的其他信息。
公开披露基金信息的禁止行为	①虚假记载、误导性陈述或者重大遗漏。②对证券投资业绩进行预测。③违规承诺收益或者承担损失。④诋毁其他基金管理人、基金托管人或者基金销售机构。⑤法律、行政法规和中国证监会规定禁止的其他行为。

● 母题精选

【单选题】以下不属于基金法定信息披露范畴的是( )。

　　A.基金托管协议　　　　　　　　B.基金招募说明书

　　C.基金投资预测说明书　　　　　D.基金合同

【答案】 C 【解析】公开披露的基金信息不包括基金投资预测说明书。选项C正确。

五、基金份额持有人及基金份额持有人大会（重点掌握）

项　目	内　容
基金份额持有人的权利	①分享基金财产收益。②参与分配清算后的剩余基金财产。③依法转让或者申请赎回其持有的基金份额。④按照规定要求召开基金份额持有人大会或者召集基金份额持有人大会。⑤对基金份额持有人大会审议事项行使表决权。⑥对基金管理人、基金托管人、基金服务机构损害其合法权益的行为依法提起诉讼。⑦基金合同约定的其他权利。
基金份额持有人大会的职权	①决定基金扩募或者延长基金合同期限。②决定修改基金合同的重要内容或者提前终止基金合同。③决定更换基金管理人、基金托管人。④决定调整基金管理人、基金托管人的报酬标准。⑤基金合同约定的其他职权。
基金份额持有人大会日常机构的职权	(1)基金份额持有人大会日常机构的产生。 　由基金份额持有人大会选举产生的人员组成；其议事规则由基金合同约定。 　(2)基金份额持有人大会日常机构的职权。 　①召集基金份额持有人大会。②提请更换基金管理人、基金托管人。③监督基金管理人的投资运作、基金托管人的托管活动。④提请调整基金管理人、基金托管人的报酬标准。⑤基金合同约定的其他职权。
基金份额持有人大会的召集	(1)基金份额持有人大会由基金管理人召集。基金份额持有人大会设立日常机构的，由该日常机构召集；该日常机构未召集的，由基金管理人召集。基金管理人未按规定召集或者不能召集的，由基金托管人召集。代表基金份额10%以上的基金份额持有人就同一事项要求召开基金份额持有人大会，而基金份额持有人大会的日常机构、基金管理人、基金托管人都不召集的，代表基金份额10%以上的基金份额持有人有权自行召集，并报国务院证券监督管理机构备案。 　(2)召开基金份额持有人大会，召集人应当至少提前30日公告基金份额持有人大会的召开时间、会议形式、审议事项、议事程序和表决方式等事项。基金份额持有人大会不得就未经公告的事项进行表决。 　记忆关键词：日常机构召集；基金管理人召集；基金托管人召集；基金份额持有人召集
基金份额持有人大会的召开	基金份额持有人大会可以采取现场方式召开，也可以采取通信等方式召开。每一基金份额具有一票表决权，基金份额持有人可以委托代理人出席基金份额持有人大会并行使表决权。基金份额持有人大会应当有代表1/2以上基金份额的持有人参加，方可召开。
基金份额持有人大会的决议规则	基金份额持有人大会就审议事项做出决定，应当经参加大会的基金份额持有人所持表决权的1/2以上通过；但是，转换基金的运作方式、更换基金管理人或者基金托管人、提前终止基金合同、与其他基金合并，应当经参加大会的基金份额持有人所持表决权的2/3以上通过。基金份额持有人大会决定的事项，应当依法报中国证监会备案，并予以公告。

👍 考查概率：100%。在考试中所占分值为2分~3分。

命题角度：所有内容均有考查的可能。

💡 公开募集基金的基金份额持有人有权查阅或者复制公开披露的基金信息资料；非公开募集基金的基金份额持有人对涉及自身利益的情况，有权查阅基金的财务会计账簿等财务资料。

💡 基金份额持有人大会及其日常机构无权直接参与或者干涉基金的投资管理活动。

• 母题精选

【单选题】关于公募基金基金份额持有人享有的权利,以下表述错误的是(   )。

    A. 参与分配清算后的剩余基金财产　　　B. 通过持有人大会参与基金投资决策

    C. 分享基金财产收益　　　　　　　　　D. 对基金份额持有人大会审议事项行使表决权

【答案】 B **【解析】**公募基金基金份额持有人享有的权利不包括通过持有人大会参与基金投资决策。选项 B 表述错误。

【单选题】根据《中华人民共和国证券投资基金法》的规定,关于基金份额持有人大会日常机构,以下表述错误的
    是(   )。

    A. 日常机构不得直接参与基金的投资管理活动

    B. 日常机构有权提请更换基金管理人

    C. 日常机构有权提请调低或提高基金托管费标准

    D. 日常机构有权确定和变更基金的投资范围

【答案】 D **【解析】**基金份额持有人大会日常机构不得直接参与或者干涉基金的投资管理活动。选项 D 表述错误。

【单选题】有权召集基金份额持有人大会的主体有(   )。

Ⅰ. 基金份额持有人大会日常机构　　　　Ⅱ. 基金管理人

Ⅲ. 基金托管人　　　　　　　　　　　　Ⅳ. 代表基金份额 10% 以上的基金份额持有人

    A. Ⅱ　　　　　　B. Ⅰ　　　　　　　C. Ⅱ、Ⅲ　　　　　D. Ⅰ、Ⅱ、Ⅲ、Ⅳ

【答案】 D **【解析】**依据《中华人民共和国证券投资基金法》的规定,基金份额持有人大会由基金管理人召集。基金份额持有人大会设立日常机构的,由该日常机构召集;该日常机构未召集的,由基金管理人召集。基金管理人未按规定召集或者不能召集的,由基金托管人召集。代表基金份额 10% 以上的基金份额持有人就同一事项要求召开基金份额持有人大会,而基金份额持有人大会的日常机构、基金管理人、基金托管人都不召集的,代表基金份额 10% 以上的基金份额持有人有权自行召集。以上四个选项均属于有权召集基金份额持有人大会的主体。

【单选题】关于基金份额持有人大会,以下表述错误的是(   )。

    A. 召开基金份额持有人大会,召集人应当至少提前 30 日公告基金份额持有人大会相关事项

    B. 基金份额持有人大会应当有代表 1/2 以上基金份额的持有人参加,方可召开

    C. 基金份额持有人大会只能采取现场方式召开

    D. 基金份额持有人大会不得就未经公告的事项进行表决

【答案】 C **【解析】**基金份额持有人大会可以采取现场方式召开,也可以采取通信等方式召开。选项 C 表述错误。

第五节　对非公开募集基金的监管

考查概率:80%。
在考试中所占分值约为 1 分。

一、非公开募集基金的概念及其基金管理人的登记事宜(掌握)

项　目	内　容
非公开募集基金的概念	(1)概念:又称私募基金,指以非公开方式向投资者募集资金设立的投资基金。

命题角度:①非公开募集基金的登记制度。②非公开募集基金的监管要求。

续　表

项　目	内　容
非公开募集基金的概念	（2）特点：投资人人数较少，运作形式灵活，不具有外部性和公众性。 （3）对私募基金的监管原则：采用原则规范和自律管理相结合，进行适度监管。
非公开募集基金的基金管理人的登记	（1）登记制度：设立私募基金管理机构和发行私募基金不设行政审批，而实行登记制度。担任非公开募集基金的基金管理人，应当按照规定向基金行业协会履行登记手续，报送基本情况。未经登记，任何单位或者个人不得使用"基金"或者"基金管理"字样或者近似名称进行证券投资活动；但是，法律、行政法规另有规定的除外。 （2）私募基金向基金业协会申请登记时应报送如下基本信息。 ①工商登记和营业执照正副本复印件。②公司章程或者合伙协议。③主要股东或者合伙人名单。④高级管理人员的基本信息。⑤基金业协会规定的其他信息。基金业协会应当在私募基金管理人登记材料齐备后的20个工作日内，通过网站公告私募基金管理人名单及其基本情况的方式，为私募基金管理人办结登记手续。 （3）监管要求：非公开募集基金管理人的内部治理结构由基金业协会制定相关指引和准则，实行自律管理。这大大降低了非公开募集基金管理人的设立难度和设立成本，有利于非公开募集基金灵活运作，体现了区别监管的理念。

💡此处"法律、行政法规另有规定"的情形包括：①依据《社会保险法》设立的社会保险基金和全国社会保障基金。②依据《基金会管理条例》设立的公募基金和非公募基金以及各类政府性基金等，可以依据相关法律、行政法规的规定以"基金"名义进行投资运作。

● 母 题 精 选

【单选题】关于非公开募集基金管理人登记的描述，以下错误的是（　　　）。
A. 降低了非公开募集基金管理人设立难度和设立成本
B. 体现了国家对募集基金和非公开募集基金的区别监管理念
C. 中国证券投资基金业协会依据中国证监会的授权对非公开募集基金管理人进行的统一监管
D. 有利于非公开募集基金的灵活运作
【答案】　C　【解析】对于非公开募集基金管理人的内部治理结构由基金业协会制定相关指引和准则，实行自律管理，体现了区别监管的理念。选项C描述错误。

二、对非公开募集基金募集的监管内容（重点掌握）
（一）对非公开募集基金募集对象的限制

👍考查概率：100%。在考试中所占分值为2分~3分。

命题角度：①合格投资者的条件。②对非公开募集基金推介方式的限制。

项　目	内　容
非公开募集基金募集对象	（1）《中华人民共和国证券投资基金法》规定，非公开募集基金应当向合格投资者募集，合格投资者累计不得超过200人。 （2）《私募投资基金监督管理暂行办法》规定，私募基金应当向合格投资者募集，单只私募基金的投资者人数累计不得超过《中华人民共和国证券投资基金法》《中华人民共和国公司法》《中华人民共和国合伙企业法》等法律规定的特定数量。投资者转让基金份额的，受让人应当为合格投资者且基金份额受让后投资者人数应当符合规定。

续 表

项 目	内 容
合格投资者	(1)私募基金的合格投资者是指**具备相应风险识别能力和风险承担能力**,投资于单只私募基金的金额不低于 100 万元且符合下列相关标准的单位和个人。①净资产不低于 1000 万元的单位。②金融资产不低于 300 万元或者最近三年个人年均收入不低于 50 万元的个人。其中,金融资产包括银行存款、股票、债券、基金份额、资产管理计划、银行理财产品、信托计划、保险产品、期货权益等。 (2)下列投资者视为合格投资者。①社会保障基金、企业年金等养老基金、慈善基金等社会公益基金。②依法设立并在基金业协会备案的投资计划。③投资于所管理私募基金的私募基金管理人及其从业人员。④中国证监会规定的其他投资者。

💡 对于私募基金的合格投资者的相关规定,在本书的第九章第六节有详细介绍,考生可以结合两处共同学习。

● 母题精选

【单选题】下列选项中,关于私募基金的表述,错误的是( )。

A. 私募基金投资者转让份额的,受让后投资者人数可以超过法定数量

B. 单只私募基金的投资者人数累计不得超过法定数量

C. 私募基金应当向合格投资者募集

D. 私募基金是以非公开方式向投资者募集资金设立的投资基金

【答案】 A 【解析】投资者转让基金份额的,受让人应当为合格投资者且基金份额受让后投资者人数应当符合法律规定的特定数量。选项 A 表述错误。

(二)对非公开募集基金推介方式的限制

项 目	内 容
非公开募集基金不得推介的媒介渠道	①公开出版资料。②面向社会公众的宣传单、布告、手册、信函、传真、海报、户外广告。③电视、电影、电台及其他音像等公共传播媒体。④公共、门户网站链接广告、博客等。⑤未设置特定对象确定程序的讲座、报告会、分析会,以及募集机构官方网站、微信朋友圈等互联网媒介。⑥未设置特定对象确定程序的电话、短信和电子邮件等通信媒介。⑦法律行政法规、中国证监会的有关规定和中国基金业协会自律规则禁止的其他行为。
非公开募集基金推介方式的限制	(1)私募基金管理人、私募基金销售机构**不得向投资者承诺投资本金不受损失或者承诺最低收益**。 (2)私募基金管理人自行销售私募基金的,应当采取**问卷调查**等方式,**对投资者的风险识别能力和风险承担能力进行评估**,由投资者**书面承诺**符合合格投资者条件;应当**制作风险揭示书**,由投资者签字确认。 (3)私募基金管理人委托销售机构销售私募基金的,私募基金销售机构应当采取上述规定的评估、确认等措施。 (4)投资者风险识别能力和承担能力问卷及风险揭示书的内容与格式指引,由**基金业协会**按照不同类别私募基金的特点制定。

💡 非公开募集基金不得推介的媒介渠道也是历次考试的必考点,考生应当重点掌握,并结合第九章第六节共同学习。

续　表

项　目	内　容
非公开募集基金推介方式的限制	（5）私募基金管理人自行销售或者委托销售机构销售私募基金,应当自行或者委托第三方机构对私募基金进行风险评级,向风险识别能力和风险承担能力相匹配的投资者推介私募基金。 （6）投资者应当如实填写风险识别能力和承担能力问卷,如实承诺资产或者收入情况,并对其真实性、准确性和完整性负责。填写虚假信息或者提供虚假承诺文件的,应当承担相应责任。 （7）投资者应当确保投资资金来源合法,不得非法汇集他人资金投资私募基金。

● 母 题 精 选

【单选题】对于非公开募集基金的推介,以下合规的是(　　　　)。

　　A. 发动全体员工邀请有意向的投资人来公司听关于产品的讲座,人数不超过200人

　　B. 邀请三五个已经购买过私募基金产品的好友到家中做客,择机讨论正在发行的基金产品

　　C. 参加行业高端研讨会,择机推介公司基金产品

　　D. 通过微信朋友圈推送基金产品信息,并同时提示投资风险

【答案】B　【解析】非公开募集基金,不得向合格投资者之外的单位和个人募集资金,不得通过报刊、电台、电视台、互联网等公众传播媒体或者讲座、报告会、分析会和布告、传单、手机短信、微信、博客和电子邮件等方式向不特定对象宣传推介。只有选项B合规。

（三）规定非公开募集基金的基金合同的必备条款

项　目	内　容
契约型私募基金	（1）契约型私募基金概述。 　　私募基金管理人通过契约形式募集设立私募证券投资基金的,应制定私募投资基金合同。私募基金合同的名称中需标识"私募基金""私募投资基金"字样。 　　（2）契约型私募基金合同的必备条款。 　　①声明与承诺。②私募基金的基本情况。③私募基金的募集。④私募基金的成立与备案。⑤私募基金的申购、赎回与转让。⑥当事人及其权利和义务。⑦私募基金份额持有人大会及日常机构。⑧私募基金份额的登记。⑨私募基金的投资。⑩私募基金的财产。⑪交易及清算交收安排。⑫私募基金财产的估值和会计核算。⑬私募基金的费用与税收。⑭私募基金的收益分配。⑮信息披露与报告。⑯风险揭示。⑰基金合同的效力、变更、解除与终止。⑱私募基金的清算。⑲违约责任。⑳争议的处理。㉑其他事项。
公司型私募基金	（1）公司型私募基金概述。 　　私募基金管理人通过有限责任公司或股份有限公司形式募集设立公司型私募投资基金的,应当制定公司章程。 　　（2）公司型基金章程应当具备的条款。 　　①基本情况。②股东出资。③股东的权利和义务。④入股、退股及转让。

续　表

项　目	内　容
公司型私募基金	⑤股东(大)会。⑥高级管理人员。⑦投资事项。⑧管理方式。⑨托管事项。⑩利润分配及亏损分担。⑪税务承担。⑫费用和支出。⑬财务会计制度。⑭信息披露制度。⑮终止、解散及清算。⑯章程的修订。⑰一致性。⑱份额信息备份。⑲报送披露信息等。
合伙型私募基金	(1)合伙型私募基金。 　　私募基金管理人通过有限合伙形式募集设立合伙型私募投资基金的,应当制定有限合伙协议。合伙型基金是指投资者依据《中华人民共和国合伙企业法》成立有限合伙企业,由普通合伙人对合伙债务承担无限连带责任,由基金管理人具体负责投资运作的私募投资基金。 　　(2)合伙协议应具备的条款。 ①基本情况。②合伙人及其出资。③合伙人的权利和义务。④执行事务合伙人。⑤有限合伙人。⑥合伙人会议。⑦管理方式。⑧托管事项。⑨入伙、退伙、合伙权益转让和身份转变。⑩投资事项。⑪利润分配及亏损分担。⑫税务承担。⑬费用和支出。⑭财务会计制度。⑮信息披露制度。⑯终止、解散与清算。⑰合伙协议的修订。⑱争议解决。⑲一致性。⑳份额信息备份。㉑报送披露信息等。

三、对非公开募集基金运作的监管内容(重点掌握)

项　目	内　容
非公开募集基金的备案	各类私募基金募集完毕,私募基金管理人应当根据基金业协会的规定,办理基金备案手续,报送以下基本信息。 ①主要投资方向及根据主要投资方向注明的基金类别。②基金合同、公司章程或者合伙协议。资金募集过程中向投资者提供基金招募说明书的,应当报送基金招募说明书。以公司、合伙等企业形式设立的私募基金,还应当报送工商登记和营业执照正副本复印件。③采取委托管理方式的,应当报送委托管理协议。委托托管机构托管基金财产的,还应当报送托管协议。④基金业协会规定的其他信息。 　　基金业协会应当在私募基金备案材料齐备后的20个工作日内,通过网站公告私募基金名单及其基本情况的方式为私募基金办结备案手续。
非公开募集基金的托管	除基金合同另有约定外,私募基金应当由基金托管人托管。基金合同约定私募基金不进行托管的,应当在基金合同中明确保障私募基金财产安全的制度措施和纠纷解决机制。
非公开募集基金的投资运作行为规范	(1)非公开募集基金财产的证券投资,包括买卖公开发行的股份有限公司股票、债券、基金份额,以及中国证监会规定的其他证券及其衍生品种。 　　(2)同一私募基金管理人管理不同类别私募基金的,应当坚持专业化管理原则;管理可能导致利益输送或者利益冲突的不同私募基金的,应当建立防范利益输送和利益冲突的机制。私募基金管理人、私募基金托管人、私募基金销售机构、其他私募服务机构及其从业人员从事私募基金业务,不得

考查概率:100%。在考试中所占分值为1分～2分。

命题角度:本考点中所有内容均有被考查的可能。

续　表

项　目	内　容
非公开募集基金的投资运作行为规范	有以下行为：①将其固有财产或者他人财产混同于基金财产从事投资活动。②不公平地对待其管理的不同基金财产。③利用基金财产或者职务之便,为本人或者投资者以外的人牟取利益,进行利益输送。④侵占、挪用基金财产。⑤泄露因职务便利获取的未公开信息,利用该信息从事或者明示、暗示他人从事相关的交易活动。⑥从事损害基金财产和投资者利益的投资活动。⑦玩忽职守,不按照规定履行职责。⑧从事内幕交易、操纵交易价格及其他不正当交易活动。⑨法律、行政法规和中国证监会规定禁止的其他行为。
非公开募集基金的信息披露和报送	(1)私募基金管理人应当根据基金业协会的规定,及时填报并定期更新管理人及其从业人员的有关信息、所管理私募基金的投资运作情况和杠杆运用情况,保证所填报内容真实、准确、完整。发生重大事项的,应当在10个工作日内向基金业协会报告。 (2)私募基金管理人应当于每个会计年度结束后的4个月内,向基金业协会报送经会计师事务所审计的年度财务报告和所管理私募基金年度投资运作基本情况。 (3)私募基金管理人、私募基金托管人及私募基金销售机构应当妥善保存私募基金投资决策、交易和投资者适当性管理等方面的记录及其他相关资料,保存期限自基金清算终止之日起不得少于10年。 (4)关于创业投资基金的特别规定。基金业协会在基金管理人登记、基金备案、投资情况报告要求和会员管理等环节,对创业投资基金采取区别于其他私募基金的差异化行业自律,并提供差异化会员服务。中国证监会及其派出机构对创业投资基金在投资方向检查等环节,采取区别于其他私募基金的差异化监督管理;在账户开立、发行交易和投资退出等方面,为创业投资基金提供便利服务。

💡 创业投资基金是指主要投资于未上市创业企业普通股或者依法可转换为普通股的优先股、可转换债券等权益的股权投资基金。

● 母题精选

【单选题】关于私募基金运作的监管,以下表述错误的是(　　　)。

A. 私募基金募集完毕,应当向中国基金业协会备案

B. 私募基金管理人须每季度向中国基金业协会报送基金季度报告

C. 私募基金可不设基金托管人

D. 私募基金管理人不得将其固有财产混同于基金财产从事投资活动

【答案】　B　【解析】私募基金管理人应当于每个会计年度结束后的4个月内,向基金业协会报送经会计师事务所审计的年度财务报告和所管理私募基金年度投资运作基本情况。没有规定须每季度向中国基金业协会报送基金季度报告,选项B表述错误。

章节练习

扫描"章节练习"旁边的二维码或打开 http://cj.ek100.cn/即可进入智能题库进行章节练习。

第五章　基金职业道德

• 本章应试分析

本章分三节介绍基金职业道德的相关内容,第一节介绍道德和职业道德的含义与特征;第二节介绍基金职业道德规范的六项具体规范,包括守法合规、诚实守信、专业审慎、客户至上、忠诚尽责以及保守秘密;第三节介绍基金职业道德教育和基金职业道德修养。本章在考试中所占的分值为9分~10分,所占分值较高,属于比较重要的章节,考生应把握重点知识,如基金职业道德规范的六项具体规范,考生不但要掌握所学内容,还需要将六项具体规范与实际案例联系起来学习。

• 思维导图

基金职业道德
- 道德与职业道德
  - 道德概述（掌握）
  - 职业道德概述（理解）
- 我国基金职业道德规范
  - 基金职业道德规范概述（理解）
  - 守法合规的含义与基本要求（重点掌握）
  - 诚实守信的含义与基本要求（重点掌握）
  - 专业审慎的含义与基本要求（重点掌握）
  - 客户至上的含义与基本要求（重点掌握）
  - 忠诚尽责的含义与基本要求（重点掌握）
  - 保守秘密的含义与基本要求（重点掌握）
- 基金职业道德教育与修养
  - 基金职业道德教育（理解）
  - 基金职业道德修养（理解）

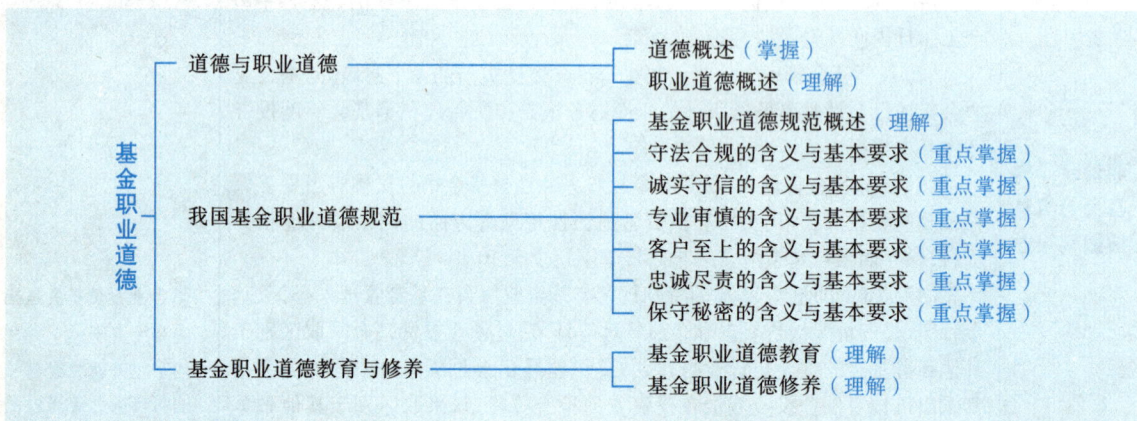

• 名师同步精讲

第一节　道德与职业道德

视频讲解微信扫描

一、道德概述（掌握）

🖐 **名师指导**

考查概率：80%。在考试中所占分值约为1分。

命题角度：①道德与法律的联系。②道德与法律的区别。

项　目	内　容
含义	道德是由一定的社会经济基础决定并形成的,以是与非、善与恶、美与丑、正义与邪恶、公正与偏私、诚实与虚伪等范畴为评价标准,依靠社会舆论、传统习俗和内心信念等约束力量,实现调整人与人之间、人与社会之间关系的行为规范的总和。
特征	差异性;继承性;约束性;具体性。
道德与法律的联系	(1)根本目的上具有一致性:都是行为规范,都是重要的社会调控手段。 (2)内容可以相互转化:法律规范以道德评价为基础,将必须遵守的道德规范转化为法律规范,将积极的道德标准规定为法律应遵循的准则,将一些消极的道德行为通过法律形式予以禁止。

续 表

项 目	内 容
道德与法律的联系	(3)两者功能互补:道德在调整范围上对法律起补充作用,法律在约束力上对道德起补充作用。 (4)两者相互促进:法律的实施有助于人们道德观念的培养,增强道德观念也有助于人们自觉守法。
道德与法律的区别	<table><tr><td>项 目</td><td>道 德</td><td>法 律</td></tr><tr><td>表现形式不同</td><td>社会认可和人们普遍接受的行为规范,没有特定的表现形式。</td><td>由国家制定或认可的一种行为规范,通常以文字作为载体。</td></tr><tr><td>内容结构不同</td><td>只以义务为内容,并不要求有对等的权利。</td><td>以权利、义务为内容,要求权利、义务对等。</td></tr><tr><td>调整范围不同</td><td>更为广泛。</td><td>广泛性较差。</td></tr><tr><td>调整手段不同</td><td>依靠社会舆论、传统习俗和内心信念等力量来实现其约束力,即"自律"。</td><td>依靠国家强制力保证实施,即"他律"。</td></tr></table>

💡 道德与法律的调整范围不同,但并不是绝对的不同,两者的调整范围是存在交叉的。

• 母 题 精 选

【单选题】关于道德与法律的区别,以下表述错误的是( )。
　A.法律通常以文字作为载体,而道德没有特定的表现形式
　B.一般认为,法律调整的范围比道德调整的范围更为广泛
　C.法律主要依靠国家强制力保障实施,而道德主要依靠社会舆论等力量实现其约束力
　D.法律以权利义务为内容,而道德一般只以义务为内容

【答案】　B　【解析】一般认为,道德调整的范围比法律调整的范围更为广泛。选项B表述错误。

二、职业道德概述(理解)

项 目	内 容
含义	(1)职业道德,是职业道德规范的简称,是与人们的职业行为紧密联系的符合职业特点要求的道德规范的总和。 (2)基金职业道德,是一般社会道德在基金相关活动和职业关系中的特殊表现。
特征	特殊性;继承性;规范性;具体性。
作用	(1)职业道德能够有效地调整职业关系,一方面职业道德可以引导和规范从业人员的职业行为,另一方面职业道德通过引导和规范职业行为,可以发挥调整职业关系的作用。

👍 考查概率:40%。在考试中本考点较少考查。
命题角度:职业道德与基金职业道德的概念。

💡 考生应注意道德的特征与职业道德的特征是不同的,切勿混淆记忆。

续　表

项　目	内　容
作用	（2）加强职业道德建设，有助于从业人员提高业务能力，更有助于从业人员在追求业绩的同时坚守道德底线，提升职业素质。 （3）加强职业道德建设不仅有助于促进行业发展，还有利于树立行业新形象。

● 母 题 精 选

【单选题】职业道德与人们的（　　）紧密联系，符合职业特点要求的道德规范的总和。

　　A. 工作行为　　　　　B. 经济行为　　　　　C. 文化行为　　　　　D. 职业行为

【答案】D　【解析】职业道德，也称职业道德规范，是一般社会道德在职业活动和职业关系中的特殊表现，是与人们的职业行为紧密联系的符合职业特点要求的道德规范的总和。

第二节　我国基金职业道德规范

一、基金职业道德规范概述（理解）

项　目	内　容
含义	基金从业人员职业道德规范简称基金职业道德，是一般社会道德、职业道德基本规范在基金行业的具体化，是基金从业人员在长期的基金职业实践中所形成的职业行为规范。
内容	守法合规；诚实守信；专业审慎；客户至上；忠诚尽责；保守秘密。

考查概率：20%。在考试中本考点较少考查。

命题角度：基金职业道德规范的含义。

● 母 题 精 选

【单选题】关于基金职业道德，以下表述错误的是（　　）。

　　A. 是基金从业人员职业道德规范的简称

　　B. 是基金从业人员在长期的基金职业实践中所形成的职业行为规范

　　C. 是一般社会道德、职业道德基本规范在基金行业的具体化

　　D. 是一般社会道德、职业道德的总和

【答案】D　【解析】基金职业道德是一般社会道德、职业道德基本规范在基金行业的具体化，而不是总和。选项D表述错误。

二、守法合规的含义与基本要求（重点掌握）

项　目	内　容
含义	守法合规要求基金从业人员应当：①遵守国家法律、行政法规和部门规章。②遵守与基金业相关的自律规则及其所属机构的各种管理规范。③配合基金监管机构的监管。

考查概率：100%。在考试中所占分值为1分~2分。

命题角度：①守法合规的含义。②守法合规的基本要求。

续　表

项　目	内　容
含义	在我国,基金从业人员要遵守的法律法规包括:①宪法、刑法、民法等所有公民都需要遵守的法律。②规范证券投资基金领域的法律、行政法规、部门规章。③基金行业自律性规则。④基金从业人员所在机构的章程、内部规章制度、工作规程、纪律等行为规范。
目的	(1)避免基金从业人员自己实施或者参与违法违规的行为。 　　(2)避免基金从业人员为他人违法违规的行为提供帮助。
基本要求	(1)熟悉法律法规等行为规范是守法合规的前提。 　　(2)在熟悉法律法规等行为规范的基础上,更要自觉遵守。具体要求体现在以下五个方面。 　　①当不同效力级别的规范对同一行为均有规定时,应优先选择遵守更为严格的规范。②基金从业人员应当自觉遵守《基金从业人员执业行为自律准则》规定的各类行为规范。③基金从业人员应当积极配合基金监管机构的监管。④负有监督职责的基金从业人员,要忠实履行自己的监督职责,及时发现并制止违法违规行为,防止违法违规行为造成更加严重的后果。⑤普通的基金从业人员,虽然没有监督的职责,但是也有监督的义务。一旦发现违法违规的行为,应当及时制止并向上级部门或者监管机构报告。

💡守法合规是基金从业人员职业道德最为基础的要求,备受历次考试的青睐,考生应特别注意。

● 母 题 精 选

【单选题】某公募基金管理公司基金经理甲的妻子进行证券投资,甲没有向所在公司事先申报,违反了(　　)职业道德要求。
　　A.守法合规　　　　B.专业审慎　　　　C.忠诚尽责　　　　D.保守秘密
【答案】　A　【解析】守法合规是指基金从业人员不但要遵守国家法律、行政法规和部门规章,还应当遵守与基金业相关的自律规则及其所属机构的各种管理规范,并配合基金监管机构的监管。

【单选题】某基金公司不负有监督职责的从业人员甲发现本公司销售部门员工乙有商业贿赂行为,甲最佳行为是(　　)。
　　A.无须举报违法行为,但如果相关监管部门对此进行调查要予以配合
　　B.立即向上级部门或者监管机构报告
　　C.应当及时制止并向上级部门或者监管机构报告
　　D.无须主动向监管机构提出违法违规线索
【答案】　C　【解析】普通的基金从业人员,虽然没有监督的职责,但是也有监督的义务。一旦发现违法违规的行为,应当及时制止并向上级部门或者监管机构报告。

三、诚实守信的含义与基本要求(重点掌握)

项　目	内　容
含义	诚实守信也称为诚信,即真诚老实、言而有信、一诺千金等。诚实守信是调整各种社会人际关系的基本准则,也是基金职业道德的核心规范。

👍考查概率:100%。
在考试中所占分值为1分~2分。

命题角度:诚实守信的基本要求。

续 表

项 目	内 容	
基本要求	(1)诚实守信规范要求不得欺诈客户。 基金销售人员和基金管理人的从业人员在宣传销售基金产品和信息披露时，应当以诚实的态度和合法的方式执业，如实告知投资人可能影响其利益的重要情况，正确向其揭示投资风险，不得做出不当承诺或者保证。具体包括以下几类： ①基金从业人员向投资者推介基金产品时应当客观、全面、准确，并揭示投资风险。②基金从业人员不得进行虚假或误导性陈述，或者出现重大遗漏。对基金产品的陈述、介绍和宣传，应当与基金合同、招募说明书等相符。③基金从业人员应当客观、全面、准确地陈述所推介基金或同一基金管理人管理的其他基金的过往业绩，并提供业绩信息的原始出处，不得片面夸大过往业绩，也不得预测所推介基金的未来业绩。④基金从业人员分发或公布的基金宣传推介材料应为基金管理机构或基金代销机构统一制作的材料。⑤基金从业人员不得违规向投资人做出投资不受损失或保证最低收益的承诺。⑥基金从业人员不得从事隐匿、伪造、篡改或者损毁交易数据等舞弊的行为，或做出任何与执业声誉、正直性相背离的行为。 (2)诚实守信规范要求不得进行内幕交易和操纵市场。 ①内幕交易是指利用内幕信息(重要的非公开信息)进行证券交易，为自己或者他人牟取利益。内幕信息的构成要素主要包括来源可靠的信息、"重要"的信息和"非公开"的信息。②操纵市场是指通过歪曲证券价格或人为虚增交易量等方式而意图误导市场参与者的行为。操纵市场的构成要素包括有误导市场参与者的意图(判定是否构成"操纵市场"的关键因素)和实施了歪曲证券价格或者人为虚增交易量等不当影响证券价格的行为。 (3)诚实守信规范要求不得进行不正当竞争。 公平竞争是正当竞争的前提，要求基金从业人员在执业过程中禁止以下行为。 ①不得以排挤竞争对手为目的，压低基金的收费水平，低于基金销售成本销售基金。②不得采取抽奖、回扣或者赠送实物、保险、基金份额等方式销售基金。③不得诋毁、贬低或负面评价同业或非合作关系方及其从业人员。④不得诋毁、贬低或负面评价同业或非合作关系方的产品或服务。	💡本考点通常会以案例题的形式考查，考生应当掌握所学内容，并用所学内容分析案例。 💡基金从业人员不得通过操纵市场牟取不正当利益，不得利用资金优势、持股优势和信息优势，单独或者合谋串通，影响证券交易价格和交易量，误导和干扰市场。

母 题 精 选

【单选题】下列行为中不符合基金从业人员职业道德中诚实守信要求的是( )。

Ⅰ.在销售基金产品时，为了让客户更深入地了解产品，对产品的未来收益进行预测

Ⅱ.某只基金产品近期投资业绩良好，从业人员截取了这段时间的收益表现数据向客户宣传推介

Ⅲ.基金销售人员分发的基金宣传推介材料应全面、准确，可根据不同类型的客户自行制作或修改

Ⅳ.为了更好地服务客户，将公募基金的持仓明细信息告知客户

 A.Ⅰ、Ⅱ、Ⅳ   B.Ⅰ、Ⅱ、Ⅲ、Ⅳ   C.Ⅰ、Ⅱ、Ⅲ   D.Ⅱ、Ⅲ、Ⅳ

【答案】C 【解析】基金从业人员在陈述所推介基金或同一基金管理人管理的其他基金的过往业绩时，应当客观、全面、准确，并提供业绩信息的原始出处，不得片面夸大过往业绩，也不得预测所推介基金的未来业绩。基金从业人员分发或公布的基金宣传推介材料应为基金管理机构或基金代销机构统一制作的材料。第Ⅰ、Ⅱ、Ⅲ项不符合诚实守信要求。

【单选题】某基金经理从某上市公司总经理的弟弟处得知该上市公司将要进行并购重组后,将消息转告其他基金经理并用自己管理的基金财产买入该股票。以下表述错误的是(　　)。

A. 该基金经理利用该信息进行投资,不违反诚实守信职业道德要求

B. 该基金经理将该消息告诉其他基金经理,违反了法规规定

C. 该案例中该公司并购重组的消息在公开前属内幕信息

D. 该基金经理利用该信息进行投资,构成内幕交易

【答案】　A　【解析】诚实守信要求基金从业人员不得欺诈客户,在证券投资活动中不得有内幕交易和操纵市场行为,对于同行不得进行不正当竞争。该基金经理利用该信息进行投资,违反了诚实守信职业道德要求。选项A表述错误。

四、专业审慎的含义与基本要求(重点掌握)

项目	内　容
含义	(1)专业审慎要求基金从业人员应具备以下能力:①具备与其执业活动相适应的职业技能。②具备从事相关活动所必需的专业知识和技能,并保持和提高专业胜任能力。③能够勤勉审慎开展业务,提高风险管理能力。④不得做出任何与专业胜任能力相背离的行为。 (2)地位:是调整基金从业人员与职业之间关系的道德规范。
基本要求	(1)持证上岗。 ①持证上岗包含三个要求:首先基金从业人员应当具备从事相关活动所必需的法律法规、金融、财务等专业知识和技能,其次应当通过基金从业人员资格考试,取得基金从业资格,最后应当经由所在机构向基金业协会申请执业注册。满足这三个要求后,方可执业。 ②持证上岗的目的:保证基金从业人员具备必要的执业能力和专业水平。 ③注册监管的目的:保证基金从业人员的执业活动处于监管机构的监督之下。 (2)持续学习。 基金从业人员应当热爱本职工作、努力钻研业务、注重业务实践的同时,还需要积极参加基金业协会和所在机构组织的后续职业培训。 (3)审慎开展执业活动。 基金从业人员在执业过程中应当审慎处理各项业务,具体包括下列几项基本要求: ①基金从业人员在进行投资分析、提供投资建议、采取投资行动时,应当独立、客观,坚持原则。②基金从业人员应该牢固树立风险控制意识,强化投资风险管理,提高风险管理水平。③基金从业人员应当合理分析、判断影响投资分析、建议或行动的重要因素。④基金从业人员应当区分投资分析和建议演示中的事实、观点和假设。⑤基金从业人员必须记载和保留适当的记录,以支持投资分析、建议、行动等相关事项。⑥基金从业人员应当向客户和潜在客户披露整个投资过程的基本流程和一般原则。⑦基金从业人员在向客户推荐或者销售基金时,应充分了解客户的基本信息,坚持销售适用性原则,将合适的产品推荐给合适的投资者。

考查概率:100%。在考试中所占分值为2分~3分。

命题角度:①专业审慎的含义。②专业审慎的基本要求。

基金从业人员应当从事自己力所能及的工作,其职业技能的高低,不仅直接影响到客户的利益,更影响到整个行业的形象。

此处的"客户的基本信息"应当包括:①客户的投资需求。②客户的投资目标。③客户的财务状况、投资经验、流动性要求。④客户的风险承受能力。

• 母题精选

【单选题】关于专业审慎要求,以下说法错误的是( )。

A. 基金从业人员不得从事自己力所不能及的基金管理工作

B. 基金从业人员仅可在短期内代为执行其不具备胜任能力的基金管理事务

C. 基金从业人员的专业能力和职业技能直接关系着行业的形象和客户的利益

D. 基金从业人员应当保持和提高自身的专业胜任能力

【答案】 B 【解析】基金从业人员不得做出任何与专业胜任能力相背离的行为。选项B说法错误。

【单选题】关于专业审慎的职业道德规范,以下行为正确的是( )。

A. 某基金管理公司的新员工甲,已取得证券从业资格但尚未获取基金从业资格,鉴于该员工在证券公司曾有较为丰富的工作经验,公司聘任其为某重要业务部门负责人

B. 某基金销售机构的员工甲,尚未取得基金从业资格,为方便工作,在宣传推介活动中自称已取得基金从业资格

C. 某基金销售机构的员工甲,尚未取得基金从业资格,但是由于同事乙生病住院,便替代乙从事基金宣传推介活动

D. 某基金管理公司要求员工积极完成中国证券投资基金业协会组织的从业人员后续培训,并作为人事考核的参考信息之一

【答案】 D 【解析】专业审慎对于基金从业人员的基本要求体现在三个方面:持证上岗、持续学习、审慎开展执业活动。持证上岗是指基金从业人员应当具备从事相关活动所必需的法律法规、金融、财务等专业知识和技能,必须通过基金从业人员资格考试,取得基金从业资格,并经由所在机构向基金业协会申请执业注册后,方可执业。选项A、B、C做法均不符合规定。持续学习是指基金从业人员应当热爱本职工作,努力钻研业务,注重业务实践,积极参加基金业协会和所在机构组织的后续职业培训。选项D做法符合专业审慎要求。

五、客户至上的含义与基本要求(重点掌握)

考查概率:100%

在考试中所占分值为 2 分 ~3 分。

命题角度:①客户至上的含义。②客户至上的基本要求。

项 目	内 容
含义	客户至上是指基金从业人员的执业活动应当以投资人的根本利益为出发点。
基本要求	(1)客户利益优先。 该原则要求基金从业人员应当遵守下列规则。 ①不得从事与投资人利益相冲突的业务。②应当采取合理的措施避免与投资人发生利益冲突。③在执业过程中遇到自身利益或相关方利益与投资人利益发生冲突时,应以投资人利益优先,并应及时向所在机构报告。④不得侵占或者挪用基金投资人的交易资金和基金份额。⑤不得在不同基金资产之间、基金资产和其他受托资产之间进行利益输送。⑥不得在执业活动中为自己或他人牟取不正当利益。⑦不得利用工作之便向任何机构和个人输送利益,损害基金持有人利益。 (2)公平对待客户。 基金从业人员应当尊重所有的客户,在进行投资分析、提供投资建议、采取投资行动或从事其他专业活动时,应当公平地对待所有的客户。

● 母题精选

【单选题】基金从业人员以下行为中,违反客户利益优先准则的是( )。

　　A.为避免个人投资对基金投资造成不利影响,承诺未经公司批准个人不得从事证券投资

　　B.为控制公司股东买入成本,根据公司股东要求,放弃了基金投资某只股票的计划

　　C.为避免与基金投资的利益冲突,放弃个人获得投资机会

　　D.为便于公司监控核查,向公司申报其亲属的证券投资情况

【答案】 B 【解析】选项A、C遵守了客户利益优先准则;选项B违反了客户利益优先原则;选项D遵守了忠诚敬业准则。

【单选题】关于公平对待客户的说法,以下选项错误的是( )。

　　A.在基金发生巨额赎回时,优先满足个人投资者的赎回申请

　　B.在进行投资分析、提供投资建议、采取投资行动时,应当公平对待所有的客户

　　C.尊重所有的客户

　　D.不能因为基金份额多寡或者其他原因而厚此薄彼

【答案】 A 【解析】公平对待客户要求基金从业人员应当尊重所有客户并公平对待所有客户,不能因为基金份额多寡或者其他原因而厚此薄彼。公平对待客户要求基金从业人员在进行投资分析、提供投资建议、采取投资行动或从事其他专业活动时,应当公平地对待所有客户。选项A说法错误,选项B、C、D说法正确。

【单选题】以下基金公司或从业人员的行为中,符合客户至上原则的是( )。

　　A.基金经理利用职务优势,操纵其亲属开立的证券账户,先于自己管理的基金多次买入卖出相同个股

　　B.研究员在调研中认为某上市公司股票存在下跌风险,先把该观点提示某基金经理

　　C.基金经理认为债券存有评级下调风险,先对"一对一"专户进行该债券风险处置,再考虑其他专户的风险处置

　　D.投资总监认为市场出现了过热的情形,并建议对客户进行风险提示,谨慎购买相关的基金产品

【答案】 D 【解析】客户至上是指基金从业人员在的执业活动中应一切从投资人的根本利益出发。包括客户利益优先和公平对待客户。客户利益优先是指当客户的利益与机构的利益、从业人员个人的利益相冲突时,要优先满足客户的利益。公平对待客户是指当不同客户之间的利益发生冲突时,要公平对待所有客户的利益。选项D的做法符合"客户至上"原则。

六、忠诚尽责的含义与基本要求(重点掌握)

👍 考查概率:100%。在考试中所占分值为2分~3分。

命题角度:①忠诚尽责的含义。②忠诚尽责的基本要求。

项 目	内 容
含义	(1)忠诚是指基金从业人员应当忠实于所在机构,避免自己的利益与所在机构利益发生冲突,不得损害所在机构的利益。 (2)尽责是指基金从业人员应当谨慎对待自己的工作和所在机构的工作,勤勉履行岗位职责。
基本要求	(1)忠诚廉洁。 忠诚廉洁要求基金从业人员在执业过程中应当做到以下几方面。 ①应当与所在机构签订正式劳动合同或其他形式的聘任合同,保证自身在相应机构对其进行直接管理的条件下从事执业活动。②应当保护所在机构财产与信息安全,防止所在机构资产损失、丢失。③应当严格遵守所在机

续 表

项 目	内 容
基本要求	构的各项管理制度和操作流程。④不得接受利益相关方的贿赂或对其进行商业贿赂,如接受或赠送礼物、回扣、补偿或报酬等。⑤不得利用基金财产或者所在机构固有财产为自己或者他人牟取非法利益。⑥不得利用职务之便或者机构的商业机会为自己或者他人牟取非法利益。⑦不得侵占或者挪用基金财产或者机构固有财产。⑧不得为了迎合客户的不合理要求而损害社会公共利益、所在机构或者他人的合法权益,不得私下接受客户委托买卖证券期货。⑨不得从事可能导致与投资者或所在机构之间产生利益冲突的活动。 (2)勤勉尽责。 勤勉尽责要求基金从业人员在执业过程中应当做到以下几方面。 ①以勤勉的工作态度,爱岗敬业、恪尽职守、严谨务实,做好本职工作。②在执业活动中,相互支持、团结协作,提高工作效率与工作质量。③应当严格遵守所在机构的授权制度,在授权范围内履行职责。超出授权范围的,应当按照所在机构制度履行批准程序。④应当严格遵守所在机构的工作纪律,服从领导,认真执行上级决定。但对来自上级、同事、亲友等各种关系因素的不当干扰,应坚持原则、自觉抵制,客观公正地履行职责。⑤基金从业人员提出辞职时,应当按照聘用合同约定的期限提前向公司提出申请,并积极配合有关部门完成工作移交。已提出辞职但尚未完成工作移交的,从业人员应认真履行各项义务,不得擅自离岗;已经完成工作移交的工作人员应当按照聘用合同的规定,认真履行保密、竞业禁止等义务。

● 母 题 精 选

【单选题】基金从业人员应廉洁自律,不得从事可能导致与投资者或所在机构之间产生利益冲突的活动,以下合规的做法是(   )。

A. 为促进基金产品的销售,与代销机构约定在支付销售费用之外,另外支付一定金额的补偿费用

B. 为保持和合作机构的良好关系,可以与利益相关方互赠 5000 元以下的等价值礼物

C. 为保持和合作机构的良好关系,接受利益相关方的礼物,礼尚往来同时也赠送对方礼物

D. 基金管理公司可以依据销售机构销售基金的保有量,向基金销售机构支付一定比例的客户维护费,用于客户服务及销售活动中产生的相关费用

【答案】 D 【解析】忠诚廉洁要求基金从业人员应当做到不得接受利益相关方的贿赂或对其进行商业贿赂,如接受或赠送礼物、回扣、补偿或报酬等。只有选项 D 的做法合规。

【单选题】某基金管理公司员工在向公司提出离职申请后,不再来公司上班了,对该行为表述错误的是(   )。

A. 已提出辞职但尚未完成工作移交的从业人员,应认真履行各项义务,不得擅自离岗

B. 该员工应当按照聘用合同约定的期限提前向公司提出申请

C. 该员工的做法并未不妥,不牵涉违反职业道德

D. 该员工违反了忠诚尽责的职业道德要求

【答案】 C 【解析】基金从业人员提出辞职时,应当按照聘用合同约定的期限提前向公司提出申请,并积极配合有关部门完成工作移交。已提出辞职但尚未完成工作移交的,从业人员应认真履行各项义务,不得擅自离岗。该员工违反了忠诚尽责的职业道德要求,其应当按照聘用合同约定的期限提前向公司提出申请。

七、保守秘密的含义与基本要求(重点掌握)

项　目	内　容
含义	(1)含义:保守秘密是基金从业人员的一项法定义务,是指基金从业人员不应泄露或者披露客户和所属机构或者相关基金机构向其传达的信息。但是在特定情形下除外:①该信息涉及客户或潜在客户的违法活动。②该信息属于法律要求披露的信息。③客户或潜在客户允许披露此信息。 (2)秘密的类型。 ①商业秘密:不为公众所知悉的、能够带来经济利益、具有实用性并被采取保密措施的技术信息和经营信息,如对证券市场的分析报告、对某一行业的研究报告、投资组合、投资计划、内控制度、防火墙制度、员工激励机制、人事管理制度、工作流程等。 ②客户资料:客户的个人资料,包括客户个人的身份证信息、移动电话号码、家庭成员信息、财务状况、投资需求等。 ③内幕信息:会对证券价格产生影响的、重要的、非公开的信息。这些内幕信息也属于基金从业人员需要保守秘密的信息。
基本要求	保守秘密要求基金从业人员不得向第三者透露作为秘密的信息,也不得公开尚处于禁止公开期间的信息。具体包括: ①应当妥善保管并严格保守客户秘密,非经许可不得泄露客户资料和交易信息,无论是在任职期间还是离职后。②不得泄露在执业活动中所获知的各相关方的信息及所属机构的商业秘密,更不得用以为自己或他人牟取不正当的利益。③不得泄露在执业活动中所获知的内幕信息。

考查概率:100%。在考试中所占分值为1分~2分。

命题角度:①保守秘密的含义。②保守秘密的基本要求。

考生应注意,保守秘密并不意味着什么都不能说,职业道德要求基金从业人员保守秘密的信息是内容合法的信息,对于违反法律规定的行为,不构成秘密,应该积极监督和举报,所以保守秘密与守法合规中的举报他人违法行为并不冲突。

基金职业道德的六大具体内容通常会结合案例出题,考生在学习过程中,要多做练习,学会分析案例。

● 母题精选

【单选题】根据基金职业道德规范中应保守秘密的基本要求,以下做法错误的是(　　)。

A.不透露尚处于禁止公开期间的信息

B.不与同事交流所知道的秘密信息

C.向上级领导汇报自己知道的秘密

D.不泄露在执业活动中所获知的内幕信息

【答案】　C　【解析】商业秘密是指不为公众所知悉的、能够带来经济利益、具有实用性并被采取保密措施的技术信息和经营信息。选项C的做法错误。

【单选题】某基金管理公司的销售人员,离职后将公司的客户清单储存到自己的移动设备中带走,供自己在新的工作中参考,对该行为,以下表述错误的是(　　)。

A.该销售人员的行为未经公司同意,侵害公司的利益,违反了忠诚尽责的职业道德要求

B.如果该销售人员向他人泄露了相关信息,则违反了保守秘密的职业道德要求

C.即使该销售人员未向他人泄露该信息,也违反保守秘密的职业道德要求

D.如果该销售人员未向他人泄露相关信息,则不违反保守秘密的职业道德要求

【答案】 C 【解析】该销售人员的行为未经公司同意,侵害公司的利益,违反了忠诚尽责的职业道德要求,如果该销售人员向他人泄露了相关信息,则违反了保守秘密的职业道德要求,如果该销售人员未向他人泄露了相关信息,则不违反保守秘密的职业道德要求。选项C表述错误。

第三节　基金职业道德教育与修养

一、基金职业道德教育(理解)

👍 考查概率:20%。在考试中本考点较少考查。

命题角度:基金业协会在自律中应采取的有效措施。

项　目	内　容
含义	(1)职业道德教育:通过受教育者自身以外的力量,对其进行职业行为规范、职业义务和责任等职业道德核心内容的教育活动。 (2)基金职业道德教育:结合基金行业工作的特点,按照一定的方法、目的,有组织、有计划地对基金从业人员施行的职业道德影响,促使其形成基金职业道德品质,正确履行基金职业道德义务的教育活动。
目的	通过一定的教育方式和方法,引导基金从业人员培养基金职业道德观念和遵守基金职业道德规范。
内容	(1)强化职业道德观念教育。 (2)灌输基金职业道德规范,加强基金职业道德规范教育。基金职业道德规范教育是基金职业道德教育的核心内容,应贯穿于基金职业道德教育的始终。
途径	(1)岗前职业道德教育:基金从业人员就业上岗之前,对其所进行的入职必备知识和职业道德的教育。 (2)岗位职业道德教育:基金从业人员就业上岗之后,进行的业务能力和职业道德的继续教育,主要是通过在职培训的方式来完成。 (3)基金业协会的自律:基金业协会可以采取制定完备的基金职业道德规范,宣传并组织基金从业人员学习和领会职业道德规范,建立必要的职业道德奖惩机制,建立基金从业人员职业道德档案等切实有效的措施,加强基金职业道德教育。 (4)树立基金职业道德典型:通过对违反基金职业道德行为和违反基金法律行为典型案例的展示和分析,警示基金从业人员增强法律意识和职业道德观念,严格遵守基金职业道德规范,做到自重、自治、自警和自律。 (5)社会各界持续监督。

💡 岗前职业道德教育主要通过两种方式完成:①基金从业资格考试;②基金从业人员所在机构在其入职上岗前对其进行教育等。

• 母题精选

【单选题】基金业协会可以采取(　　)等切实有效的措施,加强基金职业道德教育。

Ⅰ.制定完备的职业道德规范

Ⅱ.宣传并组织基金从业人员学习和领会职业道德模范

Ⅲ.建立必要的职业道德奖惩机制

Ⅳ.建立基金从业人员职业道德档案

    A.Ⅰ、Ⅱ、Ⅲ、Ⅳ   B.Ⅰ、Ⅱ、Ⅲ   C.Ⅱ、Ⅲ、Ⅳ   D.Ⅰ、Ⅲ、Ⅳ

【答案】 A 【解析】以上四个选项均属于基金业协会加强基金职业道德教育可以采取的措施。

二、基金职业道德修养(理解)

👍考查概率:40%。在考试中本考点较少考查。

命题角度:①基金职业道德修养的含义。②提高基金职业道德修养的方法。

项 目	内 容
含义	(1)修养:一个人的素质经过长期的学习、锻炼或改造所达到的一定结果和水平。 (2)职业道德修养:是一种自律行为,关键在于"自我"的意愿和努力。职业道德素质的提高,一方面靠他律,即社会的培养和组织的教育;另一方面取决于自我修养,即自己的主观努力,两者缺一不可。 (3)基金职业道德修养:基金从业人员通过主动自觉地自我学习、自我改造、自我完善,将基金职业道德外在的职业行为规范内化为内在的职业道德情感、认知和信念,使自己形成良好的职业道德品质和达到一定的职业道德境界。
方法	(1)正确树立基金职业道德观念。 (2)深刻领会基金职业道德规范。 (3)积极参加基金职业道德实践。

● 母题精选

【单选题】关于基金职业道德修养的含义,以下表述错误的是(　　)。

    A.基金从业人员职业道德修养的关键在于自律组织的督促和指导

    B.基金从业人员职业道德的提高,一方面靠社会和组织的培养、教育;另一方面靠自我修养,两者缺一不可

    C.基金从业人员应将基金职业道德外在的职业行为规范内化为内在的职业道德情感、认知和信念

    D.修养是指一个人的素质经过长期的学习、锻炼或改造所达到的一定结果和水平

【答案】 A 【解析】职业道德修养是一种自律行为,关键在于"自我"的意愿和努力。

章节练习

扫描"章节练习"旁边的二维码或打开 http://cj.ek100.cn/ 即可进入智能题库进行章节练习。

第六章　基金的募集、交易与登记

● 本章应试分析

　　本章主要介绍基金的募集、交易与登记的相关内容,包括基金的募集与认购的详细规定,开放式基金、封闭式基金、ETF 基金、LOF 基金、QDII 基金与分级基金等的交易、申购和赎回,以及开放式基金的登记与资金清算。本章在考试中所占分值为 9 分 ~ 10 分,属于比较重要的章节,考生应重点掌握,尤其是不同类型基金的交易、申购和赎回。

● 思维导图

```
                          ┌─ 基金的募集与认购 ──────┬─ 基金募集的概念与程序(重点掌握)
                          │                        └─ 不同类型基金的认购(重点掌握)
基                        │
金                        │                        ┌─ 封闭式基金的上市与交易规则(了解)
的                        │                        ├─ 开放式基金的交易、申购与赎回(重点掌握)
募  ──────────────────────┼─ 基金的交易、申购和赎回 ─┼─ ETF 的交易方式与流程(理解)
集、                      │                        ├─ LOF 的交易方式与流程(理解)
交                        │                        └─ 其他类型基金的交易方式与流程(理解)
易                        │
与                        │                        ┌─ 我国开放式基金注册登记体系的模式与机构(重点掌握)
登                        └─ 基金的登记 ───────────┼─ 开放式基金份额登记的流程(掌握)
记                                                 └─ 开放式基金申购与赎回的资金结算(了解)
```

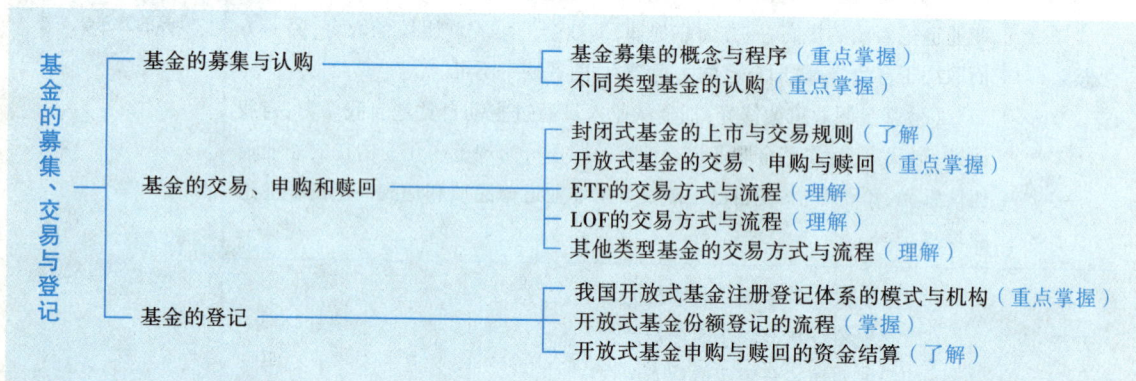

● 名师同步精讲

第一节　基金的募集与认购

● 名师指导

一、基金募集的概念与程序(重点掌握)

(一)基金募集的概念与步骤

项　目	内　容
基金募集的概念与步骤	(1)概念:基金管理公司根据相关规定向<u>国务院证券监督管理机构,即中国证监会</u>提交募集申请文件、发售基金份额、募集基金的行为。 (2)步骤:①申请。②注册。③发售。④基金合同生效。 **记忆关键词:**中国证监会;申请;注册;发售;基金合同生效

> 👍 **考查概率:100%**。
> 在考试中所占分值为 1 分 ~ 2 分。
> **命题角度:**基金募集的概念、步骤以及各步骤的具体规定。

● 母题精选

【单选题】基金的募集是指基金管理人根据有关规定向(　　)提交募集申请文件、发售基金份额、募集基金的行为。
　　A. 中国证监会
　　B. 中国银行保险监督管理委员会
　　C. 中国基金业协会
　　D. 中国人民银行

【答案】　A　【解析】基金的募集是指基金管理公司根据有关规定向中国证监会提交募集申请文件、发售基金份额、募集基金的行为。

（二）基金募集步骤的详细规定

项 目	内 容
申请	(1)《公开募集证券投资基金运作管理办法》第六条规定,申请募集基金,拟任基金管理人、基金托管人应当具备下列条件。 ①拟任基金管理人为依法设立的基金管理公司或者经中国证监会核准的其他机构,拟任基金托管人为具有基金托管资格的商业银行或者经中国证监会核准的其他金融机构。②有符合中国证监会规定的,与管理和托管拟募集基金相适应的基金经理等业务人员。③最近一年内没有因重大违法违规行为、重大失信行为受到行政处罚或者刑事处罚。④没有因违法违规行为、失信行为正在被监管机构立案调查、司法机关立案侦查,或者正处于整改期间。⑤最近一年内向中国证监会提交的注册基金申请材料不存在虚假记载、误导性陈述或者重大遗漏。⑥不存在对基金运作已经造成或者可能造成不良影响的重大变更事项,或者诉讼、仲裁等其他重大事项。⑦不存在治理结构不健全、经营管理混乱、内部控制和风险管理制度无法得到有效执行、财务状况恶化等重大经营风险。⑧中国证监会根据审慎监管原则规定的其他条件。 (2)《中华人民共和国证券投资基金法》第五十一条规定,注册公开募集基金,由拟任基金管理人向国务院证券监督管理机构提交下列文件。 ①申请报告。②基金合同草案。③基金托管协议草案。④招募说明书草案。⑤律师事务所出具的法律意见书。⑥国务院证券监督管理机构规定提交的其他文件。
注册	(1)国务院证券监督管理机构应当自受理公开募集基金的募集注册申请之日起6个月内按规定进行审查,做出注册或者不予注册的决定,并通知申请人。 (2)注册程序。 | 程 序	对应产品	注册审查时间
---	---	---
简易程序	常规基金产品,如常规股票基金、混合基金、债券基金、指数基金等。	≤20个工作日
普通程序	其他产品,如分级基金、基金中基金(FOF)等。	≤6个月	
发售	(1)基金份额发售的期限:自收到核准文件之日起6个月内。 (2)基金份额发售中的注意事项:①基金管理人负责办理。②发售文件包括招募说明书、基金合同及其他有关文件。③基金募集期间募集的资金专户储存。 (3)基金的募集期限:自基金份额发售之日起计算,不超过3个月。

💡本考点涉及的数据比较多,且经常是考试的重点,考生应重点记忆,并注意区分。

续　表

项　目	内　容
合同生效	(1)基金合同生效的限制条件。 基金类型：限制条件 封闭式基金：募集的基金份额总额达到核准规模的80%以上；基金份额持有人人数达到200人以上。 开放式基金：募集份额总额不少于2亿份；基金募集金额不少于2亿元；基金份额持有人人数不少于200人。 (2)生效的程序。 ①募集期限届满之日起10日内，基金管理人应聘请法定验资机构验资。②法定验资机构自收到验资报告之日起10日内，向中国证监会提交备案申请和验资报告，办理基金备案手续。③中国证监会自收到基金管理人验资报告和基金备案材料之日起三个工作日内予以书面确认。④自中国证监会书面确认之日起，基金备案手续办理完毕，基金合同生效。 (3)基金合同生效不受限制条件约束的情况——发起式基金。 发起式基金是指基金管理人在募集基金时，使用公司股东资金、公司固有资金、公司高级管理人员或者基金经理等人员资金认购基金的金额，即发起资金不少于1000万元，且持有期限不少于三年。其基金合同生效三年后，若基金资产净值低于2亿元的，基金合同自动终止。

💡基金管理人应当在收到确认文件的次日发布基金合同生效公告。

● 母题精选

【单选题】对于基金募集的注册，简易程序注册的审查时间原则上不超过(　　)，普通程序注册的审查时间原则上不超过(　　)。

　　A.30 日,3 个月　　B.20 日,6 个月　　C.20 个工作日,6 个月　　D.20 个工作日,3 个月

【答案】 C 【解析】对常规基金产品，按照简易程序注册，注册审查时间原则上不超过20 个工作日；对其他产品，按照普通程序注册，注册审查时间不超过6 个月。

【单选题】基金管理人应当自收到核准文件之日起(　　)个月内进行基金份额发售，基金的募集期限自基金份额发售之日起计算，募集期限一般不得超过(　　)个月。

　　A.6,6　　　　　B.3,6　　　　　C.6,3　　　　　D.3,3

【答案】 C 【解析】基金管理人应当自收到核准文件之日起6 个月内进行基金份额的发售。基金的募集期限自基金份额发售之日起计算，募集期限一般不得超过3 个月。

二、不同类型基金的认购(重点掌握)

(一)开放式基金的认购

项　目	内　容
认购程序	(1)认购的前提：在注册登记机构开立基金账户。 (2)办理机构：基金管理人或管理人委托的商业银行、证券公司、期货公司、保险机构、证券投资咨询机构、独立基金销售机构以及经国务院证券监督管理机构认定的其他机构均可办理开放式基金的认购。

👍考查概率：100%。在考试中所占分值为2 分~3 分。
命题角度：①开放式基金的认购程序。②QDII基金份额认购的独特之处。③分级基金份额的募集方式。

续　表

项　目	内　容	
认购程序	(3)认购的步骤。 认购 → ①填写认购申请表。②按销售机构规定的方式全额缴款。③已正式受理的认购申请不得撤销。 确认 → ①投资者T日提交认购申请。②$T+2$日后到办理认购的网点查询认购申请的受理情况。③认购申请被确认无效的，认购资金将退回投资人资金账户。	💡 投资者在募集期内可以多次认购基金份额。认购的最终结果要等到基金募集期结束后才能确认。
认购方式	①采用金额认购方式办理认购。 ②结束基金认购后，将申请认购的金额换算成相应的基金份额。	
认购费率	(1)股票型基金的认购费率:根据认购金额设置不同的费率,最高不超过1.5%。 (2)债券型基金的认购费率:通常在1%以下。 (3)货币型基金的认购费率:一般为0。	💡 基金管理人可以根据持有期限、基金的类型以及认购金额来规定不同的费率标准。
收费模式	(1)前端收费模式:在认购基金份额时支付认购费用。 (2)后端收费模式:在赎回基金份额时支付认购费用。其认购费率一般会随着投资时间的延长而递减,甚至不再收取认购费用,可以鼓励投资者长期持有基金。	
认购费用与认购份额的计算	净认购金额 = 认购金额 ÷ (1 + 认购费率) 认购费用 = 认购金额 – 净认购金额(对于适用固定金额认购费的认购,其认购费用与固定认购费金额相等) 认购份额 = (净认购金额 + 认购利息) ÷ 基金份额面值	💡 开放式基金认购费用与认购份额的计算是历次考试的必考点,考生应重点掌握。

● 母 题 精 选

【单选题】关于开放式基金认购,以下表述错误的是(　　)。
　　A.认购通常采用金额认购方式　　　B.认购通常采用份额认购方式
　　C.正式受理的认购申请不得撤销　　D.认购的结果要到基金募集结束后才能确认

【答案】B　【解析】开放式基金的认购采取金额认购的方式,即投资者在办理认购申请时,不是直接以认购数量提出申请,而是以金额申请。选项B表述错误。

【单选题】关于基金认购费和申购费,表述正确的是(　　)。
　　A.有前端收费模式和后端收费模式
　　B.可按赎回金额不同适用于不同的后端申购费率
　　C.一只基金只能有一种收费模式
　　D.前端收费模式可根据客户类型不同适用于不同的费率标准

【答案】A　【解析】在基金份额认购上存在两种收费模式:前端收费模式和后端收费模式。选项A正确。

【单选题】丁先生投资 2000000 元认购 A 基金,该笔认购资金在 A 基金募集期间产生利息 60 元,A 基金认购价格为每份 1 元,认购费率为 1.5%,则丁先生可得到的认购份额为( )份。

    A. 1970443.35   B. 1999940   C. 2000060   D. 1970503.35

【答案】 D **【解析】**净认购金额 = 认购金额/(1 + 认购费率) = 2000000/(1 + 1.5%) = 1970443.35(元);认购份额 = (净认购金额 + 认购利息)/基金份额面值 = (1970443.35 + 60)/1 = 1970503.35(份)。

(二)封闭式基金的认购

项　目	内　容
发售方式	封闭式基金份额的发售,由基金管理人负责,其发售方式主要包括两种:①网上发售。②网下发售。
认购程序	①开立沪、深证券账户或沪、深基金账户及资金账户。②在资金账户中存入足够的资金,并以"份额"为单位提交认购申请。③认购申请已经受理就不能撤单。
认购费率	按 1 元募集,外加券商自行按认购费率收取认购费。

(三)特殊类型基金份额的认购

项　目	内　容
ETF 份额的认购	(1)认购方式:①现金认购(可分为场内现金认购和场外现金认购)。②证券(必须是指定的证券)认购。 (2)办理机构:基金管理人及其指定的代理发售机构,如证券公司。 (3)认购程序:①现金认购需开立沪、深 A 股证券账户或证券投资基金账户。②证券认购需开立沪、深 A 股证券账户。
LOF 份额的认购	(1)认购方式:①场外认购,基金份额注册登记在中国证券登记结算有限责任公司的开放式基金注册登记系统。②场内认购,基金份额注册登记在中国证券登记结算有限责任公司的证券登记结算系统。 (2)办理机构:①场内认购在具有基金代销业务资格的证券经营机构营业部办理。②场外认购在基金管理人及其代销机构的营业网点办理。 (3)认购程序:①场内认购应持深圳证交所人民币普通证券账户或证券投资基金账户。②场外认购应持中国证券登记结算有限责任公司深圳证交所开放式基金账户。
QDII 基金份额的认购	QDII 基金份额的认购与一般开放式基金基本相同,但有其独特之处: ①发售 QDII 基金的基金管理人:必须具备合格境内机构投资者资格和经营外汇业务资格,并可根据产品特点确定 QDII 基金份额面值的大小。 ②QDII 基金份额计价货币:人民币、美元或其他外汇货币。
分级基金份额的认购	(1)募集方式:①合并募集是投资者以母基金代码进行认购。②分开募集,是投资者分别以子代码进行认购,通过比例配售实现子份额的配比。目前我国分开募集的分级基金仅限于债券型分级基金。

💡我国目前募集的封闭式基金通常为创新型封闭式基金。创新型封闭式基金是指产品设计主要交由基金公司自行研发,监管部门不会主动参与,但对于产品形态,监管部门会有一定的考虑的基金。

续　表

项　目	内　容
分级基金份额的认购	（2）认购方式：①场外认购，基金份额注册登记在中国证券登记结算有限责任公司的开放式基金注册登记系统。②场内认购，基金份额注册登记在中国证券登记结算有限责任公司的证券登记结算系统。 （3）办理机构：①场内认购在具有基金销售业务资格的证券经营机构营业部办理。②场外认购在基金管理人及其销售机构的营业网点办理。

💡 考生应注意，目前我国只有深圳证券交易所开设场内认购分级基金份额。

● 母 题 精 选

【单选题】关于 QDII 基金的募集认购，以下表述错误的是（　　）。

　　A. 基金管理人必须具备合格境内机构投资者资格和经营外汇业务资格

　　B. 基金管理人必须具备银行间外汇市场即期会员资格

　　C. 基金管理人可以依据产品特点确定 QDII 基金份额面值的大小

　　D. QDII 基金份额可以采用除人民币以外的币种认购，例如美元等

【答案】B　【解析】QDII 基金的募集认购中，发售 QDII 基金的基金管理人必须具备合格境内机构投资者资格和经营外汇业务资格。选项 B 错误。

第二节　基金的交易、申购和赎回

一、封闭式基金的上市与交易规则（了解）

👍 考查概率：0。在考试中本考点基本未考查。考生只需了解即可，不做重点要求。

项　目	内　容
上市交易的条件	（1）封闭式基金上市交易的条件包括： ①基金的募集符合《中华人民共和国证券投资基金法》规定。②基金合同期限为五年以上。③基金募集金额不低于 2 亿元人民币。④基金份额持有人不少于 1000 人。⑤基金份额上市交易规则规定的其他条件。 （2）封闭式基金份额上市交易，应当经由基金管理人向证券交易所提出申请，证券交易所依法审核同意后，双方签订上市协议。
开立交易账户	①投资者必须开立沪、深证券账户或沪、深基金账户及资金账户。 ②根据当前规定，投资者每个有效证件在同一市场可以开立三个封闭式基金账户。每位投资者只能开设和使用一个资金账户。
交易规则	（1）交易时间：每周一至周五 9：30—11：30，13：00—15：00（法定节假日除外）。 （2）交易原则：价格优先，时间优先。 （3）报价单位：每份基金价格。 （4）申报价格：最小变动单位为 0.001 元。 （5）申报数量：100 份或其整数倍。单笔最大数量应当低于 100 万份。

💡 "价格优先"是指较高价格买入申报优先于较低价格买入申报，较低价格卖出申报优先于较高价格卖出申报。"时间优先"是指买卖方向、价格相同的，先申报者优先于后申报者。

续 表

项 目	内 容
交易规则	(6)交易限制:每日价格涨跌幅比例限制在 10%。 (7)交割日期:①二级市场交易份额和股份的交割是在 $T+0$ 日。②资金交割是在 $T+1$ 日。
交易费用	(1)交易佣金:不得高于成交金额的 0.3%,起点 5 元,不足 5 元的按 5 元收取。 (2)印花税:暂不收取。
折、溢价率	折、溢价率 =(二级市场价格 − 基金份额净值)/基金份额净值 ×100% =(二级市场价格/基金份额净值 − 1)×100%

二、开放式基金的交易、申购与赎回(重点掌握)

项 目	内 容
封闭期	最长不超过三个月。封闭期结束后,开放式基金将进入日常申购、赎回期。
基金认购与申购的区别	①认购费一般低于申购费。②认购按 1 元进行,申购通常按未知价确认。③认购份额要在基金合同生效时确认,并且有封闭期;而申购份额通常在 $T+2$ 日之内确认,确认后的下一工作日就可以赎回。
申购和赎回原则	(1)股票基金、债券基金的申购和赎回原则。 ①未知价交易原则。②金额申购、份额赎回原则。申购申报单位为 1 元,申购金额应当为 1 元的整数倍,且不低于 1000 元;赎回申报单位为 1 份基金份额,赎回应当为整数份额。 (2)货币市场基金的申购和赎回原则。 ①确定价原则,以 1 元为基准进行计算。②金额申购、份额赎回原则。
申购和赎回的场所	①基金管理人的直销中心与基金销售代理网点。 ②基金管理人或其指定的基金销售代理人以电话、传真或互联网的方式进行。
申购和赎回的时间	每周一至周五 9:30—11:30,13:00—15:00(法定节假日除外)。
申购和赎回的费用	(1)申购费用。 ①前端收费方式:根据投资人申购金额分段设置申购费率。 ②后端收费方式:根据投资人持有期限不同分段设置申购费,持有期低于三年的投资人,不得免收其后端申购费。 (2)赎回费用。场外赎回按份额在场外的持有时间分段设置赎回费率;场内赎回为固定赎回费率。赎回费在扣除手续费后,余额不得低于赎回费总额的 25%,并应当归入基金财产。

考查概率:100%。在考试中所占分值为 3 分~4 分。

命题角度:①开放式基金认购与申购的区别。②申购和赎回的费用。③申购费用及申购份额的计算。④赎回金额的计算。⑤巨额赎回的认定及处理。

基金销售费用并不是固定不变的,基金销售机构可以对基金销售费用实行一定的优惠。

续 表

项 目	内 容
申购和赎回的费用	①对于<u>不收取销售服务费的(一般为 A 类份额)一般股票型和混合型基金赎回费</u>归属基金财产的比例的规定包括以下方面。 表格： <table><tr><th>持续持有期</th><th>赎回费率</th><th>计入基金财产的比例</th></tr><tr><td>短于 7 日</td><td>不低于 1.5%</td><td rowspan="2">全额</td></tr><tr><td>短于 30 日</td><td>不低于 0.75%</td></tr><tr><td>短于 3 个月</td><td>不低于 0.5%</td><td>不低于总额的 75%</td></tr><tr><td>长于 3 个月短于 6 个月</td><td>不低于 0.5%</td><td>不低于总额的 50%</td></tr><tr><td>长于 6 个月</td><td>—</td><td>不低于总额的 25%</td></tr></table> ②对于<u>收取销售服务费的(一般为 C 类份额)一般股票型和混合型基金</u>赎回费归属基金财产的比例的规定:持续持有期少于 30 日,收取不低于 0.5% 的赎回费,并全额计入基金财产。 ③ETF、LOF、分级基金、指数基金、短期理财产品基金等股票基金、混合基金以及其他类别基金,赎回费的收取标准和计入基金财产的比例,不做强制要求。
销售服务费	从基金财产中按一定比例计提。
申购费用及申购份额的计算	净申购金额 = 申购金额 ÷ (1 + 申购费率) = 申购金额 − 固定金额(申购费用为固定金额时) 申购费用 = 申购金额 − 净申购金额 申购份额 = 净申购金额 ÷ 申购当日基金份额净值 = 净申购金额 ÷ T 日基金份额净值(申购费用为固定金额时)
赎回金额的计算	赎回金额 = 赎回总额 − 赎回费用(实行后端收费模式,还需扣除后端认购/申购费) 赎回总额 = 赎回数量 × 赎回日基金份额净值 赎回费用 = 赎回总额 × 赎回费率
货币市场基金的手续费	(1)申购和赎回费:一般为 0。 (2)销售服务费:从基金财产中按不高于 0.25% 的比例计提。
申购和赎回登记及款项的支付	(1)申购方式:<u>全额交款</u>。投资人按规定提交申购申请并全额交付款项的,申购申请即为成立;基金份额登记机构确认基金份额时,申购生效。 (2)赎回方式:七个工作日内支付赎回款项,赎回基金份额成功后,登记机构一般在 T + 1 日为投资者办理扣除权益的登记手续。
巨额赎回的认定及处理	(1)<u>巨额赎回:单个开放日基金净赎回申请超过基金总份额的 10%</u>。 (2)单个开放式的净赎回申请 = (赎回申请 + 基金转换中该基金的转出申请) − (当日发生的该基金申购申请 + 基金转换中该基金的转入申请)

考生在学习时,应注意区分"不收取销售服务费"和"收取销售服务费",两者对于赎回费率的收取是不同的。在考试过程中,要注意审题,看清题目的要求。

开放式基金申购费用及申购份额、赎回金额的计算也是历次考试的重点,考生应掌握并牢记相关计算公式。

考生应注意,基金连续二个开放日以上发生巨额赎回的,基金管理人认为有必要,可暂停接受赎回申请,已经接受的赎回申请可以延缓支付赎回款项。

续　表

项　目	内　容
巨额赎回的认定及处理	(3)巨额赎回的处理:①接受全额赎回。②部分延期赎回。 (4)出现巨额赎回且部分延期赎回时,基金管理人应当立即向中国证监会备案,并在三个工作日内在至少一种中国证监会指定的信息披露媒体公告。
基金份额的转换	(1)概念:开放式基金份额的转换是指投资者不需要先赎回已持有的基金份额,就可以将其持有的基金份额转换为同一基金管理人管理的另一基金份额的一种业务模式。 (2)方式:未知价法,以转换申请日的基金份额净值为基础计算转换基金份额数量。 (3)转换费用:综合费用较低,其原因是转换不需要先赎回已持有的基金再购买另一基金。
基金的非交易过户	(1)概念:开放式基金非交易过户是指不采用申购、赎回等基金交易方式,将一定数量的基金份额按照一定的规则从某一投资者基金账户转移到另一投资者基金账户的行为。 (2)方式:继承、司法强制执行等。
基金份额的转托管	(1)转托管通常在转出方进行申报。 (2)T日转托管成功,$T+1$日到达转入方网点,$T+2$日起可赎回。
基金份额的冻结	基金账户或基金份额被冻结的,其产生的权益,如现金分红、红利再投资等也相应冻结。

● 母 题 精 选

【单选题】关于开放式基金申购费用的收取,以下说法错误的是(　　)。

　　A. 可以采用在赎回时从赎回金额中扣除的方式

　　B. 基金销售机构不得对基金销售费用实行优惠

　　C. 可以根据申购金额不同分段设置费率

　　D. 可以根据投资人持有期限不同分段设置费率

【答案】　B　【解析】基金销售机构可以对基金销售费用实行一定的优惠。选项B表述错误。

【单选题】某投资者投资10000元申购开放式基金,假设申购当日基金份额净值为1.01元,申购费率为1%,则其可得的申购份额为(　　)份。

　　A. 9802.96　　　　　　B. 9999.99　　　　　　C. 10100.00　　　　　　D. 9900.99

【答案】　A　【解析】净申购金额=申购金额÷(1+申购费率)=10000÷(1+1%)=9900.99(元);申购份额=净申购金额÷申购当日基金份额净值=9900.99÷1.01=9802.96(份)。

【单选题】宋先生赎回B基金10000份基金单位,赎回当日基金份额单位净值为1.350元,赎回费率为0.5%,宋先生赎回时总计付出赎回费为(　　)元。

A. 67.5　　　　B. 86.4　　　　C. 135　　　　D. 50

【答案】　A　【解析】赎回总额=赎回数量×赎回日基金份额净值=10000×1.350=13500(元);赎回费用=赎回总额×赎回费率=13500×0.5%=67.5(元)。

【单选题】某开放式基金的基金总份额为1亿份,下列情形中未构成巨额赎回的是(　　)。

A. 赎回1500万份,申购1300万份,通过基金转换转出1800份,转入900万份

B. 赎回1000万份,申购100万份,通过基金转换转出800万份,转入900万份

C. 赎回2000万份,申购1500万份,通过基金转换转出1300万份,转入700万份

D. 赎回700万份,申购100万份,通过基金转换转出1500万份,转入1000万份

【答案】　B　【解析】单个开放日基金净赎回申请超过基金总份额的10%时,为巨额赎回。单个开放日的净赎回申请,是指该基金的赎回申请加上基金转换中该基金的转出申请之和,扣除当日发生的该基金申购申请及基金转换中该基金的转入申请之和后得到的余额。本题中,净赎回超过1000万份构成巨额赎回,选项A、C、D中净赎回为1100万份,选项B净赎回为800万份。选项B正确。

【单选题】以下有关巨额赎回的处理措施,不符合法规规定的是(　　)。

A. 延期至下一开放日的赎回申请享有赎回优先权

B. 接受全额赎回

C. 部分延期赎回

D. 出现部分延期赎回时,基金管理人应在指定媒体进行公告

【答案】　A　【解析】出现巨额赎回时,基金管理人可以根据基金当时的资产组合状况决定接受全额赎回或部分延期赎回。转入下一开放日的赎回申请不享有赎回优先权,并将以下一个开放日的基金份额净值为基准计算赎回金额。选项A不符合规定。

三、ETF的交易方式与流程(理解)

👍 考查概率:20%。本考点较少考查。

命题角度:ETF份额的上市交易前提和规则。

项　目	内　容
ETF份额折算	(1)折算时间:ETF建仓期应不超过三个月。建仓期结束后,通常以某一选定日期作为基金份额折算日,以标的指数的1‰(或1%)作为份额净值,对原来的基金份额及其净值进行折算。 (2)折算的变更登记及原则:由基金管理人办理。折算后,基金份额总额和基金份额持有人持有的份额有调整,但是基金份额持有人的持有比例不变。 (3)份额折算的计算:折算比例=$\dfrac{X/Y}{I/1000}$,折算后的份额=原持有份额×折算比例,其中,X为计算当日的基金资产净值,Y为基金份额总额,I为标的指数收盘值。

续 表

项 目	内 容
ETF 份额的上市交易	（1）ETF 份额上市交易的规则。 ①上市首日的开盘参考价为前一工作日基金份额净值。②实行价格涨跌幅限制,涨跌幅比例为 10% ,自上市首日起实行。③买入申报数量为 100 份或其整数倍,不足 100 份的部分可以卖出。④申报价格最小变动单位为 0.001 元。 （2）每一交易日开市前,基金管理人需向证券交易所提供当日的申购、赎回清单。证券交易所在开市后根据申购、赎回清单和组合证券内各只证券的实时成交数据,计算并每 15 秒发布一次基金份额参考净值（IOPV）。
ETF 份额的申购与赎回	（1）申购与赎回的场所:①参与券商的营业场所。②参与券商提供的其他方式。 （2）申购与赎回的时间。 ①申购的时间:基金份额折算日之后即可办理。 ②赎回的时间:基金合同生效日后的三个月内。 ③开放日:证券交易所的交易日。 ④开放时间:9:30—11:30,13:00—15:00（法定节假日除外）。 （3）申购与赎回的数额限制:最小申购和赎回单位的整数倍。目前,我国 ETF 的最小申购和赎回单位一般为 50 万份或 100 万份。 （4）申购与赎回的原则。 ①场内申购和赎回:份额申购、份额赎回。 ②场外申购和赎回:金额申购、份额赎回。 （5）申购与赎回的程序。 提出申请→申请的确认与通知→申购与赎回的清算交收与登记。 投资者 T 日申购与赎回成功后,登记结算机构在 T 日收市后办理基金份额与组合证券的清算交收以及现金替代等的清算。在 $T+1$ 日办理现金替代等的交收以及现金差额的清算;在 $T+2$ 日办理现金差额的交收,并将结果发送给申购与赎回参与券商、基金管理人和基金托管人。 （6）申购与赎回的对价、费用。 ①对价:场内申购与赎回的对价包括组合证券、现金替代、现金差额及其他对价;场外申购与赎回的对价均为现金。 ②费用:参与券商按照 0.5% 的标准收取佣金。 （7）申购与赎回清单。 ①清单内容:最小申购、赎回单位所对应的组合证券内各成分证券数据（证券名称、证券代码及数量）、现金替代、T 日预估现金部分、$T-1$ 日现金差额、基金份额净值及其他相关内容。 ②现金替代:指申购和赎回过程中,投资者按基金合同和招募说明书的规定,用于替代组合证券中部分证券的一定数量的现金,主要包括三种类型。

💡 ETF 上市交易的前提是基金合同生效,基金管理人即可向证券交易所申请。LOF 上市交易的前提是完成登记托管手续,由基金管理人向深圳证券交易所提交上市申请,考生应注意两者的区别。

💡 无论是场内申购和赎回还是场外申购和赎回,申请一旦提交后,均不得撤销。

续　表

项　目	内　容	
ETF 份额的申购与赎回	类　型	内　容
	禁止现金替代	成分证券不允许使用现金作为替代。
	可以现金替代	允许使用现金作为全部或部分该成分证券的替代，但在赎回基金份额时，该成分证券不允许使用现金作为替代。 替代金额＝替代证券数量×该证券最新价格×(1＋现金替代溢价比例)
	必须现金替代	成分证券必须用现金作为替代。必须现金替代的证券，基金管理人将在申购清单和赎回清单中公告替代的一定数量的现金，即"固定替代金额"。 固定替代金额＝申购清单和赎回清单中该证券的数量×该证券价格(可采用该证券 T 日预计开盘价或该证券经除权调整的 $T-1$ 日收盘价)

③预估现金部分：T 日预估现金部分＝$T-1$ 日最小申购和赎回单位的基金资产净值－(申购清单和赎回清单中必须用现金替代的固定替代金额＋申购清单和赎回清单中可以用现金替代成分证券的数量与 T 日预计开盘价相乘之和＋申购清单和赎回清单中禁止用现金替代成分证券的数量与 T 日预计开盘价相乘之和)

④现金差额：T 日现金差额＝T 日最小申购和赎回单位的基金资产净值－(申购清单和赎回清单中必须用现金替代的固定替代金额＋申购清单和赎回清单中可以用现金替代成分证券的数量与 T 日收盘价相乘之和＋申购清单和赎回清单中禁止用现金替代成分证券的数量与 T 日收盘价相乘之和)

| **暂停申购与赎回的情形** | ①不可抗力导致基金无法接受申购和赎回。②证券交易所决定临时停市，导致基金管理人无法计算当日基金资产净值。③证券交易所、申购和赎回参与券商、登记结算机构因异常情况无法办理申购和赎回。④法律法规规定或经中国证监会批准的其他情形。 | |

> 💡 可以使用现金替代的证券一般是由于停牌等原因导致投资者无法在申购时买入的证券。

> 💡 投资者申购时的现金差额：差额＞0，则投资者应根据其申购的基金份额支付相应的现金；差额＜0，则获得相应的现金。
> 投资者赎回时的现金差额：差额＞0，则投资者应根据其赎回的基金份额获得相应的现金；差额＜0，则支付相应的现金。

● 母 题 精 选

【单选题】关于 ETF，以下表述错误的是(　　)。

A. ETF 基金场内交易涨跌幅比例为 10%

B. ETF 基金合同生效后，基金管理人可向证券交易所申请上市

C. 基金管理人在每一交易日开市前需向证券交易所提供当日的申购、赎回清单

D. ETF 申购交易是根据份额参与净值确认份额

【答案】 D 【解析】ETF 基金合同生效后,基金管理人可向证券交易所申请上市。基金管理人在每一交易日开市前需向证券交易所提供当日的申购、赎回清单。ETF 上市后二级市场的交易要遵循下列交易规则:①基金上市首日的开盘参考价为前一工作日基金份额净值。②基金实行价格涨跌幅限制,涨跌幅比例为 10%,自上市首日起实行。③基金买入申报数量为 100 份或其整数倍,不足 100 份的部分可以卖出。④基金申报价格最小变动单位为 0.001 元。

四、LOF 的交易方式与流程(理解)

👍 考查概率:20%。

本考点考查较少。

命题角度:LOF 与 ETF 的区别。

项　目	内　容
LOF 的上市交易	LOF 基金上市首日的开盘参考价为上市首日前一交易日的基金份额净值。其交易规则为:①买入 LOF 申报数量应当为 100 份或其整数倍,申报价格最小变动单位为 0.001 元。②深圳证券交易所对 LOF 交易实行价格涨跌幅限制,涨跌幅比例为 10%,自上市首日起执行。③投资者 T 日卖出基金份额后,资金 $T+1$ 日即可到账(T 日也可做回转交易),而赎回资金至少 $T+2$ 日到账。
LOF 份额的申购与赎回	(1)申购与赎回的原则:金额申购、份额赎回。 (2)申购与赎回的申报单位:①场内申购与赎回的申报单位分别为 1 元和 1 份基金份额。②场外申购和赎回申报单位在基金招募说明书中载明。
LOF 份额转托管	(1)系统内转托管:投资者将托管在某证券经营机构的 LOF 份额转托管到其他证券经营机构,或将托管在某基金管理人或其代销机构的 LOF 份额转托管到其他基金代销机构或基金管理人。 (2)跨系统转托管:投资者将托管在某证券经营机构的 LOF 份额转托管到基金管理人或代销机构,或将托管在基金管理人或其代销机构的 LOF 份额转托管至某证券经营机构。 (3)LOF 份额不得办理跨系统转托管的情形:①分红派息前 $R-2$ 日至 R 日(R 日为权益登记日)的 LOF 份额。②处于质押、冻结状态的 LOF 份额。
LOF 与 ETF 的区别	<table><tr><td>区　别</td><td>ETF</td><td>LOF</td></tr><tr><td>标的不同</td><td>基金份额与一篮子股票。</td><td>基金份额与现金的对价。</td></tr><tr><td>场所不同</td><td>通过交易所进行。</td><td>代销网点与交易所均可进行。</td></tr><tr><td>限制不同</td><td>资金规模有要求。</td><td>无特别要求。</td></tr><tr><td>净值报价不同</td><td>每 15 秒提供一次。</td><td>每天只提供一次或几次。</td></tr><tr><td>投资策略不同</td><td>完全被动式管理方法,以拟合某一个指数为目标。</td><td>可以是指数型基金,也可以是主动管理型基金。</td></tr></table>

· 母 题 精 选 ·

【单选题】关于 LOF 和 ETF 的区别,以下表述错误的是( )。

A. ETF 的申购和赎回通过交易所进行,LOF 的申购和赎回可以通过销售机构和交易所进行

B. 在二级市场的净值报价频率上,ETF 通常比 LOF 高

C. ETF 的申购和赎回是基金份额与现金的对价,LOF 的申购和赎回与投资者交换的基金份额与一篮子股票

D. ETF 通常采用完全被动式管理方式,LOF 可以是被动管理型基金也可以是主动管理型基金

【答案】 C 【解析】ETF 与投资者交换的是基金份额与一篮子股票;LOF 的申购、赎回是基金份额与现金的对价。选项 C 表述错误。

五、其他类型基金的交易方式与流程(理解)

👍 考查概率:20%。
本考点考查较少。
命题角度:QDII 基金的申购与赎回和一般开放式基金的申购与赎回的不同点。

项 目	内 容
QDII 基金的申购与赎回和一般开放式基金的申购与赎回的比较	(1)相同点。 ①申购与赎回的渠道均包括基金管理人的直销中心、代销机构的网站等。②申购与赎回的开放时间均为证券交易所交易日的 9:30—11:30,13:00—15:00。③申购与赎回的原则、程序基本相同。 (2)不同点。 ①币种不同:QDII 基金的申购与赎回的币种是人民币,基金管理人可以在规定内接受其他币种,但应当提前公告。 ②申购与赎回登记不同:QDII 基金赎回申请成功后,基金管理人将在 $T+10$ 日内支付赎回款项。在发生巨额赎回时,按基金合同有关规定处理。 ③拒绝和暂停申购的情形不同。
分级基金份额的上市交易、申购与赎回	(1)分级基金份额的上市交易。 ①分开募集的分级基金:分别以子基金代码进行募集,基金成立后,向深交所提交上市申请,仅以子基金代码上市交易,母基金既不上市也不申购、赎回。 ②合并募集分级基金:子基金份额上市交易,母基金份额仅进行申购和赎回,不上市交易。 (2)开放式分级基金份额的申购与赎回。 ①分开募集的分级基金:以子代码进行申购和赎回。 ②合并募集的分级基金:以母基金代码进行申购和赎回,子基金份额只能上市交易,不能单独申购和赎回。 ③对于新募集分级基金的规定:合并募集的分级基金,单笔认购、申购金额不得低于 5 万元;分开募集的分级基金,B 类份额单笔认购、申购金额不得低于 5 万元。 (3)分级基金必须进行跨系统转托管,即将登记在基金注册登记系统中的基金份额转托管到证券登记结算系统,然后再将基础份额拆分为子基金份额后可以在证券交易所卖出。

第三节　基金的登记

一、我国开放式基金注册登记体系的模式与机构（重点掌握）

项　目	内　容
开放式基金份额登记概述	（1）概念：开放式基金份额的登记是指基金注册登记机构通过设立和维护基金份额持有人名册，确认基金份额持有人持有基金份额事实的行为。 （2）重要性：基金份额登记具有确定和变更基金份额持有人及其权利的法律效力，是保障基金份额持有人合法权益的重要环节。
我国开放式基金注册登记体系的模式	（1）"内置"模式：基金管理人自建注册登记系统。 （2）"外置"模式：委托中国证券登记结算有限责任公司作为注册登记机构。 （3）"混合"模式：以上两种情况兼有。
基金注册登记机构的主要职责	开放式基金的登记业务可以由基金管理人或者委托中国证监会认定的其他机构办理。其职责主要包括以下几个方面。 ①建立并管理投资者基金份额账户。②负责基金份额登记，确认基金交易。③发放红利。④建立并保管基金投资者名册。⑤基金合同或者登记代理协议规定的其他职责。 **记忆关键词：** 基金管理人；中国证监会认定的其他机构；职责

考查概率：100%。在考试中所占分值为1分~2分。

命题角度： ①开放式基金登记的概念与基金份额登记的重要性。②基金注册登记机构的主要职责。

● 母 题 精 选

【单选题】《中华人民共和国证券投资基金法》规定，开放式基金的登记业务（　　）。

　　A.只能由销售机构办理

　　B.只能由基金管理人办理

　　C.可以由基金管理人办理，也可以委托中国证监会认定的其他机构办理

　　D.只能委托中国证监会认定的第三方独立机构办理

【答案】　C　【解析】《中华人民共和国证券投资基金法》规定，开放式基金的登记业务可以由基金管理人办理，也可以委托中国证监会认定的其他机构办理。

【单选题】基金注册登记机构的主要职责包括（　　）。

Ⅰ.基金份额登记　　　　　　　　　Ⅱ.基金发放红利

Ⅲ.基金估值核算　　　　　　　　　Ⅳ.基金投资交割

　　A.Ⅱ、Ⅳ　　　　　B.Ⅲ、Ⅳ　　　　　C.Ⅰ、Ⅱ　　　　　D.Ⅰ、Ⅲ

【答案】　C　【解析】基金注册登记机构的主要职责：①建立并管理投资者基金份额账户。②负责基金份额登记，确认基金交易。③发放红利。④建立并保管基金投资者名册。⑤基金合同或者登记代理协议规定的其他职责。

二、开放式基金份额登记的流程（掌握）

项 目	内 容
基金份额登记过程的实质	基金注册登记机构通过基金注册登记系统对基金投资者所投资基金份额及其变动的确认、记账的过程。
基金份额登记的流程 T 日	投资者的申购和赎回申请信息由代销机构网点传送至代销机构总部，代销机构总部将申购和赎回申请信息汇总后统一传送至注册登记机构。
基金份额登记的流程 T + 1 日	注册登记机构将确认的基金份额登记至投资者的账户，然后将确认后的申购和赎回数据信息下发至各代销机构，各代销机构再下发至各所属网点。同时，注册登记机构也将登记数据发送至基金托管人。

考查概率：60%。在考试中所占分值为 1 分左右。

命题角度：①基金份额登记过程的实质。②基金份额登记的流程。

考生应注意，不同基金品种，份额登记时间可能不一样，普通基金是 T + 1 日，QDII 基金是 T + 2 日。

● 母题精选

【单选题】投资者的申购赎回信息由销售机构总部汇总后，传送给（　　）。

　　A. 基金托管人　　　B. 注册登记机构　　　C. 证券交易所　　　D. 中央结算公司

【答案】 B 　【解析】投资者的申购和赎回申请信息通过代销机构网点传送至代销机构总部，由代销机构总部将本代销机构的申购和赎回申请信息汇总后统一传送至注册登记机构。

三、开放式基金申购与赎回的资金结算（了解）

项 目	内 容
环节	①清算。②交收。
流程	①注册登记机构根据确认的投资者申购和赎回数据信息进行资金清算。②根据清算结果，申购资金从其资金账户转移至基金在托管银行开立的银行存款账户，我国一般 T + 2 日可到达；赎回资金从基金的银行存款账户转移至投资者的资金账户，我国一般 T + 3 日到达，货币市场基金一般 T 日或 T + 1 日即可到达。

考查概率：0。在考试中本考点基本未考查。考生只需了解即可，不做重点要求。

章节练习

扫描"章节练习"旁边的二维码或打开 http://cj.ek100.cn/即可进入智能题库进行章节练习。

第七章　基金的信息披露

● 本章应试分析

　　本章分五节介绍基金信息披露的相关内容，第一节介绍基金信息披露的基础知识；第二节介绍基金主要当事人，即基金管理人、基金托管人和基金份额持有人的信息披露义务；第三节和第四节介绍基金在募集和运作环节的信息披露；第五节介绍特殊基金品种 QDII 基金和 ETF 在信息披露中的规定。本章在考试中所占分值为 9 分~10 分，属于比较重要的章节，且难度较大，考生应在理解的基础上加以记忆，并掌握所学知识。

● 思 维 导 图

基金的信息披露
- 基金信息披露的基础知识
  - 基金信息披露的概念、作用与原则（重点掌握）
  - 我国的基金信息披露制度体系（了解）
  - 基金信息披露的内容与禁止行为（理解）
  - XBRL在基金信息披露中的运用（了解）
- 基金主要当事人的信息披露义务
  - 基金管理人信息披露的主要内容（重点掌握）
  - 基金托管人信息披露的主要内容（掌握）
  - 基金份额持有人信息披露的主要内容（了解）
- 基金募集信息披露
  - 基金合同（掌握）
  - 基金招募说明书（理解）
  - 基金托管协议（理解）
- 基金运作信息披露
  - 基金净值公告的相关规定（重点掌握）
  - 基金定期公告的相关规定（重点掌握）
  - 基金上市交易公告书和临时信息披露的相关规定（掌握）
- 特殊基金品种的信息披露
  - QDII基金信息披露的相关规定（理解）
  - ETF信息披露的相关规定（掌握）

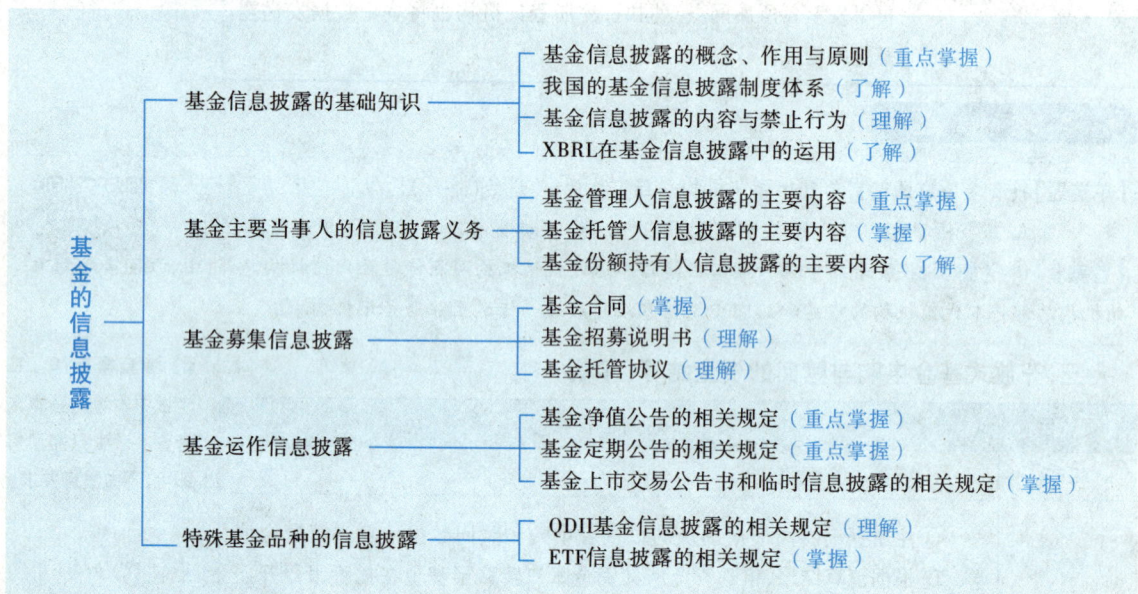

● 名师同步精讲

名师指导

第一节　基金信息披露的基础知识

视频讲解 微信扫描

一、基金信息披露的概念、作用与原则（重点掌握）

项　目	内　容
概念	基金信息披露是指基金市场上的有关当事人从基金募集到上市交易，再到投资运作等一系列环节中，依法向社会公众进行的信息披露。
作用	（1）有利于投资者的价值判断。 （2）有利于防止利益冲突与利益输送，保护公众投资者的合法权益。

👍 考查概率：100%。在考试中所占分值为 1 分~2 分。

命题角度：①基金信息披露的作用。②基金信息披露在披露内容和披露形式上分别应遵循的原则。

续　表

项　目	内　容
作用	(3)有利于提高证券市场的效率。 (4)能有效防止信息滥用,防止信息误导给投资者造成损失。
原则	(1)披露内容方面应遵循的原则。 ①真实性原则(最根本、最重要的原则):要求披露的信息应当以客观事实为基础,反映信息的真实状态。 ②准确性原则:要求用精确的语言披露信息,在内容和表达方式上做到精确,不得使人误解。 ③完整性原则:要求披露所有可能影响投资者决策的信息,即所有重大的信息。 ④及时性原则:要求以最快的速度公开信息。 ⑤公平性原则:要求将信息向市场上所有的投资者平等、公开地披露,而不应有所偏颇。 (2)披露形式方面应遵循的原则。 ①规范性原则:要求基金信息必须按照法定的内容和格式进行披露。 ②易解性原则:要求信息披露的表述应当简明扼要、通俗易懂。 ③易得性原则:要求公开披露的信息一般公众投资者也可以轻易获取。

💡及时性原则要求基金管理人在重大事件发生之日起2日内披露临时报告,并定期更新招募说明书。

● 母题精选

【单选题】规范基金信息披露的作用有(　　)。
Ⅰ.防止信息误导给投资者造成损失　　　　Ⅱ.保护公众投资者的合法权益
Ⅲ.增加投资者的投资回报　　　　Ⅳ.有利于投资者的价值判断
　　A.Ⅰ、Ⅱ、Ⅳ　　　　B.Ⅰ、Ⅱ、Ⅲ　　　　C.Ⅱ、Ⅲ、Ⅳ　　　　D.Ⅰ、Ⅱ、Ⅲ、Ⅳ

【答案】　A　【解析】基金信息披露的作用主要表现在四个方面:①有利于投资者的价值判断。②有利于防范利益冲突和利益输送,保护公众投资者的合法权益。③有利于提高证券市场的效率。④能有效防止信息滥用,防止信息误导给投资者造成损失。

【单选题】基金信息披露原则不包括(　　)。
　　A.真实性原则　　　　B.及时性原则　　　　C.完整性原则　　　　D.适用性原则

【答案】　D　【解析】信息披露的原则体现在对披露内容和披露形式两方面的要求上。在披露内容上,要求遵循真实性原则、准确性原则、完整性原则、及时性原则和公平性原则;在披露形式上,要求遵循规范性原则、易解性原则和易得性原则。

二、我国的基金信息披露制度体系(了解)

👍考查概率:0。在考试中本考点基本未考查。考生只需了解即可,不做重点要求。

体　系	具体法律法规
国家法律	《中华人民共和国证券投资基金法》
部门规章	《证券投资基金信息披露管理办法》

续　表

体　系	具体法律法规
规范性文件	《证券投资基金信息披露内容与格式准则》 《证券投资基金信息披露编报规则》 《证券投资基金信息披露 XBRL 模板》
自律性规则	《证券交易所业务规则》 《证券交易所 ETF 业务实施细则》 《证券交易所 LOF 业务规则与业务指引》

三、基金信息披露的内容与禁止行为（理解）

项　目	内　容
基金信息披露的内容	《证券投资基金信息披露管理办法》第五条规定,公开披露的基金信息包括: ①基金招募说明书。②基金合同。③基金托管协议。④基金份额发售公告。⑤基金募集情况。⑥基金合同生效公告。⑦基金份额上市交易公告书。⑧基金资产净值、基金份额净值。⑨基金份额申购、赎回价格。⑩基金定期报告,包括基金年度报告、基金半年度报告和基金季度报告。⑪临时报告。⑫基金份额持有人大会决议。⑬基金管理人、基金托管人的基金托管部门的重大人事变动。⑭涉及基金管理人、基金财产、基金托管业务的诉讼。⑮澄清公告。⑯中国证监会规定的其他信息。
基金信息披露的禁止行为	(1)规定基金信息披露禁止性行为的意义。 ①有利于防止信息误导投资者造成投资损失。②有利于保护公众投资者的合法权益。③有利于维护证券市场的正常秩序。 (2)《证券投资基金信息披露管理办法》第六条规定,公开披露基金信息,不得有下列行为。 ①虚假记载、误导性陈述或者重大遗漏。②对证券投资业绩进行预测。③违规承诺收益或者承担损失。④诋毁其他基金管理人、基金托管人或者基金份额发售机构。⑤登载任何自然人、法人或者其他组织的祝贺性、恭维性或推荐性的文字。⑥中国证监会禁止的其他行为。

考查概率:20%。 本考点较少考查。
命题角度:规定基金信息披露的禁止性行为的意义。

本考点考查的内容虽然不多,但却是基金从业人员在执行过程中需要掌握的基础知识,所以要求考生理解并掌握。

【单选题】关于基金信息披露的禁止性行为,以下说法错误的是(　　)。
　　A.有利于投资人获取良好的投资收益　　　B.有利于保护公众投资者的合法权益
　　C.有利于维护证券市场的正常秩序　　　D.有利于防止信息误导投资者造成投资损失
【答案】A　【解析】选项A不属于规定基金信息披露禁止性行为的意义。

四、XBRL 在基金信息披露中的运用（了解）

项　目	内　容
XBRL 的含义	XBRL(Extensible Business Reporting Language,可扩展商业报告语言),是国际上将会计准则与计算机语言相结合的最新公认标准和技术,以互联

考查概率:0。在考试中本考点基本未考查。考生只需了解即可,不做重点要求。

续　表

项　目	内　容
XBRL 的含义	网和跨平台操作为基础,专门用于财务报告编制、披露和使用的计算机语言,用于非结构化数据,尤其是财务信息的集成、交换和最大化利用,通过对数据统一进行特定的识别和分类,可直接为使用者或其他软件所读取及进一步处理,实现数据的一次录入、多次使用和信息共享的效果。
XBRL 用于基金信息披露	（1）现状。我国基金公司自 2008 年将 XBRL 应用于信息披露工作中以来,已实现了净值公告、部分临时公告和季度报告、半年度报告、年度报告等定期报告的 XBRL 报送。 （2）意义。 ①对于基金管理人和托管人:帮助其梳理内部信息系统和相关业务流程,促进业务效率和内部控制水平的全面提高。 ②对于基金信息服务中介机构:帮助其以更低成本和更便捷的方式获得高质量的公开信息。 ③对于投资者:更容易获得最有用的信息,便于其进行投资决策。 ④对于监管部门:加大数据分析深度和广度,提高监管效率和水平。

第二节　基金主要当事人的信息披露义务

一、基金管理人信息披露的主要内容(重点掌握)

项　目	内　容
基金募集信息披露中管理人的义务	（1）在基金份额发售的三日前,将基金招募说明书、基金合同摘要登载在指定报刊和网站上;基金管理人、基金托管人应当同时将基金合同、基金托管协议登载在网站上。 （2）于基金合同生效的次日,在指定报刊和网站上登载基金合同生效公告。 （3）开放式基金的基金合同生效后,在每 6 个月结束之日起 45 日内,更新招募说明书并登载在网站上,将更新后的招募说明书摘要登载在指定报刊上。在公告的 15 日前向中国证监会报送更新的招募说明书,并就有关更新内容提供书面说明。 **记忆关键词:** 次日;指定报刊和网站;6 个月;45 日内
基金运作信息披露中管理人的义务	（1）基金份额获准在证券交易所上市交易的,在基金份额上市交易的前三个工作日,将基金份额上市交易公告书登载在指定报刊和网站上。 （2）至少每周公告一次封闭式基金的资产净值和份额净值。开放式基金的基金合同生效后,在开始办理基金份额申购或者赎回前,至少每周公告一次基金资产净值和基金份额净值。

考查概率:100%。在考试中所占分值约为 2 分。

命题角度: 基金管理人在基金募集信息披露、基金运作信息披露、基金临时信息披露中的义务。

本考点涉及的时间数据较多,考生应注意区分,并掌握不同的时间对应的不同的信息披露事项。

续 表

项 目	内 容
基金运作信息披露中管理人的义务	（3）在每个季度结束之日起15个工作日内，编制完成基金季度报告，并将季度报告登载在指定报刊和网站上；分别于上半年和每年结束之日起60日和90日内，编制完成基金半年度报告和年度报告，并将半年度报告和年度报告的正文登载于网站上，将半年度报告和年度报告摘要登载在指定报刊上；基金合同生效不足二个月的，基金管理人可以不编制当期季度报告、半年度报告或者年度报告。 基金定期报告应当在公开披露的第二个工作日，分别报中国证监会和基金管理人主要办公场所所在地中国证监会派出机构、基金上市的证券交易所备案。
基金临时信息披露中管理人的义务	（1）基金发生重大事件，在二日内编制临时报告书，予以公告，并在公开披露日分别报中国证监会和基金管理人主要办公场所所在地中国证监会派出机构备案。封闭式基金还应在披露临时报告前，送基金上市的证券交易所审核。 （2）基金管理人召开基金份额持有人大会的，应当至少提前30日公告基金份额持有人大会的召开时间、会议形式、审议事项、议事程序和表决方式等事项。 （3）在基金合同期限内，任何公共媒体中出现的或者在市场上流传的消息可能对基金份额价格产生误导性影响或者引起较大波动时，基金管理人知悉后应当立即对该消息进行公开澄清，并将有关情况立即报告中国证监会、基金上市交易的证券交易所。 **记忆关键词：**二日内；临时报告书；提前30日；证券交易所
职责终止时的义务	按照规定聘请会计师事务所对基金财产进行审计，并将审计结果予以公告，同时报国务院证券监督管理机构备案。

💡 基金管理人是负责办理与基金财产管理业务活动有关的信息披露事项的主体，对信息披露负有主要责任，应当在公司内部建立健全信息披露管理制度，明确信息披露的目的、原则、方式、内容、程序等事项，并指定专人负责管理基金信息披露事务。

母题精选

【单选题】关于基金的信息披露，以下表述正确的是（　　）。

Ⅰ．封闭式基金在披露临时报告后二日内，送基金上市的证券交易所审核

Ⅱ．某基金成立于4月6日，该基金不需要编制二季度报告

Ⅲ．当发生对基金份额持有人权益或者基金价格产生重大影响的事件时，应在二日内编制并披露临时报告

Ⅳ．货币市场基金若遇法定节假日，应于节假日结束后第一个自然日，披露节假日期间的每万份基金净收益、节假日最后一日的七日年化收益率

　　　A．Ⅱ、Ⅲ　　　　　B．Ⅰ、Ⅲ　　　　　C．Ⅲ、Ⅳ　　　　　D．Ⅱ、Ⅳ

【答案】　A　**【解析】**当发生对基金份额持有人权益或者基金价格产生重大影响的事件时，应在二日内编制并披露临时报告书。封闭式基金应在披露临时报告前，送基金上市的证券交易所审核。第Ⅰ项表述错误，第Ⅲ项表述正确。对于当期基金合同生效不足二个月的基金，可以不编制定期报告。第Ⅱ项中基金生效未满二个月，不需要编制季度报告，第Ⅱ项说法正确。货币市场基金在遇到法定节假日时，于节假日结束后第二个自然日披露节假日期间的每万份基金净收益，节假日最后一日的七日年化收益率，以及节假日后首个开放日的每万份基金净收益和七日年化收益率。第Ⅳ项说法错误。

【单选题】某基金管理公司一只公募基金的基金合同在 2017 年 1 月 10 日生效,则该公司应当在指定报刊和公司网站上登载基金合同生效公告的日期是(   )。

    A.2017 年 1 月 12 日   B.2017 年 1 月 14 日   C.2017 年 1 月 11 日   D.2017 年 1 月 13 日

【答案】 C 【解析】基金管理人在基金合同生效的次日,在指定报刊和管理人网站上登载基金合同生效公告。选项 C 正确。

二、基金托管人信息披露的主要内容(掌握)

项 目	内 容
基金托管人的信息披露义务	(1)基金募集申请经中国证监会核准后,应当在基金份额发售的三日前,将基金合同、基金托管协议登载在网站上。 (2)按照相关法律、行政法规、中国证监会的规定和基金合同的约定,对基金管理人编制的基金资产净值、基金份额净值、基金份额申购赎回价格、基金定期报告和定期更新的招募说明书等公开披露的相关基金信息进行复核、审查,并向基金管理人出具书面文件或者盖章确认。 (3)在基金半年度报告及年度报告中出具托管人报告,对报告期内托管人是否尽职尽责履行义务以及管理人是否遵规守约等情况做出声明。 (4)当基金发生涉及托管人及托管业务的重大事件时,应当在事件发生之日起二日内编制并披露临时公告书,并报中国证监会及地方监管局备案。 (5)托管人召集基金份额持有人大会的,应至少提前 30 日公告大会的召开时间、会议形式、审议事项、议事程序和表决方式等事项。会议召开后,应将持有人大会决定的事项报中国证监会核准或备案,并予以公告。
职责终止时的义务	按照规定聘请会计师事务所对基金财产进行审计,并将审计结果予以公告,同时报国务院证券监督管理机构备案。

考查概率:80%。在考试中所占分值约为 1 分。

命题角度:基金托管人的信息披露义务。

此处的"重大事件",包括:①基金托管人的专门基金托管部门的负责人变动,该部门的主要业务人员在一年内变动超过 30%。②托管人召集基金份额持有人大会。③托管人的法定名称或住所发生变更。④发生涉及托管业务的诉讼。⑤托管人受到监管部门的调查或托管人及其托管部门的负责人受到严重行政处罚。

母 题 精 选

【单选题】关于基金托管人的信息披露,以下表述正确的是(   )。

A.在基金份额发售的三日前,将基金合同、托管协议登载在托管人网站上

B.当媒体报道的消息可能导致基金价格发生重大波动的,托管人应当予以公告

C.托管产品拟在证券交易所上市的,由托管人向证券交易所提交申请材料并予以公告

D.基金管理人职责终止时,基金托管人应该委托律师事务所对基金管理人是否履行职责出具法律意见书

【答案】 A 【解析】在基金份额发售的三日前,将基金合同、托管协议登载在托管人网站上,选项 A 表述正确;选项 B、C 属于基金管理人的职责;选项 D 与基金托管人的信息披露无关。

【单选题】关于基金管理人和基金托管人披露内容和职责,表述错误的是(   )。

A.职责终止时,均需要委托会计事务所进行审计并对审计结果给予公告,报中国证监会备案

B.各自负责召集基金份额持有人大会的,均应当至少提前 30 日公告召开时间、会议形式、审议事项、议事程序和表决方式等事项

C.均需在基金合同生效的次日,在指定报刊和公司网站上登载基金合同生效公告

D.均需建立健全各项信息披露管理制度,指定专人负责管理信息披露事务

【答案】　C　【解析】在基金合同生效的次日,在指定报刊和管理人网站上登载基金合同生效公告是基金管理人的职责,选项C表述错误。

三、基金份额持有人信息披露的主要内容(了解)

项　目	内　容
基金份额持有人信息披露的主要内容	(1)代表基金份额10%以上的基金份额持有人自行召集基金份额持有人大会时,召集人应当至少提前30日公告基金份额持有人大会的召开时间、会议形式、审议事项、议事程序和表决方式等事项。会议结束后,召集基金持有人大会的基金份额持有人有义务履行相关的信息披露义务。 (2)公开披露的基金信息需要由中介机构出具意见书时,中介机构应保证所出具文件内容的真实性、准确性和完整性。

考查概率:0。在考试中本考点基本未考查。考生只需了解即可,不做重点要求。

第三节　基金募集信息披露

一、基金合同(掌握)

考查概率:60%。在考试中所占分值约为1分。

命题角度:①基金合同的作用与成立条件。②基金合同包含的重要信息。

项　目	内　容
作用与成立条件	(1)作用:我国证券投资基金的基金管理人、基金托管人和基金持有人之间的权利义务由基金合同确定。 (2)成立条件:投资者交纳基金份额认购款项,表明投资者对公募基金合同的承认和接受。
基金合同包括的内容	《中华人民共和国证券投资基金法》第五十二条规定,公开募集基金的基金合同应当包括下列内容。 ①募集基金的目的和基金名称。②基金管理人、基金托管人的名称和住所。③基金的运作方式。④封闭式基金的基金份额总额和基金合同期限,或者开放式基金的最低募集份额总额。⑤确定基金份额发售日期、价格和费用的原则。⑥基金份额持有人、基金管理人和基金托管人的权利、义务。⑦基金份额持有人大会召集、议事及表决的程序和规则。⑧基金份额发售、交易、申购、赎回的程序、时间、地点、费用计算方式,以及给付赎回款项的时间和方式。⑨基金收益分配原则、执行方式。⑩基金管理人、基金托管人报酬的提取、支付方式与比例。⑪与基金财产管理、运用有关的其他费用的提取、支付方式。⑫基金财产的投资方向和投资限制。⑬基金资产净值的计算方法和公告方式。⑭基金募集未达到法定要求的处理方式。⑮基金合同解除和终止的事由、程序以及基金财产清算方式。⑯争议解决方式。⑰当事人约定的其他事项。

基金募集期间的信息披露文件包括基金合同、基金招募说明和基金托管协议三大类。

续　表

项　目	内　容
基金合同 包含的 重要信息	（1）基金投资运作安排和基金份额发售安排方面的信息：基金运作方式，运作费用，基金发售、交易、申购、赎回的相关安排，基金投资基本要素，基金估值和净值公告等事项。 （2）基金合同特别约定的事项：基金当事人的权利和义务，尤其是基金投资人的权利；基金持有人大会的召集、议事及表决的程序和规则；基金合同终止的事由、程序及基金财产的清算方式等事项。

● 母 题 精 选

【单选题】基金合同特别约定的事项不包括（　　　）。

A. 基金合同终止的事由、程序及基金财产的清算方式

B. 基金当事人的权利和义务

C. 基金资产净值的计算方法和公告方式

D. 基金持有人大会的召集、议事及表决的程序和规则

【答案】　C　【解析】基金资产净值的计算方法和公告方式应为基金招募说明书中约定的事项。

二、基金招募说明书（理解）

项　目	内　容
作用	①使投资者更好地了解管理人的基本情况。②说明基金募集有关事宜。③是指导投资者认购基金份额的规范性文件。
基金招募 说明书包 括的内容	①招募说明书摘要。②基金募集申请的核准文件名称和核准日期。③基金管理人和基金托管人的基本情况。④基金份额的发售日期、价格、费用和期限。⑤基金份额的发售方式、发售机构及登记机构名称。⑥基金份额申购和赎回的场所、时间、程序、数额与价格，拒绝或暂停接受申购、暂停赎回或延缓支付、巨额赎回的安排等。⑦基金的投资目标、投资方向、投资策略、业绩比较基准、投资限制。⑧基金资产的估值。⑨基金管理人和基金托管人的报酬及其他基金运作费用的费率水平、收取方式。⑩基金认购费、申购费、赎回费、转换费的费率水平、计算公式、收取方式。⑪出具法律意见书的律师事务所和审计基金财产的会计师事务所的名称和住所。⑫风险警示内容。⑬基金合同和基金托管协议的内容摘要。
基金招募说 明书包含的 重要信息	①基金投资目标、投资范围、投资策略、业绩比较基准、风险收益特征、投资限制等（最为重要的信息）。②基金运作方式。③从基金资产中列支的费用的种类、计提标准和方式。④基金份额的发售、交易、申购、赎回的约定，特别是买卖基金费用的相关条款。⑤基金资产净值的计算方法和公告方式。⑥基金风险提示。⑦招募说明书摘要。

👍 考查概率：20%。本考点较少考查。

命题角度：基金招募说明书包含的重要信息。

💡 考生应将基金合同中包含的重要信息与招募说明书中包含的重要信息做对比，进行对比记忆。

• 母 题 精 选

【单选题】基金招募说明书中的重要信息不包括(　　)。

　　　　A.基金运作方式　　B.基金风险揭示　　C.基金托管协议摘要　　D.代销协议摘要

【答案】 D 【解析】代销协议摘要不属于基金招募说明书的内容。

三、基金托管协议(理解)

项　目	内　容
含义	托管协议是明确基金管理人和基金托管人在基金财产保管、投资运作、净值计算等事宜中的权利、义务和职责的协议。
作用	①明确基金管理人和托管人在基金财产保管、投资运作、净值计算、收益分配、信息披露及相互监督等事项中的权利、义务及职责。②确保基金财产的安全。③保护基金份额持有人的合法权益。
基金托管协议包含的重要信息	①基金管理人和基金托管人之间的相互监督和核查。②协议当事人权责约定中事关持有人权益的重要事项。

> **考查概率：20%。**
> 本考点较少考查。
> **命题角度：基金托管协议的含义。**

第四节　基金运作信息披露

一、基金净值公告的相关规定(重点掌握)

项　目	内　容
普通基金净值公告的相关规定	(1)公告信息：基金资产净值、份额净值和份额累计净值等。 (2)资产净值和份额净值的公告频率：①封闭式基金至少每周披露一次。②开放式基金放开申购和赎回前，至少每周披露一次；放开申购和赎回后，每个开放日均会披露份额净值和份额累计净值。
货币市场基金收益公告的相关规定	(1)公告信息：每万份基金收益和最近七日年化收益率。 (2)公告分类：按披露时间不同，可分为封闭期的收益公告、开放日的收益公告和节假日的收益公告三大类。 ①封闭期的收益公告：基金管理人于开始办理基金份额申购或者赎回当日，披露截至前一日的基金资产净值，基金合同生效至前一日期间的每万份基金净收益，前一日的七日年化收益率。 ②开放日的收益公告：货币市场基金于每个开放日的次日披露开放日每万份基金净收益和最近七日年化收益率。 ③节假日的收益公告：货币市场基金放开申购赎回后，在遇到法定节假日时，于节假日结束后第二个自然日披露节假日期间的每万份基金净收益，节假日最后一日的七日年化收益率，节假日后首个开放日的每万份基金净收益和七日年化收益率。 **记忆关键词：每万份基金收益；最近七日年化收益率；每万份基金净收益**

> **考查概率：100%。**
> 在考试中所占分值为1分~2分。
> **命题角度：①普通基金净值公告的信息和频率。②货币市场基金收益公告的信息和分类。③货币市场基金在投资组合报告中披露的偏离度信息。**

续表

项 目	内 容
货币市场基金偏离度公告的相关规定	（1）偏离度：影子定价法与摊余成本法之间的偏离度。 ①正偏离：影子定价法所确定的基金资产净值超过摊余成本法计算的基金资产净值，基金组合中存在浮盈。 ②负偏离：影子定价法所确定的基金资产净值小于摊余成本法计算的基金资产净值，基金组合中存在浮亏。 （2）当偏离达到一定程度时，货币市场基金应刊登偏离度信息。偏离度信息主要包括下列几类。 ①在临时报告中披露偏离度信息。 表格如下 ②在半年度报告和年度报告中披露偏离度信息：披露报告期内偏离度的绝对值达到或超过0.5%的信息。 ③在投资组合报告中披露偏离度信息：披露报告期内偏离度绝对值在0.25%～0.5%的次数、偏离度的最高值和最低值、偏离度绝对值的简单平均值等。

偏离度比例	基金管理人的处理措施
负偏离度绝对值超过0.25%	在二个交易日内向中国证监会报告，并依法履行信息披露义务。
正偏离度绝对值达到0.5%	暂停接受申购，同时在五个交易日内将正偏离度绝对值调整到0.5%以内。
负偏离度绝对值达到0.5%	使用风险准备金或者固有资金弥补潜在资产损失，将负偏离度绝对值控制在0.5%以内。
负偏离度绝对值连续二个交易日超过0.5%	采用公允价值估值方法对持有投资组合的账面价值进行调整，或者采取暂停接受所有赎回申请并终止基金合同进行财产清算等措施。

● 母 题 精 选

【单选题】某公募货币市场基金披露某一开放日收益公告，以下披露的内容正确的是（　　）。

A．份额净值1.000元，每万份基金累计收益1.1315元

B．份额净值1.000元，最近七日年化收益率4.4941%

C．份额净值1.000元，偏离度0.0015%

D．每万份基金净收益1.2141元，最近七日年化收益率4.4941%

【答案】 D 【解析】开放日的收益公告是指货币市场基金于每个开放日的次日在中国证监会指定报刊和管理人网站上披露开放日每万份基金净收益和最近七日年化收益率。选项D正确。

【单选题】关于货币市场基金季度报告中有关偏离度的信息披露,下列披露内容错误的是(　　)。

　　A. 报告期内偏离度的简单平均值

　　B. 报告期内偏离度的最高值

　　C. 报告期内偏离度的最低值

　　D. 报告期内偏离度绝对值在 0.25%~0.5% 的次数

【答案】 A　**【解析】**在季度报告中的投资组合报告中,货币市场基金将披露报告期内偏离度绝对值在 0.25%~0.5% 的次数、偏离度的最高值和最低值、偏离度绝对值的简单平均值等信息。

二、基金定期公告的相关规定(重点掌握)

项　目	内　容
基金季度报告的相关规定	(1)基金季度报告的主要内容:①基金概况。②主要财务指标和净值表现。③管理人报告。④投资组合报告。⑤开放式基金份额变动等。 (2)季度报告的投资组合报告中应披露的内容:①基金资产组合。②按行业分类的股票投资组合。③前 10 名股票明细。④按券种分类的债券投资组合。⑤前五名债券明细。⑥投资贵金属、股指期货、国债期货等情况。⑦投资组合报告附注等。
基金半年度报告的相关规定	基金半年度报告披露的特点包括以下几方面。 ①不要求进行审计。②只需披露当期的主要会计数据和财务指标。③需要披露过去一个月的净值增长率。④无须披露近三年每年的基金收益分配情况。⑤管理人报告无须披露内部监察报告。⑥财务报表附注重点披露比上年度财务会计报告新更新的信息,披露时应遵循重要性原则。⑦重大事件揭示中,只报告期内改聘会计师事务所的情况。⑧半年度报告摘要的财务报表附注无须对重要的报表项目进行说明。
基金年度报告的相关规定	(1)基金管理人作为基金年度报告的编制者和披露人,应保证报告的真实、准确和完整。基金年度报告应经 2/3 以上独立董事签字同意,并由董事长签发。 (2)基金托管人负责复核年度报告、半年度报告中的财务会计资料等内容,并出具托管人报告等。 (3)基金年度报告需要在基金管理人网站上披露正文、在指定报刊上披露摘要。 (4)基金年度报告中的扉页中通常会涉及一些重要的提示内容,包括基金管理人和托管人的披露责任、基金管理人管理和运用基金资产的原则、投资风险提示,以及年度报告中注册会计师出具非标准无保留意见的提示等。 (5)基金年度报告中应披露相关的财务指标,其中,披露的净值增长指标用来评价基金业绩表现是比较合理的。 (6)在基金年度报告、半年度报告和季度报告中需要以图表形式披露基金的净值表现。

考查概率:100%。

在考试中所占分值为 1 分 ~2 分。

命题角度:①基金季度报告的投资组合报告中应披露的内容。②基金半年度报告披露的特点。③基金年度报告的相关规定。

本考点中所有内容均有可能作为出题点,考生应认真学习,掌握所学内容。

基金年度报告中应披露的相关财务指标包括:本期利润、本期利润扣减本期公允价值变动损益后的净额、加权平均份额本期利润、期末可供分配利润、期末可供分配份额利润、期末资产净值、期末基金份额净值、加权平均净值利润率、本期份额净值增长率和份额累计净值增长率。

续 表

项 目	内 容
基金年度报告的相关规定	（7）基金年度报告中的投资组合报告应披露期末基金资产组合，期末按行业分类的股票投资组合，期末按市值占基金资产净值比例大小排序的所有股票明细，报告期内股票投资组合的重大变动，期末按券种分类的债券投资组合，期末按市值占基金资产净值比例大小排序的前五名债券明细，投资贵金属、股指期货、国债期货等情况，投资组合报告附注等。 （8）基金年度报告中应当披露基金持有人的信息。基金持有人信息：①上市基金前10名持有人的名称、持有份额及占总份额的比例。②持有人结构，包括机构投资者、个人投资者持有的基金份额及占总份额的比例。③持有人户数、户均持有基金份额等。 （9）基金年度报告中还需披露开放式基金合同生效日的基金份额总额、报告期内基金份额的变动情况。报告期内基金合同生效的基金，应披露自基金合同生效以来基金份额的变动情况。 **记忆关键词：2/3；前10名；名称、持有份额、占总份额的比例**

● 母 题 精 选

【单选题】季度报告的投资组合报告需要披露季末基金资产组合的（　　）信息。

　　A. 全部股票明细　　　　　　　　B. 全部债券明细

　　C. 前10名债券明细　　　　　　 D. 前10名股票明细

【答案】 D 【解析】季度报告的投资组合报告应披露的内容：①基金资产组合。②按行业分类的股票投资组合。③前10名股票明细。④按券种分类的债券投资组合。⑤前五名债券明细。⑥投资贵金属、股指期货、国债期货等情况。⑦投资组合报告附注等。

【单选题】关于基金的年度报告，以下表述错误的是（　　）。

　　A. 基金管理人是基金年度报告的编制者和披露义务人

　　B. 基金年报应经1/2以上独立董事签字同意，并由董事长签发

　　C. 个别董事对基金年度报告内容的真实、准确和完整无法保证或存在异议，应单独陈述理由和发表意见

　　D. 基金托管人负责复核基金年报并出具托管人报告

【答案】 B 【解析】基金年度报告应经2/3以上独立董事签字同意，并由董事长签发，选项B表述错误。

三、基金上市交易公告书和临时信息披露的相关规定（掌握）

考查概率：60%。在考试中所占分值约为1分。

命题角度：①基金上市交易公告书的主要披露事项。②基金临时报告书应当披露的事项。

项 目	内 容
基金上市交易公告书的相关规定	（1）上市交易公告书的主要披露事项：①基金概况。②基金募集情况与上市交易安排。③持有人户数。④持有人结构及前10名持有人。⑤主要当事人介绍。⑥基金合同摘要。⑦基金财务状况。⑧基金投资组合报告。⑨重大事件揭示等。 （2）披露上市交易公告书的基金品种：①封闭式基金。②上市开放式基金（LOF）。③交易型开放式指数基金（ETF）。④分级基金子份额。

续表

项　目	内　容
基金临时信息披露的相关规定	（1）基金信息披露中的重大性标准的界定：①影响投资者决策标准。②影响证券市场价格标准。 （2）基金临时报告。 　　信息披露义务人应当在重大事件发生之日起二日内编制并披露基金临时报告书，"重大事件"包括基金份额持有人大会的召开，提前终止基金合同，延长基金合同期限，转换基金运作方式，更换基金管理人或托管人，基金管理人的董事长、总经理及其他高级管理人员、基金经理和基金托管人的基金托管部门负责人发生变动，涉及基金管理人、基金财产、基金托管业务的诉讼，基金份额净值计价错误金额达基金份额净值的 0.5%，开放式基金发生巨额赎回并延期支付等。 　　（3）基金澄清公告，即基金信息披露义务人发布澄清市场谣言或猜测的公告。

💡 此处的"重大事件"可与基金托管人的信息披露义务中的"重大事件"结合起来，进行对比学习，以免混淆。

● **母题精选**

【单选题】信息披露义务人应当在事件发生之日起二日内编制并披露临时公告书的事件不包括（　　）。

　　A．基金转换运作方式　　　　　　B．基金托管人的托管部门负责人变更

　　C．延长基金合同　　　　　　　　D．巨额赎回时全额确认并按时支付

【答案】　D　**【解析】**选项 D 不属于信息披露义务人应当在事件发生之日起二日内编制并披露临时公告书的事件。

第五节　特殊基金品种的信息披露

一、QDII 基金信息披露的相关规定（理解）

项　目	内　容
信息披露时使用的语言和币种	（1）语言：由于 QDII 基金将其全部或部分资金投资于境外证券，所以其披露相关信息时，可同时采用中文和英文，并以中文为准。 （2）币种：单独或同时使用人民币、美元等主要币种。
特殊披露要求	（1）基金合同、招募说明书中的特殊披露要求：①境外投资顾问和境外托管人信息。②投资交易的基本信息。③投资境外市场可能产生的风险信息。 （2）定期报告中的特殊披露要求：①境外投资顾问和境外资产托管人信息。②境外证券投资信息。③外币交易及外币折算相关的信息。 （3）临时公告中的特殊披露要求：①变更境外托管人。②变更投资顾问。③投资顾问主要负责人变动。④涉及境外诉讼等重大事件。
净值信息的披露频率	（1）放开申购、赎回前：至少每周披露一次资产净值和份额净值。 （2）放开申购、赎回后：每个开放日披露份额净值和份额累计净值。

👍 **考查概率**：40%。本考点较少考查。**命题角度**：①QDII 基金信息披露的特殊披露要求。②QDII 基金净值信息的披露频率。

母题精选

【单选题】QDII 基金定期报告中的特殊披露要求有(　　)。

Ⅰ.境外投资顾问和境外资产托管人信息　　Ⅱ.境外证券投资信息

Ⅲ.外币交易及外币折算相关的信息　　Ⅳ.投资顾问主要负责人变动信息

  A.Ⅰ、Ⅲ、Ⅳ   B.Ⅰ、Ⅱ、Ⅲ   C.Ⅱ、Ⅲ、Ⅳ   D.Ⅰ、Ⅱ、Ⅲ、Ⅳ

【答案】　B　【解析】定期报告中的特殊披露要求:①境外投资顾问和境外资产托管人信息。②境外证券投资信息和外币交易及外币折算相关的信息。

二、ETF 信息披露的相关规定(掌握)

考查概率:60%。

在考试中所占分值约为 1 分。

命题角度:ETF 信息披露的内容。

项　目	内　容
ETF 信息披露的相关规定	(1)基金合同和招募说明书的特殊披露要求:①说明基金份额的各种认购、申购、赎回方式。②说明投资者认购、申购、赎回基金份额涉及的对价种类等。 (2)基金上市交易之后,在每日开市前通过基金公司官方网站和证券交易所指定的信息发布渠道披露当日的申购清单和赎回清单,在交易时间内即时揭示基金份额参考净值(IOPV)。 ①申购清单和赎回清单主要包括最小申购、赎回单位对应的各组合证券名称、证券代码及数量、现金替代标志等内容。②交易日的基金份额净值除了按规定于次日在指定报刊和管理人网站披露外,也将通过证券交易所的行情发布系统于次一交易日揭示。 (3)定期报告的披露要求:按上市交易指数基金的规定进行。

ETF 基金份额参考净值计算方式的设计和修改,需经证券交易所认可后公告。

母题精选

【单选题】当 ETF 在交易所上市交易后,以下说法正确的是(　　)。

  A.每日开市前披露前一日的申购清单和赎回清单

  B.每日开市前披露前一日的基金份额参考净值(IOPV)

  C.每日开市前披露当日的申购清单和赎回清单

  D.每日开市前披露当日的基金份额参考净值(IOPV)

【答案】　C　【解析】基金上市交易之后,需按交易所的要求,在每日开市前披露当日的申购清单和赎回清单,并在交易时间内即时揭示基金份额参考净值(IOPV)。

章节练习

扫描"章节练习"旁边的二维码或打开 http://cj.ek100.cn/即可进入智能题库进行章节练习。

第八章　基金客户和销售机构

考点速记 微信扫描

● 本章应试分析

本章分三节介绍基金客户和销售机构的相关内容，第一节重点介绍基金客户的含义、基金投资人的类型、基金持有人的构成现状及发展趋势；第二节和第三节重点介绍基金销售机构的类型、现状、发展趋势、准入条件、职责规范，以及销售理论、方式和策略。本章在考试中所占分值为4分~5分，所占分值不高，且整体难度不大。考生应当对重点内容进行强化记忆，多做练习，巩固所学的知识。

● 思维导图

基金客户和销售机构
- 基金客户的分类
  - 基金客户及基金投资人的含义（掌握）
  - 基金客户构成现状及发展趋势（了解）
  - 产品目标客户选择（掌握）
- 基金销售机构
  - 基金销售机构的主要类型和现状（掌握）
  - 基金销售机构的发展趋势（了解）
  - 基金销售机构准入条件（掌握）
  - 基金销售机构职责规范（掌握）
- 基金销售机构的销售理论、方式与策略
  - 基金销售机构的销售理论（掌握）
  - 基金销售机构的销售方式（了解）
  - 我国的基金销售策略（了解）

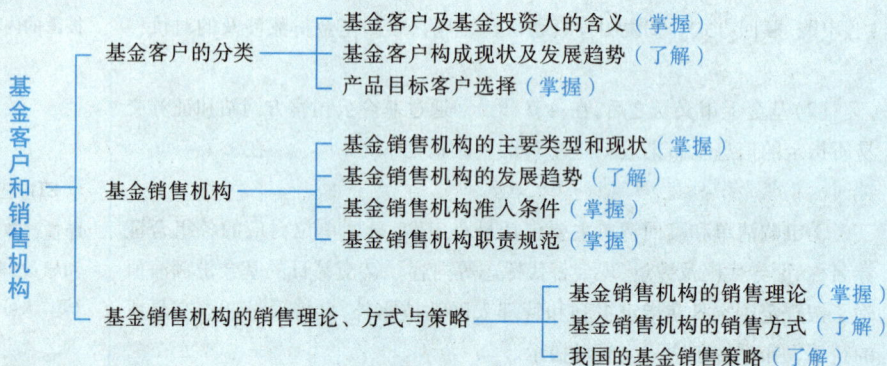

● 名师同步精讲

第一节　基金客户的分类

视频讲解 微信扫描

⊙ 名师指导

一、基金客户及基金投资人的含义（掌握）

项　目	内　容
基金客户	基金份额的持有人、基金产品的投资人，以及基金销售行为完成前的基金公司准客户均视为基金客户。
基金投资人	（1）含义：即基金的持有人，持有基金单位或基金股份的自然人和法人。基金投资人是基金的实际所有者，享有基金信息的知情权、表决权和收益权。基金的一切投资活动都是为了增加投资者的收益，一切风险管理都是围绕保护投资者利益来考虑的。因此，投资人是基金一切活动的中心。 （2）基金投资人享有的权利。 ①分享基金财产收益。②参与分配清算后的剩余基金财产。③依法转让或者申请赎回其持有的基金份额。④按照规定要求召开基金份额持有人大

👍 考查概率：80%。在考试中所占分值约为1分。

命题角度：①基金投资人享有的权利。②基金投资人应履行的义务。③各类法规对基金投资人范围的规定。

126

续表

项 目	内 容
基金投资人	会或者召集基金份额持有人大会。⑤对基金份额持有人大会审议事项行使表决权。⑥对基金管理人、基金托管人、基金服务机构损害其合法权益的行为依法提起诉讼。⑦基金合同约定的其他权利。 公开募集基金的基金份额持有人有权查阅或者复制公开披露的基金信息资料;非公开募集基金的基金份额持有人对涉及自身利益的情况,有权查阅基金的财务会计账簿等财务资料。 (3)基金投资人应履行的义务。 ①遵守基金合同。②交纳基金认购款项及规定费用。③承担基金亏损或终止的有限责任。④不从事任何有损基金及其他基金投资人合法权益的活动。⑤在封闭式基金存续期间,不得要求赎回基金份额。⑥在封闭式基金存续期间,基金投资者必须遵守法律、法规的有关规定及基金契约规定的其他义务。 (4)基金投资人的类型——按投资基金的个体划分。 ①个人投资者:以自然人身份从事基金买卖的证券投资者。 ②机构投资者:符合相关规定,可以投资于证券投资基金、在中华人民共和国境内合法注册登记并存续或经有关政府部门批准设立并存续的企业法人、事业法人、社会团体或其他组织。 (5)各类法规对基金投资人范围的规定。 ①境内投资者:居住在境内或虽居住在境外但未获得境外所在国家或者地区永久居留签证的中国公民、注册在境内的法人。投资者开立基金账户必须提交有效身份证明文件及复印件,申请开户时注册的证券账户持有人名称必须与身份证明文件中记载的名称一致。境内投资者为自然人的,有效身份证明文件包括中华人民共和国居民身份证、中华人民共和国护照、军官证、士兵证、文职证及警官证;境内投资者为法人的,有效身份证明文件为工商营业执照、社团法人注册登记证书、机关事业法人成立批文等。 ②境外投资者:外国的法人、自然人,以及中国香港、澳门特别行政区和台湾地区的法人、自然人。境外投资者有效身份证明文件是指境外所在国家或者地区护照或者身份证明,有效商业登记证明文件,有境外其他国家、地区永久居留签证的中国护照,台湾居民来往大陆通行证,港澳居民来往内地通行证。取得中国永久居留权的外国人,可以持外国人永久居留证申请开立基金账户。

💡 我国相关法律法规规定,办理基金开户要求的个人投资者必须具有完全民事行为能力,且年龄在 18 ~ 70 周岁的公民。年龄在 16 ~ 18 周岁的公民也可以进行开户,但需要提交相关的收入证明。

● 母 题 精 选

【单选题】关于证券投资基金份额持有人的义务,以下表述错误的是( )。

A. 交纳基金认购款项及费用　　　　　B. 承担基金亏损

C. 遵守基金合同　　　　　　　　　　D. 在封闭式基金存续期间赎回基金份额

【答案】 D 【解析】基金份额持有人的义务之一是在封闭式基金存续期间,不得要求赎回基金份额。选项 D 表述错误。

【单选题】境内个人基金投资者开立基金账户出示的有效身份证件原件不包括(　　)。

A. 军官证　　　　　B. 警官证　　　　　C. 护照　　　　　D. 驾驶证

【答案】　D　【解析】境内投资者为自然人的,有效身份证明文件包括中华人民共和国居民身份证、中华人民共和国护照、军官证、士兵证、文职证及警官证,不包括驾驶证。

二、基金客户构成现状及发展趋势(了解)

项　目	内　容
基金客户构成现状及发展趋势	(1)结构个人化:个人投资者比重远远高于机构投资者。 (2)机构多元化:境内外养老金、住房公积金、保险资金、主权财富基金和政府投资基金等长期机构投资者投资意愿不断增加。QFII 基金、RQFII基金和私募基金等市场发展迅速。

考查概率:0。在考试中本考点基本未考查。考生只需了解即可,不做重点要求。

三、产品目标客户选择(掌握)

项　目	内　容
了解客户真实需求时需要考虑的因素	基金销售机构在了解客户真实需求时,需要考虑的因素包括:①投资者的投资规模。②风险偏好。③对投资资金流动性和安全性的要求等。
明确目标客户市场	(1)基金销售机构采取的措施:对基金销售市场进行市场细分,选择相应的目标市场。 (2)市场细分的含义:根据客户需求特征的不同,将整体市场划分为若干个顾客群,细分后的顾客群客户需求在一个或若干个方面具有相同或相近的特征,以便销售机构采取相应的营销战略来满足这些客户群的需要。 (3)进行市场细分应遵循的原则。 ①易入原则:该细分市场属于易于开发、便于进入的市场。 ②可测原则:该细分市场的客户数量、销售规模、购买潜力等量化指标是能够测算的。 ③成长原则:该细分市场的市场规模有很大可能不断扩大,市场容量逐步增长,有可能引申出更多的营销机会。 ④识别原则:该细分市场与别的市场客户或者该细分市场的客户是有差异的,能够提供个性化的产品和服务,营销策略更具有针对性。 ⑤利润原则:该细分市场必须有足够的业务量,在现在或未来能够让销售机构有利可寻。 **记忆关键词:**易入;可测;成长;识别;利润
客户寻找	(1)客户寻找的含义。 在目标市场中寻找符合以下条件的客户:①有基金投资需求。②有投资能力。③具有一定的风险承受能力。④可能购买或者再次购买基金。

考查概率:60%。在考试中所占分值约为 1 分。

命题角度:①了解客户真实需求时需要考虑的因素。②进行市场细分应遵循的原则。

续 表

项 目	内 容
客户寻找	(2)常用的潜在客户寻找方法。

项 目	缘故法	介绍法	陌生拜访法
针对群体	直接关系型	间接客户型	陌生关系型
方法	利用个人的人际关系进行客户开发,如亲戚、朋友、街坊邻居、师生、同事等。	通过现有客户介绍,派生出新的客户关系,建立新的客户群。	把陌生人发展成潜在客户,是营销人员运用最多的方法。

母题精选

【单选题】 某客户到某家销售机构,希望购买一只最近表现良好的基金。该客户第一次在这家基金销售机构购买基金,该基金销售机构在了解客户真实需求时不需要考虑的因素是(   )。

A.投资者对投资资金流动性和安全性的要求　　B.投资者的投资规模

C.投资者的受教育水平　　D.投资者的风险偏好

【答案】 C **【解析】** 基金销售机构在了解客户真实需求时要分析投资者的真实需求,需要考虑的因素包括投资者的投资规模、风险偏好、对投资资金流动性和安全性的要求等。

【单选题】 基金销售机构在进行市场细分时,应遵循的原则不包括(   )。

A.易入原则　　B.适用原则　　C.可测原则　　D.成长原则

【答案】 B **【解析】** 销售机构在进行市场细分时应遵循以下原则:①易入原则。②可测原则。③成长原则。④识别原则。⑤利润原则。

第二节 基金销售机构

一、基金销售机构的主要类型和现状(掌握)

项 目	内 容
基金销售机构的含义	基金销售机构是指依法办理基金份额的认购、申购和赎回的基金管理人以及取得基金代销业务资格的其他机构。

项目	直销机构	代销机构
含义	直接销售基金的基金公司。	由商业机构代为销售基金产品。
形式	(1)专门的销售人员直接开发和维护机构客户与高净值个人客户。(2)自行开发建立电子商务平台。	商业机构与基金公司签订基金产品代销协议,代为销售基金产品,赚取销售佣金。此处的商业机构主要包括商业银行、证券公司、期货公司、保险机构、证券投资咨询机构以及独立基金销售机构。

（侧栏）

👍 考查概率:80%。在考试中所占分值约为1分。

命题角度: ①基金销售机构的主要类型。②银行作为基金销售机构具备的优势。

💡 此处的"商业银行",包括全国性商业银行、城市商业银行、农村商业银行,以及在华外资法人银行。

续 表

项 目	内 容
基金销售机构的现状	（1）货币市场基金的迅猛增长，带动了基金公司直销渠道的发展，基金公司直销渠道销售保有量已超过商业银行和证券公司，改变了过去商业银行和证券公司处于绝对强势的销售格局。 （2）商业银行的地位仍不容小觑，银行作为基金销售机构具备其独特的优势：①拥有覆盖全国的营业网络。②拥有成熟的资金清算体系。③客户基础庞大。④投资者对银行的信任。

• 母 题 精 选

【单选题】目前国内的基金投资者有可能通过(　　　)办理基金份额的认购、申购和赎回以及相应资金收付的业务。

Ⅰ．期货公司　　　　　　　　　　　Ⅱ．证券公司

Ⅲ．证券登记结算公司　　　　　　　Ⅳ．在华外资法人银行

　　A．Ⅰ、Ⅲ、Ⅳ　　　　B．Ⅰ、Ⅱ、Ⅲ　　　　C．Ⅰ、Ⅱ、Ⅳ　　　　D．Ⅱ、Ⅲ、Ⅳ

【答案】 C 【解析】基金代销机构主要包括商业银行(含在华外资法人银行)、证券公司、期货公司、保险机构、证券投资咨询机构以及独立基金销售机构。

二、基金销售机构的发展趋势(了解)

项 目	内 容
基金销售机构的发展趋势	（1）主要发展方向：受互联网发展的影响，基金销售机构应紧跟互联网发展步伐，深度挖掘互联网销售的效能，进一步完善互联网平台的销售服务。 （2）未来发展重点：在市场竞争日趋激烈的情况下，基金销售机构迫切需要提升服务的专业化和层次化。

👍 考查概率：0。在考试中本考点基本未考查。考生只需了解即可，不做重点要求。

三、基金销售机构准入条件(掌握)

项 目	内 容
基金销售机构的准入条件	（1）《证券投资基金销售管理办法》第八条规定，基金管理人可以办理其募集的基金产品的销售业务。拟开展基金销售业务的机构，应向工商注册登记所在地的中国证监会派出机构进行注册并取得相应资格。 （2）《证券投资基金销售管理办法》第九条规定，拟开展基金销售业务的机构，申请注册基金销售业务资格，应当具备下列条件。 ①具有健全的治理结构、完善的内部控制和风险管理制度，并得到有效执行。②财务状况良好，运作规范稳定。③有与基金销售业务相适应的营业场所、安全防范设施和其他设施。④有安全、高效的办理基金发售、申购和赎回等业务的技术设施，且符合中国证监会对基金销售业务信息管理平台的有关要求，基金销售业务的技术系统已与基金管理人、中国证券登记结算公司相应的技术系统进行了联网测试，测试结果符合国家规定的标准。⑤制定

👍 考查概率：60%。在考试中所占分值约为1分。

命题角度：①对拟开展基金销售业务的机构进行注册的主体。②拟开展基金销售业务的机构申请注册基金销售业务资格应当具备的条件。

续 表

项 目	内 容
基金销售机构的准入条件	了完善的资金清算流程,资金管理符合中国证监会对基金销售结算资金管理的有关要求。⑥有评价基金投资人风险承受能力和基金产品风险等级的方法体系。⑦制定了完善的业务流程、销售人员执业操守、应急处理措施等基金销售业务管理制度,符合中国证监会对基金销售机构内部控制的有关要求。⑧有符合法律法规要求的反洗钱内部控制制度。⑨中国证监会规定的其他条件。

● 母 题 精 选

【单选题】拟开展基金销售业务的机构,应当向工商注册登记所在地的(　　)派出机构进行注册并取得相应资格。

　　A.证券交易所　　　　　　　　　B.中国证券登记有限责任公司

　　C.中国证券投资基金业协会　　　D.中国证监会

【答案】 D 【解析】拟开展基金销售业务的机构,应向工商注册登记所在地的中国证监会派出机构进行注册并取得相应资格。

【单选题】关于申请注册基金销售业务资格应当具备的条件,以下表述错误的是(　　)。

　　A.有评价基金投资人风险承受能力和基金产品风险等级的方法体系

　　B.制定了完善的资金清算流程、业务流程

　　C.销售网点数量符合中国证监会对基金销售业务的要求

　　D.财务状况良好,运作规范稳定

【答案】 C 【解析】中国证监会对基金销售业务信息管理平台、基金销售结算资金管理、基金销售机构内部控制等均有要求,但是对销售网点的数量没有具体的要求,选项C表述错误。

四、基金销售机构职责规范(掌握)

👍考查概率:80%。在考试中所占分值约为1分。

命题角度:基金销售机构职责规范。

💡本考点内容较为繁杂,考生在学习时,应逐条梳理并记忆。

项 目	内 容
基金销售机构职责规范	(1)《证券投资基金销售管理办法》第六十六条规定,基金销售机构办理基金的销售业务,应当由基金销售机构与基金管理人签订书面销售协议,明确双方的权利义务,并至少包括以下内容。 ①销售费用分配的比例和方式。②基金持有人联系方式等客户资料的保存方式。③对基金持有人的持续服务责任。④反洗钱义务履行及责任划分。⑤基金销售信息交换及资金交收权利义务。 未经签订书面销售协议,基金销售机构不得办理基金的销售。基金销售机构不得委托其他机构代为办理基金的销售业务。 (2)基金管理人应制定合理的业务规则,对基金认购、申购、赎回、转换等行为进行规定,同时对资金归集、信息传输、销售服务等行为进行规范。 (3)基金销售机构应当建立健全并有效执行基金销售业务制度,加强对基金销售业务合规运作的检查和监督,确保基金销售业务的执行符合中国证监会对基金销售机构内部控制的有关要求。

续　表

项　目	内　容
基金销售机构职责规范	（4）基金销售机构应当建立完善的基金份额持有人账户和资金账户管理制度，以及基金份额持有人资金的存取程序和授权审批制度。 （5）基金销售机构应当建立健全档案管理制度，妥善保管基金份额持有人的开户资料和与销售业务有关的其他资料。客户身份资料自业务关系结束当年计起至少保存 15 年，与销售业务有关的其他资料自业务发生当年计起至少保存 15 年。 （6）基金募集申请在完成向中国证监会注册前，基金销售机构不得办理基金销售业务，不得向公众分发、公布基金宣传推介材料或者发售基金份额。 （7）基金销售机构、基金销售支付结算机构、基金份额登记机构可以在具备基金销售业务资格的商业银行或者从事客户交易结算资金存管的指定商业银行开立基金销售结算专用账户。基金销售结算专用账户是指基金销售机构、基金销售支付结算机构或者基金份额登记机构用于归集、暂存、划转基金销售结算资金的专用账户。 基金销售结算资金是指由基金销售机构、基金销售支付结算机构或基金注册登记机构归集的，在基金投资人结算账户与基金托管账户之间划转的基金申购（认购）、赎回、现金分红等资金。基金销售结算资金是基金投资人的交易结算资金，涉及基金销售结算专用账户开立、使用、监督的机构不得将基金销售结算资金归入其自有财产。禁止任何单位或个人以任何形式挪用基金销售结算资金。相关机构破产或清算时，基金销售结算资金不属于其破产或清算财产。 基金销售机构、基金销售支付结算机构、基金份额登记机构开立基金销售结算专用账户时，应当就账户性质、账户功能、账户使用的具体内容、监督方式、账户异常处理等事项以监督协议的形式与基金销售结算资金监督机构做出约定。 （8）为应对洗钱风险，基金销售机构应积极开展反洗钱活动，基金管理公司为客户开立基金账户时，应当按照反洗钱相关法律法规的规定进行客户身份识别，并在此基础上对客户的洗钱风险进行等级划分。基金管理公司应与其他基金销售机构在销售协议中明确投资人身份资料的提供内容及客户风险等级划分职责。对现有客户的身份重新识别以及风险等级划分，按照中国人民银行规定的期限完成。基金管理公司在进行客户风险等级划分时，应综合考虑客户身份、地域、行业或职业、交易特征等因素。客户风险等级至少应当分为高、中、低三个等级。 基金销售机构监测客户现金收支或款项划转情况，对符合大额交易标准的，在该大额交易发生后五个工作日内，向中国反洗钱监测分析中心报告。在发现有可疑交易或者行为时，在其发生后 10 个工作日内，向中国反洗钱监测分析中心报告。

反洗钱是指为了预防通过各种方式掩饰、隐瞒毒品犯罪、黑社会性质的组织犯罪、恐怖活动犯罪、走私犯罪、贪污贿赂犯罪、破坏金融管理秩序犯罪等犯罪所得及其收益的来源和性质的洗钱活动。目前，常见的洗钱途径广泛涉及银行、保险、证券、房地产等各种领域。

• 母题精选

【单选题】关于基金销售结算资金,以下说法错误的是( )。

    A. 相关机构破产或清算时,基金销售结算资金不属于其破产或清算财产

    B. 是在基金投资人结算账户和基金托管账户之间划转的基金申购(认购)、赎回、现金分红等资金

    C. 基金销售机构在自身流动性不足时可临时借用基金销售结算资金

    D. 是基金投资人的交易结算资金,不得归入基金销售机构的自有资金

【答案】 C 【解析】基金销售结算资金是基金投资人的交易结算资金,涉及基金销售结算专用账户开立、使用、监督的机构不得将基金销售结算资金归入其自有财产。禁止任何单位或个人以任何形式挪用基金销售结算资金。选项 C 说法错误。

第三节 基金销售机构的销售理论、方式与策略

一、基金销售机构的销售理论(掌握)

项 目	内 容
4Ps 理论	(1)产品策略:把产品的特色摆在首位,要求产品有独特的卖点。 (2)分销策略:基金公司通过分销商、经销商与客户进行交易,重点是培育分销商和建立销售网络。 (3)促销策略:基金公司改变销售行为来激励购买,以短期的行为吸引客户。 (4)价格策略:基金公司可根据资金量和持有期限等因素,设置不同的费率结构。
基金行业运用 4Ps 理论时的特殊性	(1)规范性:基金销售机构在制定产品策略和促销策略时,需要严格遵守监管部门的规定。 (2)服务性:基金销售机构不仅要注重产品、分销和促销,还必须重视高质量的服务、品牌的形象宣传。 (3)专业性:基金销售对营销人员的专业水平有更高的要求,要求营销人员广泛了解和掌握相关金融知识和投资工具。 (4)持续性:基金营销更强调销售服务的持续性。 (5)适用性:基金销售应坚持投资人利益优先的原则,把适当的产品卖给合适的投资人。 **记忆关键词:**规范;服务;专业;持续;适用

考查概率:60%。在考试中所占分值约为 1 分。

命题角度:基金行业运用 4Ps 理论时的特殊性。

本考点考查得较为简单,一般会直接考查基金行业运用 4Ps 理论时的五大特殊性。

• 母题精选

【单选题】基金市场营销的特殊性体现在( )。

    A. 安全性   B. 稳定性   C. 适用性   D. 全面性

【答案】 C 【解析】基金市场营销的特殊性体现在规范性、服务性、专业性、持续性和适用性五个方面。

二、基金销售机构的销售方式（了解）

考查概率：0。在考试中本考点基本未考查。考生只需了解即可，不做重点要求。

项 目	内 容
直销与代销方式的比较	<table>...</table>

项 目	直销方式	代销方式
基金产品	仅销售一家基金公司的产品。	可同时销售多家基金公司的产品。
销售人员	专业性较强。	专业知识、产品特性等掌握程度较低。
销售网络	推广效果有限。	受众范围广，推广效果好。
客户关系	更容易发现产品和服务方面的不足，易于建立双向持久的联系，提高忠诚度。	有广泛的客户基础，和客户有全面的业务联系，可以提供多样化的客户服务。
营销成本	基金公司承担固定成本，针对特定目标客户可以大幅降低营销成本。	有业绩才有佣金，基金公司对渠道的竞争提高了代销成本。

我国不同主体基金销售方式的优劣势

（1）基金公司直销。

①优势：基金公司重视力度和投入较大；熟悉自身产品，重视资讯；购买费率较低。

②劣势：只能销售自己的产品，客户如果通过直销渠道购买多家公司产品，需要开立多个账户，不方便进行管理。产品相对单一，较难给予客户全面的配置建议。

（2）银行代销。

①优势：银行有庞大的客户基础；基金产品全面；网点众多，便于传统客户实地交易和咨询；客户经理制度日渐完善，较多考虑客户利益。

②劣势：基金业务只是银行中间业务的一部分，银行客户经理难以专注于基金销售。

（3）证券公司代销。

①优势：传统股票投资者易于转为基金投资者；网点较多，便于传统客户交易买卖；客户经理专业水平相对较高，服务也较好。

②劣势：主营业务是股票经纪，股票经纪客户向基金投资者转化的动力不足。

（4）独立第三方销售公司。

①优势：销售各种基金产品，打造基金超市，客户多样化；除基金销售外，业务领域也在不断发展。发起人或主要管理人来源多样，对行业的理解和把握能力差别大。客户可得到相对客观的信息和投资建议及优质服务。

②劣势：起步较晚，各类第三方销售机构之间存在较大的差距。

（5）新兴的互联网金融渠道。

①优势：投资便利度高、产品投资门槛低、附加功能丰富，将广大用户领进了基金投资领域。

②劣势：发展时间短，存在政策、技术等多重风险，且品种多为货币基金，较为单一；销售专业度不足。

三、我国的基金销售策略(了解)

考查概率:0。在考试中本考点基本未考查。考生只需了解即可,不做重点要求。

项　目	内　容
产品策略	(1)现状。根据客户需求,创新和销售多样化产品: ①开放式基金已经构建起了一条包括货币市场基金、债券基金、混合基金、股票基金等在内的风险从低到高的产品线。 ②ETF、LOF、分级基金、浮动费率基金等创新产品大大丰富了基金的产品线。 (2)不足:产品设计同质化、市场细分不到位、产品定位不明确等问题严重,投资者无法根据自身需求选择最优的基金产品。
价格策略	(1)现状:采取多种费率结构相结合的方式,针对不同的投资者设计不同的费率结构,通过对费率结构的异质化设定树立品牌的营销策略。 (2)价格调节手段:包括首次认申购客户的费用折扣、后端收费模式、对同一基金设计不同的收费结构和结算模式、设计费用优惠政策等。
渠道策略	(1)现状:我国基金销售的渠道还是较为单一,以银行和券商代销为主,基金销售的营销成本较高。 (2)基金销售机构一方面要巩固现有渠道,另一方面还需要引进多样化的营销渠道,拓宽销售渠道的广度和深度,并对各种渠道进行有效地管理,组成一个功能互补、效益最大化的渠道网络,服务各个不同的细分市场。
促销策略	(1)现状:基金销售机构采取多种促销手段与投资者进行交流沟通,包括报刊广告、网络宣传、电台广告、平面广告、派发各种宣传资料、基金产品推介会、费率打折、产品组合营销、基金拆分、大比例分红等。 (2)不足:基金销售机构往往重首发而轻持续营销,而且普遍缺乏整体促销战略,促销手段比较简单,大都停留在以媒体推广为主的阶段,促销的策略性、系统性、目标性尚待提高。

章节练习

扫描"章节练习"旁边的二维码或打开 http://cj.ek100.cn/ 即可进入智能题库进行章节练习。

第九章　基金销售行为规范及信息管理

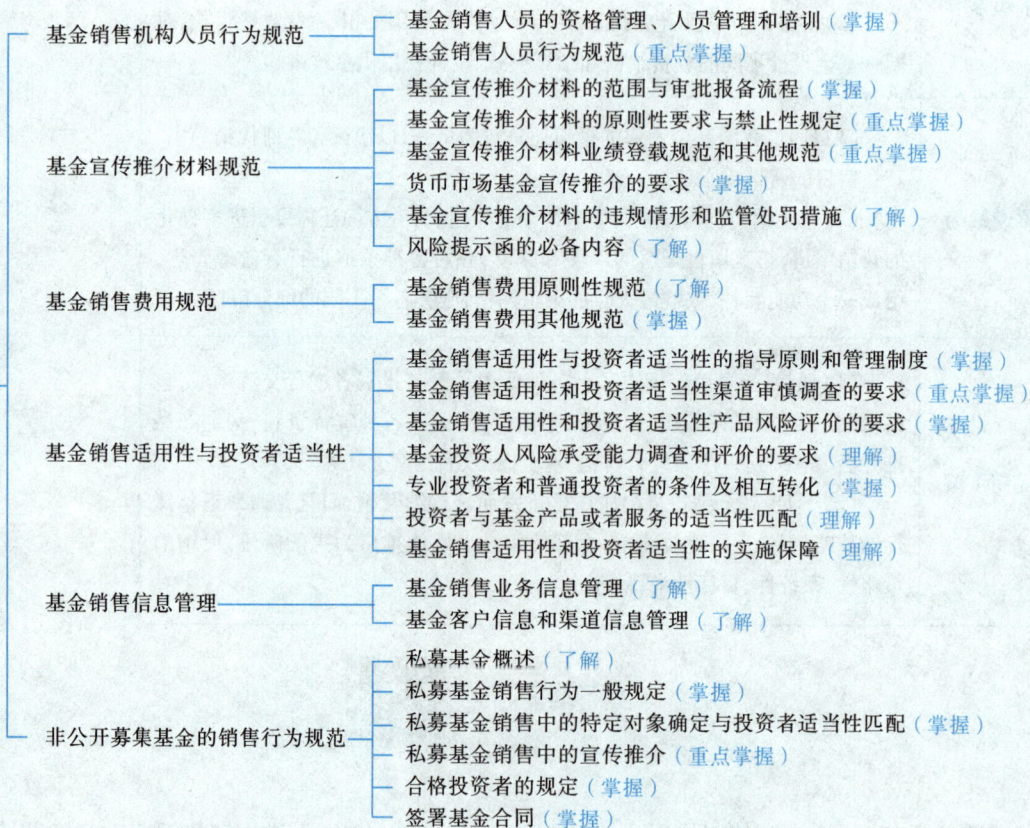

● 本章应试分析

　　本章主要分六节介绍基金销售行为规范及信息管理的相关内容,包括基金销售机构人员行为规范、基金宣传推介材料规范、基金销售费用规范、基金销售适用性与投资者适当性、基金销售信息管理,以及非公开募集基金的销售行为规范等。本章在考试中所占分值为9分~10分,所占分值较高,属于重点章节。整体来说,内容非常多,且整体难度较大。考生应当结合学习要求,有侧重点地进行学习,并多做练习巩固所学内容。

● 思维导图

基金销售行为规范及信息管理
- 基金销售机构人员行为规范
  - 基金销售人员的资格管理、人员管理和培训(掌握)
  - 基金销售人员行为规范(重点掌握)
- 基金宣传推介材料规范
  - 基金宣传推介材料的范围与审批报备流程(掌握)
  - 基金宣传推介材料的原则性要求与禁止性规定(重点掌握)
  - 基金宣传推介材料业绩登载规范和其他规范(重点掌握)
  - 货币市场基金宣传推介的要求(掌握)
  - 基金宣传推介材料的违规情形和监管处罚措施(了解)
  - 风险提示函的必备内容(了解)
- 基金销售费用规范
  - 基金销售费用原则性规范(了解)
  - 基金销售费用其他规范(掌握)
- 基金销售适用性与投资者适当性
  - 基金销售适用性与投资者适当性的指导原则和管理制度(掌握)
  - 基金销售适用性和投资者适当性渠道审慎调查的要求(重点掌握)
  - 基金销售适用性和投资者适当性产品风险评价的要求(掌握)
  - 基金投资人风险承受能力调查和评价的要求(理解)
  - 专业投资者和普通投资者的条件及相互转化(掌握)
  - 投资者与基金产品或者服务的适当性匹配(理解)
  - 基金销售适用性和投资者适当性的实施保障(理解)
- 基金销售信息管理
  - 基金销售业务信息管理(了解)
  - 基金客户信息和渠道信息管理(了解)
- 非公开募集基金的销售行为规范
  - 私募基金概述(了解)
  - 私募基金销售行为一般规定(掌握)
  - 私募基金销售中的特定对象确定与投资者适当性匹配(掌握)
  - 私募基金销售中的宣传推介(重点掌握)
  - 合格投资者的规定(掌握)
  - 签署基金合同(掌握)

● 名师同步精讲

第一节　基金销售机构人员行为规范

视频讲解　微信扫描

名师指导

一、基金销售人员的资格管理、人员管理和培训（掌握）

项　目	内　容
基金销售人员的资格管理	（1）《中国证券投资基金业协会证券投资基金销售人员职业守则》规定，基金销售人员应当具备从事基金销售活动所必需的法律法规、金融、财务等专业知识和技能，并根据有关规定取得基金业协会认可的从业资格。基金销售人员应当自觉遵守法律法规和所在机构的业务制度，忠于职守，规范服务，自觉维护所在机构及行业的声誉，保护投资者的合法利益。 （2）负责基金销售业务的管理人员应取得基金从业资格，并由所在机构进行执业注册登记。 （3）从事基金宣传推介、基金理财业务咨询等活动的人员应取得基金销售业务资格，并由所在机构进行执业注册登记。 未经基金管理人或者基金销售机构聘任，任何人员不得从事基金销售活动。
基金销售人员的管理	《证券投资基金销售机构内部控制指导意见》规定，基金销售机构应建立科学的聘用、培训、考评、晋升、淘汰等人力资源管理制度，确保基金销售人员具备与岗位要求相适应的职业操守和专业胜任能力。 （1）基金销售机构应完善销售人员招聘程序，明确资格条件，审慎考察应聘人员。 （2）基金销售机构应加强对销售人员的日常管理，建立管理档案，对销售人员行为、诚信、奖惩等方面进行记录。 （3）基金销售机构应建立科学合理的销售绩效评价体系，健全激励约束机制。 （4）基金销售机构对基金销售人员的销售行为、流动情况、获取从业资质和业务培训等进行日常管理，建立健全基金销售人员管理档案，登记基金销售人员的基本资料和培训情况等。 （5）基金销售机构应通过网络或其他方式向社会公示本机构所属的取得基金销售从业资质的人员信息。
基金销售人员的培训	（1）基金销售机构为通过基金业协会资质考核并获得基金销售资格的基金销售人员，统一办理执业注册、后续培训和执业年检。 （2）基金销售机构应建立员工培训制度，通过培训、考试等方式，确保员工理解和掌握相关法律法规和规章制度。员工培训应符合基金行业自律机构，即基金业协会的相关要求，培训情况应记录并存档。 （3）基金销售机构组织已获得基金销售资格的从业人员参与基金销售相关的职业培训。

👍 考查概率：80%。在考试中所占分值约为1分。

💡 命题角度：①负责基金销售业务的管理人员执业的条件。②基金销售人员的管理。③基金销售人员的培训。

💡 本书中的"基金销售人员"是指基金管理公司、基金管理公司委托的基金销售机构中从事宣传推介基金、发售基金份额、办理基金份额申购和赎回等相关活动的人员。

• 母题精选

【单选题】关于基金销售从业人员管理，以下表述错误的是(   )。

A. 销售人员培训情况应当记录并存档

B. 销售机构应记录销售人员的行为、诚信、奖惩情况

C. 销售人员应个人进行执业注册登记

D. 销售人员的流动情况应纳入销售机构的日常管理

【答案】 C 【解析】基金销售机构为通过基金业协会资质考核并获得基金销售资格的基金销售人员，统一办理执业注册。选项 C 表述错误。

二、基金销售人员行为规范(重点掌握)

项 目	内 容
应当遵守的基本行为规范	《中国证券投资基金业协会证券投资基金销售人员职业守则》规定，基金销售人员应当遵守的基本行为规范包括以下内容。 (1)在与投资者交往中应热情诚恳、稳重大方、语言和行为举止文明礼貌。 (2)在向投资者推介基金时应首先自我介绍并出示基金销售人员身份证明及从业资格证明。 (3)在向投资者推介基金时应征得投资者的同意，如投资者不愿或不便接受推介，基金销售人员应尊重投资者的意愿。 (4)在向投资者进行基金宣传推介和销售服务时，应公平对待投资者。 (5)对其所在机构和基金产品进行宣传应符合中国证监会和其他部门的相关规定。 (6)分发或公布的基金宣传推介材料应为基金销售机构统一制作的材料。 (7)在为投资者办理基金开户手续时，应严格遵守《证券投资基金销售机构内部控制指导意见》的有关规定，并注意：①有效识别投资者身份。②向投资者提供《投资人权益须知》。③向投资者介绍基金销售业务流程、收费标准及方式、投诉渠道等。④了解投资者的投资目标、风险承受能力、投资期限和流动性要求。 (8)应根据投资者的目标和风险承受能力推荐基金品种，并客观介绍基金的风险收益特征，明确提示投资者注意投资基金的风险。 (9)应当积极为投资者提供售后服务，回访投资者，解答投资者的疑问。 (10)应当耐心倾听投资者的意见、建议和要求，并根据投资者的合理意见改进工作，如有需要应立即向所在机构报告。 (11)应当自觉避免其个人及其所在机构的利益与投资者的利益冲突，当无法避免时，应当确保投资者的利益优先。 记忆关键词：自我介绍；尊重；公平对待；统一制作
禁止性规范	《中国证券投资基金业协会证券投资基金销售人员职业守则》规定，基金销售人员禁止性规范包括以下内容。 (1)对基金产品的陈述、介绍和宣传，应当与基金合同、招募说明书等相符，不得进行虚假或误导性陈述，或者出现重大遗漏。

考查概率：100%。在考试中所占分值为1分~2分。

命题角度：①基金销售人员应当遵守的基本行为规范。②基金销售人员禁止性规范。

本考点内容非常重要，是历次考试的必考点，经常会将基金销售人员应当遵守的基本行为规范与禁止性规范的内容结合起来一起考查，考生应当重点掌握。

续 表

项 目	内 容
禁止性规范	（2）在陈述所推介基金或同一基金管理人管理的其他基金的过往业绩时,应当客观、全面、准确,并提供业绩信息的原始出处,不得片面夸大过往业绩,也不得预测所推介基金的未来业绩。 （3）应向投资者表明,所推介基金的过往业绩并不预示其未来表现,同一基金管理人管理的其他基金的业绩并不构成所推介基金业绩表现的保证。 （4）应当引导投资者到基金管理公司、其他基金销售机构的销售网点、网上交易系统或其他经监管部门核准的合法渠道办理开户、基金认购、申购、赎回等业务手续,不得接受投资者的现金,不得以个人名义接受投资者的款项。 （5）应当按照基金合同、招募说明书以及基金销售业务规则的规定为投资者办理基金认购、申购、赎回等业务,不得擅自更改投资者的交易指令,无正当理由不得拒绝投资者的交易要求。 （6）获得投资者提供的开户资料和基金交易等相关资料后,应及时交所在机构建档保管,并依法为投资者保守秘密,不得泄露投资者买卖、持有基金份额的信息及其他相关信息。 （7）在向投资者办理基金销售业务时,应当按照基金合同、招募说明书和发行公告等销售法律文件的规定代扣或收取相关费用,不得收取其他额外费用,也不得对不同投资者违规收取不同费率的费用。 （8）从事基金销售活动中不得有下列情形: ①在销售活动中为自己或他人牟取不正当利益。②违规向他人提供基金未公开的信息。③诋毁其他基金、销售机构或销售人员。④散布虚假信息,扰乱市场秩序。⑤同意或默许他人以其本人或所在机构的名义从事基金销售业务。⑥违规接受投资者全权委托,直接代理客户进行基金认购、申购、赎回等交易。⑦违规对投资者做出盈亏承诺,或与投资者以口头或书面形式约定利益分成或亏损分担。⑧承诺利用基金资产进行利益输送。⑨以账外暗中给予他人财物或利益,或接受他人给予的财物或利益等形式进行商业贿赂。⑩挪用投资者基金销售结算资金或基金份额。⑪从事其他任何可能有损其所在机构和基金业声誉的行为。

● 母 题 精 选

【单选题】下列关于基金销售人员基金行为规范的说法,不正确的是( )。

A. 基金销售人员在向投资者推介基金时应首先自我介绍并出示基金销售人员身份证明及从业资格证明

B. 基金销售人员在向投资者进行基金宣传推介和销售服务时,应公平对待投资者

C. 基金销售人员对其所在机构和基金产品进行宣传应符合中国证监会和其他部门的相关规定

D. 基金销售人员推介基金时,如投资者不愿或不便接受推介,基金销售人员应努力尽量多次尝试推介

【答案】 D 【解析】基金销售人员在向投资者推介基金时应征得投资者的同意,如投资者不愿或不便接受推介,基金销售人员应尊重投资者的意愿。选项 D 说法不正确。

【单选题】基金从业人员在宣传、推介和销售基金产品时,应当客观、全面、准确地向投资者推介基金产品,下列不符合基金销售人员行为规范的是( )。

Ⅰ.提示投资风险　　　　　　　　　　Ⅱ.提供基金未公开的信息

Ⅲ.承诺或约定利益分成或亏损分担　　Ⅳ.预测所推介基金的未来业绩

　　　A.Ⅱ、Ⅲ、Ⅳ　　　B.Ⅰ、Ⅱ、Ⅳ　　　C.Ⅰ、Ⅱ、Ⅲ　　　D.Ⅰ、Ⅱ、Ⅲ、Ⅳ

【答案】 A　**【解析】**在宣传销售基金产品时,基金从业人员应当如实告知投资人可能影响其利益的重要情况,正确向其揭示投资风险,不得做出不当承诺或者保证。第Ⅰ项表述正确;第Ⅲ项表述错误。基金从业人员禁止违规向他人提供基金未公开的信息,第Ⅱ项表述错误;基金从业人员在陈述所推介基金或同一基金管理人管理的其他基金的过往业绩时,不得片面夸大过往业绩,也不得预测所推介基金的未来业绩,第Ⅳ项表述错误。选项A正确。

第二节　基金宣传推介材料规范

视频讲解　微信扫描

一、基金宣传推介材料的范围与审批报备流程(掌握)

👍 **考查概率:80%。**在考试中所占分值约为1分。

命题角度:宣传推介材料的审批报备流程。

💡通过报眼以及报花广告、公共网站链接广告、传真、短信、非指定信息披露媒体上刊发的与基金分红、销售相关的公告等可以使公众普遍获得的、带有广告性质的基金销售信息也属于基金宣传推介材料。

项　目	内　容
宣传推介材料的范围	《证券投资基金销售管理办法》规定,基金宣传推介材料是指为推介基金向公众分发或者公布,使公众可以普遍获得的书面、电子或者其他介质的信息,包括以下内容。 ①公开出版资料。②宣传单、手册、信函、传真、非指定信息披露媒体上刊发的与基金销售相关的公告等面向公众的宣传资料。③海报、户外广告。④电视、电影、广播、互联网资料、公共网站链接广告、短信及其他音像、通信资料。⑤中国证监会规定的其他材料。
宣传推介材料的审批报备流程	(1)基金管理人的基金宣传推介材料:事先经基金管理人负责基金销售业务的高级管理人员和督察长检查,出具合规意见书,并自向公众分发或者发布之日起五个工作日内报主要经营活动所在地中国证监会派出机构备案。 (2)其他基金销售机构的基金宣传推介材料:事先经基金销售机构负责基金销售业务和合规的高级管理人员检查,出具合规意见书,并自向公众分发或者发布之日起五个工作日内报工商注册登记所在地中国证监会派出机构备案。 (3)基金管理公司和基金代销机构制作、分发或公布基金宣传推介材料应当按照以下规定的要求报送材料报告。 ①报备内容:基金宣传推介材料的形式和用途说明、基金宣传推介材料、基金管理公司督察长出具的合规意见书、基金托管银行出具的基金业绩复核函或基金定期报告中相关内容的复印件、有关获奖证明的复印件。基金管理公司和基金代销机构负责基金营销业务的高级管理人员出具的合规性复核意见。 ②报送形式:书面形式。 ③报送流程:基金管理公司和基金代销机构在分发或公布基金宣传推介材料之日起五个工作日内将报告材料递交给主要办公场所所在地证监局。

母题精选

【单选题】 某基金公司在其门户网站上发布新基金宣传材料,关于此新基金的宣传材料以下表述错误的是(　　)。

Ⅰ.该材料事先经督察长检查,并出具合规意见书即可,无须再向当地中国证监会派出机构备案

Ⅱ.该材料与基金合同、基金招募说明书相符,无须再向当地中国证监会派出机构备案

Ⅲ.该材料应当含有明确的风险提示和警示性文字,应向当地中国证监会派出机构备案

Ⅳ.该材料预测基金的投资收益,应向当地中国证监会派出机构备案

　　　A.Ⅰ、Ⅱ、Ⅳ　　　　　B.Ⅰ、Ⅱ、Ⅲ　　　C.Ⅱ、Ⅲ、Ⅳ　　　　D.Ⅰ、Ⅱ、Ⅲ、Ⅳ

【答案】 A **【解析】** 基金管理人的基金宣传推介材料,应当事先经基金管理人负责基金销售业务的高级管理人员和督察长检查,出具合规意见书,并自向公众分发或者发布之日起五个工作日内报主要经营活动所在地中国证监会派出机构备案。第Ⅰ、Ⅱ项表述错误;基金宣传推介材料应当含有明确、醒目的风险提示和警示性文字,以提醒投资人注意投资风险,仔细阅读基金合同和基金招募说明书,了解基金的具体情况。第Ⅲ项表述正确;基金宣传材料禁止预测基金的投资业绩。第Ⅳ项表述错误。

【单选题】 基金宣传推介材料要求报备的内容不包括(　　)。

　　　A.基金管理公司督察长出具的合规意见书　　B.基金管理公司高级管理人员合规性复核意见

　　　C.基金托管银行出具的基金业绩复核函　　　D.基金评价机构出具的业绩表现报告

【答案】 D **【解析】** 基金宣传推介材料要求报备的内容包括:基金宣传推介材料的形式和用途说明、基金宣传推介材料、基金管理公司督察长出具的合规意见书、基金托管银行出具的基金业绩复核函或基金定期报告中相关内容的复印件、有关获奖证明的复印件、基金管理公司和基金代销机构负责基金营业业务的高级管理人员出具的合规性复核意见。选项D错误。

二、基金宣传推介材料的原则性要求与禁止性规定(重点掌握)

项　目	内　容
原则性要求	(1)《证券投资基金销售管理办法》规定,基金销售机构应当对其制作的基金宣传推介材料的内容负责,保证其内容的合规性,并确保向公众分发、公布的材料与备案的材料一致。 (2)《关于证券投资基金宣传推介材料监管事项的补充规定》规定,基金管理公司和基金代销机构应当在基金宣传推介材料中加强对投资人的教育和引导,积极培养投资人的长期投资理念,注重对行业公信力及公司品牌、形象的宣传,避免利用通过大比例分红等降低基金单位净值来吸引基金投资人购买基金的营销手段,或对有悖基金合同约定的暂停、打开申购等营销手段进行宣传。
禁止性规定	(1)《证券投资基金销售管理办法》规定,基金宣传推介材料必须真实、准确,与基金合同、基金招募说明书相符,不得有下列情形。 ①虚假记载、误导性陈述或者重大遗漏。②预测基金的证券投资业绩。③违规承诺收益或者承担损失。④诋毁其他基金管理人、基金托管人或者基金销售机构,或者其他基金管理人募集或者管理的基金。⑤夸大或者片面宣传基金,违规使用安全、保证、承诺、保险、避险、有保障、高收益、无风险等可

考查概率:100%。在考试中所占分值为1分~2分。

命题角度: ①基金宣传推介材料的原则性要求。②基金宣传推介材料的禁止性规定。

本考点内容非常重要,备受历次考试的青睐,考生需要认真学习并掌握所学知识。基金宣传推介材料的禁止性规定与基金销售人员的禁止性规范有相似之处,考生可将两者结合起来学习,并注意区分。

续 表

项 目	内 容
禁止性规定	能使投资人认为没有风险的或者<u>片面强调集中营销时间限制</u>的表述。⑥<u>登载单位或者个人的推荐性文字</u>。⑦中国证监会规定的其他情形。 （2）《关于证券投资基金宣传推介材料监管事项的补充规定》规定，基金宣传推介材料所使用的语言表述应当准确清晰，应当特别注意： ①在缺乏足够证据支持的情况下，不得使用"业绩稳健""业绩优良""名列前茅""位居前列""首只""最大""最好""最强""唯一"等表述。 ②不得使用"坐享财富增长""安心享受成长""尽享牛市"等易使基金投资人忽视风险的表述。<u>③不得使用"欲购从速""申购良机"等片面强调集中营销时间限制的表述。④不得使用"净值归一"等误导基金投资人的表述。</u>

● 母题精选

【单选题】关于基金宣传推介材料的原则性要求，正确的是（　　）。

Ⅰ．内容的合规性，与基金合同的一致性

Ⅱ．加强对投资者的教育和引导，培养长期投资理念

Ⅲ．为保护投资者利益，应披露完整的基金业绩数据

Ⅳ．应引用专业人士准确地推荐评价报告

　　A．Ⅰ、Ⅲ、Ⅳ　　　　B．Ⅰ、Ⅱ、Ⅲ　　　　C．Ⅰ、Ⅱ、Ⅳ　　　　D．Ⅰ、Ⅱ、Ⅲ、Ⅳ

【答案】 B 【解析】基金宣传推介材料中禁止登载单位或者个人的推荐性文字。第Ⅳ项做法不正确。

【单选题】某基金宣传材料有如下内容："基金单位净值达到1.110后开放申购，基金公司销售人员向投资者承诺基金会净值归一，以便投资者在同一起跑线上享受投资收益，预购从速。"以下表述正确的是（　　）。

　　A．不可以使用"预购从速"强调集中营销的表述

　　B．净值归一符合保护投资者原则

　　C．销售人员的承诺不属于业绩承诺，不构成违规承诺

　　D．在不损害投资者权益的前提下，可以使用净值归一作为基金推介方式

【答案】 A 【解析】基金宣传推介材料所使用的语言表述应当准确清晰，应当特别注意不得使用"欲购从速""申购良机"等片面强调集中营销时间限制的表述；不得使用"净值归一"等误导基金投资人的表述。选项A表述正确；选项B、D表述错误；基金销售人员不得违规对投资者做出盈亏承诺，选项C表述错误。

三、基金宣传推介材料业绩登载规范和其他规范（重点掌握）

👍考查概率：100%。
在考试中所占分值为1分~2分。
命题角度：①基金宣传推介材料登载过往业绩的要求。②基金宣传推介材料的其他规范。

项 目	内 容
宣传推介材料的业绩登载规范	（1）《证券投资基金销售管理办法》规定，基金宣传推介材料<u>可以登载该基金、基金管理人管理的其他基金的过往业绩</u>，但基金合同生效<u>不足6个月</u>的除外。基金宣传推介材料登载过往业绩的，应当符合以下要求： ①基金合同生效6个月以上但不满一年的，应当登载从合同生效之日起计算的业绩。②基金合同<u>生效一年以上但不满10年的</u>，应当登载自合同生效当年开始所有完整会计年度的业绩，宣传推介材料<u>公布日在下半年的</u>，

续　表

项　目	内　容
宣传推介材料的业绩登载规范	还应当登载当年上半年度的业绩。③基金合同生效10年以上的,应当登载最近10个完整会计年度的业绩。④业绩登载期间,基金合同中投资目标、投资范围和投资策略发生改变的,应当予以特别说明。 　　(2)《证券投资基金销售管理办法》规定,基金宣传推介材料登载该基金、基金管理人管理的其他基金的过往业绩,应当遵守下列规定。 　　①按照规定计算基金的业绩表现数据。②引用的统计数据和资料应当真实、准确,并注明出处,不得引用未经核实、尚未发生或者模拟的数据。③真实、准确、合理地表述基金业绩和基金管理人的管理水平。登载基金过往业绩的,应当特别声明,基金的过往业绩并不预示其未来表现,基金管理人管理的其他基金的业绩并不构成基金业绩表现的保证。
基金宣传推介材料的其他规范	(1)基金宣传推介材料附有统计图表的,应当清晰、准确。 　　(2)基金宣传推介材料提及基金评价机构评价结果的,应当符合中国证监会关于基金评价结果引用的相关规范,并应当列明基金评价机构的名称及评价日期。 　　(3)基金宣传推介材料登载基金管理人股东背景时,应当特别声明基金管理人与股东之间实行业务隔离制度,股东并不直接参与基金财产的投资运作。 　　(4)基金宣传推介材料中推介货币市场基金的,应当提示基金投资人,购买货币市场基金并不等于将资金作为存款存放在银行或者存款类金融机构。 　　(5)基金宣传材料中推介避险策略基金的,应当充分揭示避险策略基金的风险,说明投资者投资于避险策略基金并不等于将资金作为存款存放在银行或者存款类金融机构,并说明避险策略基金在极端情况下仍然存在本金损失的风险。 　　(6)基金宣传推介材料应当含有明确、醒目的风险提示和警示性文字,以提醒投资人注意投资风险,仔细阅读基金合同和基金招募说明书,了解基金的具体情况。电视、电影、互联网资料、公共网站链接形式的宣传推介材料应当包括为时至少5秒的影像显示,提示投资人注意风险并参考该基金的销售文件。电台广播应当以旁白形式表达上述内容。 　　(7)基金宣传推介材料含有基金获中国证监会核准内容的,应当特别声明中国证监会的核准并不代表中国证监会对该基金的风险和收益做出实质性判断、推荐或者保证。

● 母 题 精 选

【单选题】基金宣传推介材料禁止使用(　　)。

A.基金合同生效不足6个月的基金业绩　　B.基金合同生效10年以上的基金业绩

C.基金管理人管理的其他基金过往业绩　　D.以证券市场有代表性的指数模拟历史业绩

【答案】A　【解析】基金宣传推介材料可以登载该基金、基金管理人管理的其他基金的过往业绩,但基金合同生效不足6个月的除外。

【单选题】基金的宣传推介应当突出(　　)。

A."投资风险"　　　B."业绩稳健"　　　C."尽享牛市"　　　D."有保障、高收益"

【答案】 A　**【解析】**基金宣传推介材料应当含有明确、醒目的风险提示和警示性文字,以提醒投资人注意投资风险。

四、货币市场基金宣传推介的要求(掌握)

项　目	内　容
货币市场基金宣传推介的规定	《货币市场基金监督管理办法》规定,货币市场基金宣传推介有如下规定。 (1)对于基金管理人的规定:应当列明投资者购买货币市场基金并不等于将资金作为存款存放在银行或者存款类金融机构,基金管理人不保证基金一定盈利,也不保证最低收益。 (2)对于基金管理人、基金销售机构在从事货币市场基金销售活动过程中的规定:应当按照有关法律法规规定制作宣传推介材料,规范宣传推介行为,充分揭示投资风险,不得承诺收益,不得夸大或者片面宣传货币市场基金的投资收益或者过往业绩。 (3)对于基金销售支付结算机构等相关机构开展与货币市场基金相关的业务推广活动的规定:应当事先征得合作基金管理人或者基金销售机构的同意,遵守相关法律法规的规定,不得混同、比较货币市场基金与银行存款及其他产品的投资收益,不得以宣传理财账户或者服务平台等名义变相从事货币市场基金的宣传推介活动。 (4)对于基金管理人、基金销售机构独立或者与互联网机构等其他机构合作开展货币市场基金互联网销售业务的规定:应当向投资人揭示提供基金销售服务的主体、投资风险以及销售的货币市场基金名称,不得以理财账户或者服务平台的名义代替基金名称。 (5)对于基金管理人、基金销售机构、基金销售支付结算机构以及互联网机构在从事或者参与货币市场基金销售过程中,向投资人提供快速赎回等增值服务的规定:应当充分揭示增值服务的业务规则,并采取有效的方式披露增值服务的内容、范围、权利和义务、费用及限制条件等信息,不得片面强调增值服务便利性,不得使用夸大或者虚假用语宣传增值服务。 (6)对于从事基金销售支付结算业务的非银行支付机构的规定:应当严格按照规定存放、使用、划转客户备付金,不得将客户备付金用于基金赎回垫支。

五、基金宣传推介材料的违规情形和监管处罚措施(了解)

项　目	内　容
使用基金宣传推介材料的违规情形	《关于证券投资基金宣传推介材料监管事项的补充规定》规定,基金管理公司或基金代销机构使用基金宣传推介材料的违规情形主要包括以下三种: (1)未履行报送手续。 (2)基金宣传推介材料和上报的材料不一致。 (3)基金宣传推介材料违反《证券投资基金销售管理办法》及本规定的其他情形。

👍 **考查概率:50%。** 在考试中所占分值约为1分。

命题角度:基金管理人、基金销售机构在从事货币市场基金销售活动过程中的规定。

💡 此处应注意,只有基金管理人、基金销售机构可以制作或发放与货币市场基金相关的宣传推介材料。其他机构或个人不得擅自制作或发放。

👍 **考查概率:0。** 在考试中本考点基本未考查。考生只需了解即可,不做重点要求。

续　表

项　目	内　容
对违规情形的监管处罚	中国证监会或地方证监局视违规程度依法采取以下行政监管或行政处罚措施。 ①提示基金管理公司或基金代销机构进行改正。②对基金管理公司或基金代销机构出具监管警示函。③对在6个月内连续两次被出具监管警示函仍未改正的基金管理公司或基金代销机构,该公司或机构在分发或公布基金宣传推介材料前,应当事先将材料报送中国证监会。④责令基金管理公司或基金代销机构进行整改、暂停办理相关业务、立案调查。⑤对直接负责的基金管理公司或基金代销机构高级管理人员和其他直接责任人员,采取监管谈话、出具警示函、记入诚信档案、暂停履行职务、认定为不适宜担任相关职务者等行政监管措施,或建议公司、机构免除有关高管人员的职务。

六、风险提示函的必备内容（了解）

👍 考查概率:0。在考试中本考点基本未考查。考生只需了解即可,不做重点要求。

项　目	内　容
风险提示函的必备内容	(1)投资人购买基金,既可能按其持有份额分享基金投资所产生的收益,也可能承担基金投资所带来的损失。 (2)基金在投资运作过程中可能面临各种风险,既包括市场风险,也包括基金自身的管理风险、技术风险和合规风险等。 (3)基金分为股票基金、混合基金、债券基金、货币市场基金等不同类型,投资人投资不同类型的基金将获得不同的收益预期,也将承担不同程度的风险。一般来说,基金的收益预期越高,投资人承担的风险也越大。 (4)投资人应当认真阅读《基金合同》《招募说明书》等基金法律文件,了解基金的风险收益特征,并根据自身的投资目的、投资期限、投资经验、资产状况等判断基金是否和投资人的风险承受能力相适应。 (5)投资人应当充分了解基金定期定额投资和零存整取等储蓄方式的区别。

第三节　基金销售费用规范

一、基金销售费用原则性规范（了解）

👍 考查概率:0。在考试中本考点基本未考查。考生只需了解即可,不做重点要求。

项　目	内　容
基金销售费用原则性规范	(1)《开放式证券投资基金销售费用管理规定》规定,基金管理人应当设定科学合理的基金销售费用结构和费率水平,不断完善基金销售信息披露,防止不正当竞争。 (2)《证券投资基金销售管理办法》规定,基金管理人应当在基金合同、招募说明书或者公告中载明收取销售费用的项目、条件和方式,在招募说明书或者公告中载明费率标准及费用计算方法。 (3)《开放式证券投资基金销售费用管理规定》规定,基金销售机构应当建立健全对基金销售费用的监督和控制机制,持续提高对基金投资人的服务质量,保证公平、有序、规范地开展基金销售业务。

二、基金销售费用其他规范(掌握)

项 目	内 容
基金销售费用其他规范	《开放式证券投资基金销售费用管理规定》规定,基金销售费用的其他规范包括以下内容。 (1)基金销售机构应当依据相关法律法规的要求,加强后台管理系统对费率的合规控制,强化对分支机构基金销售费用的统一管理和监督。 (2)基金销售机构应当按照基金合同和招募说明书的约定向投资人收取销售费用。 (3)基金管理人与基金销售机构应在基金销售协议及其补充协议中约定,双方在申购(认购)费、赎回费、销售服务费等销售费用的分成比例,并据此就各自实际取得的销售费用确认基金销售收入,如实核算、记账、依法纳税。 (4)基金销售机构销售基金管理人的基金产品前,应与基金管理人签订销售协议,约定支付报酬的比例和方式。基金管理人与基金销售机构可以在基金销售协议中约定依据销售机构销售基金的保有量提取一定比例的客户维护费,用以向基金销售机构支付客户服务及销售活动中产生的相关费用,客户维护费从基金管理费中列支。 (5)基金管理人和基金销售机构应当在基金销售协议中明确约定销售费用的结算方式和支付方式,除客户维护费外,不得就销售费用签订其他补充协议。 (6)基金销售机构在基金销售活动中,禁止有下列行为: ①在签订销售协议或销售基金的活动中进行商业贿赂。②以排挤竞争对手为目的,压低基金的收费水平。③未经公告擅自变更向基金投资人的收费项目或收费标准,或通过先收后返、财务处理等方式变相降低收费标准。④采取抽奖、回扣或者送实物、保险、基金份额等方式销售基金。⑤其他违反法律、行政法规的规定,扰乱行业竞争秩序的行为。 (7)基金管理人应当在招募说明书及基金份额发售公告中载明以下有关基金销售费用的信息内容。 ①基金销售费用收取的条件、方式、用途和费用标准。②以简单明了的格式和举例方式向投资人说明基金销售费用水平。③中国证监会规定的其他有关基金销售费用的信息事项。 (8)基金管理人应当在基金半年度报告和基金年度报告中披露从基金财产中计提的管理费、托管费、基金销售服务费的金额,并说明管理费中支付给基金销售机构的客户维护费总额。 (9)基金管理人应当在每季度的监察稽核报告中列明基金销售费用的具体支付项目和使用情况以及从管理费中支付的客户维护费总额。

👍 考查概率:60%。在考试中所占分值约为1分。

命题角度:①基金客户维护费的提取。②基金销售机构在基金销售活动中禁止的行为。③基金管理人应当在招募说明书及基金份额发售公告中载明的有关基金销售费用的信息内容。

💡 考生应注意,基金管理人不得向销售机构支付非以销售基金的保有量为基础的客户维护费,不得在基金销售协议之外支付或变相支付销售佣金或报酬奖励。

• 母 题 精 选

【单选题】根据基金销售费用规范,以下表述错误的是( )。

A. 客户维护费从基金管理费和基金销售服务费中列支

B. 除客户维护费外,基金管理人和基金销售机构不得就销售费用签订其他补充协议

C. 基金管理人与基金销售机构可以在基金销售协议中约定,依据销售机构销售基金的保有量提取一定比例的客户维护费

D. 基金管理人和基金销售机构应当在基金销售协议中明确约定销售费用的结算方式和支付方式

【答案】 A 【解析】客户维护费应当从基金管理费中列支。选项A表述错误。

第四节　基金销售适用性与投资者适当性

一、基金销售适用性与投资者适当性的指导原则和管理制度（掌握）

项　目	内　容
指导原则	《基金募集机构投资者适当性管理实施指引（试行）（征求意见稿）》规定,基金募集机构在实施投资者适当性的过程中应当遵循以下指导原则: (1)投资人利益优先原则:当自身利益与投资人的利益发生冲突时,应当优先保障投资人的合法利益。 (2)全面性原则:将适当性管理贯穿于基金销售的各个业务环节,并覆盖销售的全部基金产品或者服务。 (3)客观性原则:对基金管理人、基金产品或者服务和投资者的调查和评价,应当尽力做到客观准确,并作为基金销售人员向投资者推介合适基金产品或者服务的重要依据。 (4)及时性原则:投资者的风险承受能力评价应当至少每二年更新一次;基金产品或者服务的风险分级应当根据实际情况及时更新。 (5)有效性原则:通过建立科学的投资者适当性管理制度与方法,确保投资者适当性管理的有效执行。 (6)差异性原则:对投资者进行分类管理,对不同的投资者实施差别适当性管理,履行差别适当性义务。
管理制度	基金募集机构建立适当性管理制度,应当至少包括以下内容。 ①对基金管理人进行审慎调查的方式和方法。②对基金产品或者服务的风险等级进行设置、对基金产品或者服务进行风险评价的方式或方法。③对投资者进行分类的方法和程序、投资者转化的方法和程序。④对普通投资者风险承受能力进行调查和评价的方式和方法。⑤对基金产品或者服务和投资者进行匹配的方法。⑥投资者适当性管理的保障措施和风控制度。

考查概率:80%。 在考试中所占分值约为1分。

命题角度: 基金募集机构在实施投资者适当性的过程中应当遵循的六大指导原则。

本考点考查的难度不大,通常会直接考查六大原则,少数情况下会考查原则的具体解释,考生应牢记六大原则,并理解具体原则的含义即可。

● 母 题 精 选

【单选题】关于基金销售机构实施基金销售适用性的过程中应当遵循的原则,以下正确的是(　　　　)。

Ⅰ.投资人利益优先原则　　　　　　　Ⅱ.全面性原则
Ⅲ.客观性原则　　　　　　　　　　　Ⅳ.及时性原则

　　A.Ⅰ、Ⅱ、Ⅲ、Ⅳ　　　　　　　　　B.Ⅰ、Ⅲ、Ⅳ
　　C.Ⅱ、Ⅲ、Ⅳ　　　　　　　　　　　D.Ⅰ、Ⅱ、Ⅲ

【答案】A　【解析】基金销售机构在实施基金销售适用性的过程中应当遵循以下原则:①投资人利益优先原则。②全面性原则。③客观性原则。④及时性原则。⑤有效性原则。⑥差异性原则。

二、基金销售适用性和投资者适当性渠道审慎调查的要求（重点掌握）

项　目	内　容
审慎调查的要求	《证券投资基金销售适用性指导意见》对基金销售适用性和投资者适当性渠道审慎调查有如下要求。 （1）基金代销机构选择代销基金产品，应当对基金管理人进行审慎调查并做出评价；基金管理人在选择基金代销机构时，为确保基金销售适用性的贯彻实施，应当对基金代销机构进行审慎调查。 （2）基金代销机构推介基金管理人的重要依据包括基金管理人的诚信状况、经营管理能力、投资管理能力、产品设计能力和内部控制情况。 （3）基金管理人选择基金代销机构的重要依据包括基金代销机构的内部控制情况、信息管理平台建设、账户管理制度、销售人员能力和持续营销能力。 （4）开展审慎调查的依据：应当优先根据被调查方公开披露的信息进行；接受被调查方提供的非公开信息使用的，必须对信息的适当性实施尽职甄别。

考查概率：100%。在考试中所占分值为1分～2分。

命题角度：①基金代销机构推介基金管理人的重要依据。②基金管理人选择基金代销机构的重要依据。③开展审慎调查的依据。

💡本考点内容不多，但是非常重要，所有内容均需考生重点掌握。

● 母 题 精 选

【单选题】根据基金销售适用性要求，不属于基金销售机构推介基金管理人重要依据的是（　）。

A. 内部控制情况　　B. 投资管理能力　　C. 经营管理能力　　D. 股东背景

【答案】D　【解析】基金代销机构推介基金管理人的重要依据包括基金管理人的诚信状况、经营管理能力、投资管理能力、产品设计能力和内部控制情况。不包括选项D。

三、基金销售适用性和投资者适当性产品风险评价的要求（掌握）

项　目	内　容
风险等级	R1、R2、R3、R4和R5五个等级。
基金产品风险评价的依据	（1）《证券投资基金销售适用性指导意见》规定，基金产品风险评价应当至少依据以下四个因素： ①基金招募说明书所明示的投资方向、投资范围和投资比例。②基金的历史规模和持仓比例。③基金的过往业绩及基金净值的历史波动程度。④基金成立以来有无违规行为发生。 （2）《证券期货投资者适当性管理办法》规定，划分产品或者服务风险等级时应当综合考虑以下因素： ①流动性。②到期时限。③杠杆情况。④结构复杂性。⑤投资单位产品或者相关服务的最低金额。⑥投资方向和投资范围。⑦募集方式。⑧发行人等相关主体的信用状况。⑨同类产品或者服务过往业绩。⑩其他因素。
基金产品风险评价结果	基金产品的风险评价可以由基金销售机构的特定部门完成或者第三方的基金评级与评价机构提供。 基金产品风险评价结果是基金销售机构向基金投资人推介基金产品的重要依据。基金产品风险评价结果不是一成不变的，应当定期更新，过往的评价结果应当作为历史记录保存。

考查概率：80%。在考试中所占分值约为1分。

命题角度：①基金产品风险评价依据的因素。②基金产品风险评价结果。

💡根据相关法律法规的规定，基金销售机构所使用的基金产品风险评价方法及其说明，应当通过适当途径向基金投资人公开。

续　表

项　目	内　容
应审慎评估风险等级的情形	①存在本金损失的可能性,因杠杆交易等因素容易导致本金大部分或者全部损失的产品或者服务。②产品或者服务的流动变现能力,因无公开交易市场、参与投资者少等因素导致难以在短期内以合理价格顺利变现的产品或者服务。③产品或者服务的可理解性,因结构复杂、不易估值等因素导致普通人难以理解其条款和特征的产品或者服务。④产品或者服务的募集方式,涉及面广、影响力大的公募产品或者相关服务。⑤产品或者服务的跨境因素,存在市场差异、适用境外法律等情形的跨境发行或者交易的产品或者服务。⑥中国基金业协会认定的高风险产品或者服务。⑦其他有可能构成投资风险的因素。

● 母 题 精 选

【单选题】关于基金产品风险评价,说法错误的是(　　　)。

　　A.评价的结果应当定期更新

　　B.基金产品的风险评价可以由基金销售机构的特定部门完成

　　C.过往的评价结果应当作为历史保存

　　D.基金评价的方法应当保密

【答案】　D　【解析】基金销售机构所使用的基金产品风险评价方法及其说明,应当通过适当途径向基金投资人公开。选项 D 说法错误。

四、基金投资人风险承受能力调查和评价的要求(理解)

项　目	内　容
普通投资者风险承受能力的类型	(1)类型:C1、C2、C3、C4、C5。C1 含风险承受能力最低类别。 (2)风险承受能力最低的投资者指在 C1 中符合下列情况之一的自然人:①不具有完全民事行为能力。②没有风险容忍度或者不愿承受任何投资损失。③法律、行政法规规定的其他情形。 (3)划分五种类型时应考虑的因素:投资者的收入来源、资产状况、债务、投资知识和经验、风险偏好、诚信状况等。
基金投资人风险承受能力调查和评价的要求	(1)基金销售机构应当在基金投资人首次开立基金交易账户时或首次购买基金产品前对基金投资人的风险承受能力进行调查和评价;对已经购买了基金产品的基金投资人,基金销售机构也应当追溯调查、评价该基金投资人的风险承受能力。 基金投资人放弃接受调查的,基金销售机构应当通过其他合理的规则或方法评价该基金投资人的风险承受能力。 (2)基金销售机构可以采用当面、信函、网络或对已有的客户信息进行分析等方式对基金投资人的风险承受能力进行调查,并向基金投资人及时反馈评价的结果。

考查概率:40%。本考点考查相对较少。

命题角度:综合考查基金投资人风险承受能力调查和评价的要求。

在对基金投资人的风险承受能力进行调查和评价前,基金销售机构首先要做的是执行基金投资人身份认证程序,核查基金投资人的投资资格。

续 表

项 目	内 容
基金投资人风险承受能力调查和评价的要求	（3）对基金投资人进行风险承受能力调查，应当从调查结果中至少了解到基金投资人的以下情况。 ①投资目的。②投资期限。③投资经验。④财务状况。⑤短期风险承受水平。⑥长期风险承受水平。 （4）采用问卷等方式进行调查的，基金销售机构应当制定统一的问卷格式，同时应当在问卷的显著位置提示基金投资人在基金购买过程中注意核对自己的风险承受能力和基金产品风险的匹配情况。 （5）基金销售机构调查和评价基金投资人的风险承受能力的方法及其说明应当通过适当途径向基金投资人公开。 （6）基金销售机构应当定期或不定期地提示基金投资人重新接受风险承受能力调查，也可以通过对已有客户信息进行分析的方式更新对基金投资人的评价；过往的评价结果应当作为历史记录保存。

● 母 题 精 选

【单选题】关于基金投资人的风险承受能力调查和评价，以下表述错误的是（   ）。

A. 为保证所获得信息的真实性和准确性，基金销售就必须采用当面的形式对基金投资人进行风险承受能力调查

B. 基金销售机构应在投资人首次开立基金交易账户时或首次购买基金产品前对基金投资人进行风险承受能力调查和评价

C. 基金销售机构应对已经购买了基金产品的基金投资人进行风险承受能力的追溯调查和评价

D. 在对基金投资人的风险承受能力进行调查和评价之前，基金销售机构应当核查基金投资人的投资资格

【答案】 A 【解析】基金销售机构可以采用当面、信函、网络或对已有的客户信息进行分析等方式对基金投资人的风险承受能力进行调查，并向基金投资人及时反馈评价的结果。选项A表述错误。

五、专业投资者和普通投资者的条件及相互转化（掌握）

项 目	内 容
专业投资者	《证券期货投资者适当性管理办法》第八条规定，符合下列条件之一的是专业投资者。 （1）经有关金融监管部门批准设立的金融机构，包括证券公司、期货公司、基金管理公司及其子公司、商业银行、保险公司、信托公司、财务公司等；经行业协会备案或者登记的证券公司子公司、期货公司子公司、私募基金管理人。 （2）上述机构面向投资者发行的理财产品，包括但不限于证券公司资产管理产品、基金管理公司及其子公司产品、期货公司资产管理产品、银行理财产品、保险产品、信托产品、经行业协会备案的私募基金。 （3）社会保障基金、企业年金等养老基金，慈善基金等社会公益基金，合格境外机构投资者（QFII）、人民币合格境外机构投资者（RQFII）。 （4）同时符合下列条件的法人或者其他组织。 ①最近一年末净资产不低于2000万元。②最近一年末金融资产不低于1000万元。③具有二年以上证券、基金、期货、黄金、外汇等投资经历。

👍 考查概率：80%。在考试中所占分值约为1分。

命题角度：①专业投资者的条件。②普通投资者的条件。③普通投资者与专业投资者相互转化的条件。

💡 此处的"金融资产"是指银行存款、股票、债券、基金份额、资产管理计划、银行理财产品、信托计划、保险产品、期货及其他衍生产品等。

项　目	内　容
专业投资者	（5）同时符合下列条件的自然人。 ①金融资产不低于 500 万元，或者最近三年个人年均收入不低于 50 万元。②具有二年以上证券、基金、期货、黄金、外汇等投资经历，或者具有二年以上金融产品设计、投资、风险管理及相关工作经历，或者属于本条第（1）项规定的专业投资者的高级管理人员、获得职业资格认证的从事金融相关业务的注册会计师和律师。
普通投资者	（1）专业投资者之外的投资者为普通投资者。普通投资者在信息告知、风险警示、适当性匹配等方面享有特别保护。 （2）经营机构向普通投资者销售高风险产品或者提供相关服务，应当履行特别的注意义务，包括制定专门的工作程序，追加了解相关信息，告知特别的风险点，给予普通投资者更多的考虑时间，或者增加回访频次等。 （3）经营机构向普通投资者销售产品或者提供服务前，应当告知下列信息。 ①可能直接导致本金亏损的事项。②可能直接导致超过原始本金损失的事项。③因经营机构的业务或者财产状况变化，可能导致本金或者原始本金亏损的事项。④因经营机构的业务或者财产状况变化，影响客户判断的重要事由。⑤限制销售对象权利行使期限或者可解除合同期限等全部限制内容。⑥适当性匹配意见。 （4）禁止经营机构进行下列销售产品或者提供服务的活动。 ①向不符合准入要求的投资者销售产品或者提供服务。②向投资者就不确定事项提供确定性的判断，或者告知投资者有可能使其误认为具有确定性的意见。③向普通投资者主动推介风险等级高于其风险承受能力的产品或者服务。④向普通投资者主动推介不符合其投资目标的产品或者服务。⑤向风险承受能力最低类别的投资者销售或者提供风险等级高于其风险承受能力的产品或者服务。⑥其他违背适当性要求，损害投资者合法权益的行为。 （5）经营机构应当妥善处理适当性相关的纠纷，与投资者协商解决争议，采取必要措施支持和配合投资者提出的调解。 （6）经营机构通过营业网点向普通投资者进行规定的告知、警示，应当全过程录音或者录像；通过互联网等非现场方式进行的，经营机构应当完善配套留痕安排，由普通投资者通过符合法律、行政法规要求的电子方式进行确认。
专业投资者转化为普通投资者	符合以下规定的专业投资者，可以书面告知经营机构选择成为普通投资者，经营机构应当对其履行相应的适当性义务。 （1）同时符合下列条件的法人或者其他组织。 ①最近一年末净资产不低于 2000 万元。②最近一年末金融资产不低于 1000 万元。③具有二年以上证券、基金、期货、黄金、外汇等投资经历。 （2）同时符合下列条件的自然人。 ①金融资产不低于 500 万元，或者最近三年个人年均收入不低于 50 万元。②具有二年以上证券、基金、期货、黄金、外汇等投资经历，或者具有二年以上金融产品设计、投资、风险管理及相关工作经历，或者属于经有关金融监管部门批准设立的金融机构的专业投资者的高级管理人员、获得职业资格认证的从事金融相关业务的注册会计师和律师。

💡经营机构履行适当性义务时存在过错，造成投资者损失的，也应当依法承担相应法律责任。

续　表

项　目	内　容
普通投资者转化为专业投资者	（1）符合下列条件之一的普通投资者可以申请转化为专业投资者，但经营机构有权自主决定是否同意其转化。 ①最近一年末净资产不低于1000万元，最近一年末金融资产不低于500万元，且具有一年以上证券、基金、期货、黄金、外汇等投资经历的除专业投资者外的法人或其他组织。②金融资产不低于300万元或者最近三年个人年均收入不低于30万元，且具有一年以上证券、基金、期货、黄金、外汇等投资经历或者一年以上金融产品设计、投资、风险管理及相关工作经历的自然人投资者。 （2）普通投资者申请成为专业投资者应当以书面形式向经营机构提出申请并确认自主承担可能产生的风险和后果，提供相关证明材料。 （3）经营机构应当通过追加了解信息、投资知识测试或者模拟交易等方式对投资者进行谨慎评估，确认其符合前条要求，说明对不同类别投资者履行适当性义务的差别，警示可能承担的投资风险，告知申请的审查结果及其理由。

六、投资者与基金产品或者服务的适当性匹配（理解）

项　目	内　容
建立适当性匹配原则	基金募集机构要根据普通投资者风险承受能力和基金产品或者服务的风险等级建立以下适当性匹配原则。 ①C1型（含最低风险承受能力类别）普通投资者可以购买R1级基金产品或者服务。②C2型普通投资者可以购买R2级及以下风险等级的基金产品或者服务。③C3型普通投资者可以购买R3级及以下风险等级的基金产品或者服务。④C4型普通投资者可以购买R4级及以下风险等级的基金产品或者服务。⑤C5型普通投资者可以购买所有风险等级的基金产品或者服务。
基金募集机构向投资者销售基金产品或者服务时禁止出现的行为	基金募集机构向投资者销售基金产品或者服务时，禁止出现以下行为。 ①向不符合准入要求的投资者销售基金产品或者服务。②向投资者就不确定的事项提供确定性的判断，或者告知投资者有可能使其误认为具有确定性的判断。③向普通投资者主动推介风险等级高于其风险承受能力的基金产品或者服务。④向普通投资者主动推介不符合其投资目标的基金产品或者服务。⑤向风险承受能力最低类别的普通投资者销售风险等级高于其风险承受能力的基金产品或者服务。⑥其他违背适当性要求，损害投资者合法权益的行为。
普通投资者购买基金产品或服务的规定	（1）最低风险承受能力类别的普通投资者不得购买高于其风险承受能力的基金产品或者服务。 （2）基金募集机构在向普通投资者销售R5风险等级的基金产品或者服务时，应向其完整揭示以下事项。 ①基金产品或者服务的详细信息、重点特性和风险。②基金产品或者服务的主要费用、费率及重要权利、信息披露内容、方式及频率。③普通投资者可能承担的损失。④普通投资者投诉方式及纠纷解决安排。

考查概率：40%。本考点考查相对较少。

命题角度：①普通投资者风险承受能力和基金产品或者服务的风险等级的匹配性原则。②基金募集机构向投资者销售基金产品或者服务时禁止出现的行为。

此处应注意，普通投资者因遗产继承等特殊原因产生的基金份额转让，可以不受相关准入资格的限制。

续 表

项 目	内 容
普通投资者主动要求购买与之风险承受能力不匹配的基金产品或服务时应遵循的程序	普通投资者主动要求购买与之风险承受能力不匹配的基金产品或者服务的,基金销售要遵循以下程序。 　　①普通投资者主动向基金募集机构提出申请,明确表示要求购买具体的、高于其风险承受能力的基金产品或服务,并同时声明,基金募集机构及其工作人员没有在基金销售过程中主动推介该基金产品或服务的信息。②基金募集机构对普通投资者资格进行审核,确认其不属于风险承受能力最低类别投资者,也没有违反投资者准入性规定。③基金募集机构向普通投资者以纸质或电子文档的方式进行特别警示,告知其该产品或服务风险高于投资者承受能力。④普通投资者对该警示进行确认,表示已充分知晓该基金产品或者服务风险高于其承受能力,并明确做出愿意自行承担相应不利结果的意思表示。⑤基金募集机构履行特别警示义务后,普通投资者仍坚持购买该产品或者服务的,基金募集机构可以向其销售相关产品或者提供相关服务。
投资相关信息发生重大变化的规定	(1)投资者信息发生重大变化的,基金募集机构要及时更新投资者信息,重新评估投资者风险承受能力,并将调整后的风险承受能力告知投资者。 　　(2)基金募集机构销售的基金产品或者服务信息发生变化的,要及时依据基金产品或者服务风险等级划分参考标准,重新评估其风险等级。 　　(3)由于投资者风险承受能力或基金产品或者服务风险等级发生变化,导致投资者所持有基金产品或者服务不匹配的,基金募集机构要将不匹配情况告知投资者,并给出新的匹配意见。

七、基金销售适用性和投资者适当性的实施保障(理解)

项 目	内 容
基金销售机构保障基金销售适用性时的职责	(1)基金销售机构总部:负责制定与基金销售适用性相关的制度和程序,建立销售的基金产品池,在销售业务信息管理平台中建设并维护与基金销售适用性相关的功能模块。 　　(2)基金销售机构分支机构:在总部的指导和管理下实施与基金销售适用性相关的制度和程序。 　　(3)基金销售机构:①就基金销售适用性的理论和实践对基金销售人员实行专题培训。②建立对销售人员的考核、监督问责、培训等机制,规范销售人员履行投资者适当性职责。③建立健全普通投资者回访制度。④建立完备的投资者投诉处理体系,准确记录投资者的投诉内容。⑤每半年开展一次投资者适当性管理自查。自查可以采取现场、非现场及暗访相结合的方式进行,并形成自查报告留存备查。⑥制定基金产品和基金投资人匹配的方法。⑦在基金认购或申购申请中加入基金投资人意愿的声明内容。禁止基金销售机构违背基金投资人意愿向基金投资人销售与基金投资人风险承受能力不匹配的产品。 　　(4)中国证监会及其派出机构:在对基金销售活动进行现场检查时,有权对与基金销售适用性相关的制度建设、推广实施、信息处理和历史记录等进行询问或检查,发现存在问题的,可以对基金销售机构进行必要的指导。 　　(5)基金业协会:有权对基金销售适用性的执行情况进行自律管理。对匹配方案、警示告知资料、录音录像资料、自查报告等保存期限不得少于20年。

👍 考查概率:40%。本考点考查相对较少。
命题角度:不同主体对于保障基金销售适用性时的职责。

💡 基金销售机构建立健全普通投资者回访制度,回访内容包括但不限于以下信息:①受访人是否为投资者本人。②受访人是否已知晓基金产品或者服务的风险以及相关风险警示。③受访人是否已知晓自己的风险承受能力等级、购买的基金产品或者接受的服务的风险等级以及适当性匹配意见。④受访人是否知晓承担的费用以及可能产生的投资损失。⑤基金销售机构及其工作人员是否存在法规定的禁止行为。

第五节　基金销售信息管理

视频讲解　微信扫描

一、基金销售业务信息管理(了解)

考查概率：0。在考试中本考点基本未考查。考生只需了解即可，不做重点要求。

项　目	内　容
信息管理平台	《证券投资基金销售业务信息管理平台管理规定》规定，证券投资基金销售业务信息管理平台(以下简称"信息管理平台")，指基金销售机构使用的与基金销售业务相关的信息系统，主要包括前台业务系统、后台管理系统以及应用系统的支持系统。信息管理平台的建立和维护应当遵循安全性、实用性、系统化的原则。
前台业务系统	(1)含义：直接面对基金投资人，与基金投资人的交易活动直接相关的应用系统。 (2)分类。 ①辅助式前台系统：基金销售机构提供的，由具备相关资质要求的专业服务人员辅助基金投资人完成业务操作所必需的软件应用系统。 ②自助式前台系统：基金销售机构提供的，由基金投资人独自完成业务操作的应用系统，基金销售机构网点现场自助系统和通过互联网、电话、移动通信等非现场方式实现的自助系统均属于此类。 (3)前台业务系统应当具备的功能。 ①通过与后台管理系统的网络连接，实现各项业务功能。②为基金投资人以及基金销售人员提供投资资讯的功能。③对基金交易账户以及基金投资人信息进行管理的功能。④基金认购、申购、赎回、转换、变更分红方式和中国证监会认可的其他交易功能。⑤为基金投资人提供服务的功能。
自助式前台系统	(1)基金销售机构要为基金投资人提供核实自助式前台系统真实身份和资质的方法。 (2)通过自助式前台系统为基金投资人开立基金交易账户时，应当要求基金投资人提供证明身份的相关资料，并采取等效实名制的方式核实基金投资人身份。 (3)自助式前台系统应当对基金投资人自助服务的操作具有核实身份的功能和合法有效的抗否认措施。 (4)在基金交易账户存在余额、在途交易或在途权益时，基金投资人不得通过自助式前台系统进行基金交易账户销户或指定银行账户变更等重要操作，基金投资人必须持有效证件前往柜台办理。 (5)基金销售机构应当在自助式前台系统上设定基金交易项目限额。 (6)自助式前台系统的各项功能设计，应当界面友好、方便易用，具有防止或纠正基金投资人误操作的功能。
后台管理系统	(1)能够记录基金销售机构、基金销售分支机构、网点和基金销售人员的相关信息，并对其管理、考核、行为监控等功能。 (2)能够记录和管理基金风险评价、基金管理人与基金产品信息、投资资讯等相关信息。 (3)对基金交易开放时间以外收到的交易申请进行正确的处理，防止发生基金投资人盘后交易的行为。

后台管理系统功能应当用于且只能用于基金销售机构内部使用，实现了对前台业务系统功能数据的支持和集中管理。

续 表

项 目	内 容
后台管理系统	（4）具备交易清算、资金处理的功能，以便完成与基金注册登记系统、银行系统的数据交换。 （5）具有对所涉及的信息流和资金流进行对账作业的功能。

二、基金客户信息和渠道信息管理（了解）

项 目	内 容
基金客户信息的内容	（1）客户账户信息：包括账号、账户开立时间、开户行、账户余额、账户交易情况等。 （2）客户交易记录：包括关于每笔交易的数据信息、业务凭证、账簿以及有关规定要求的反映交易真实情况的合同、业务凭证、单据、业务函件和其他资料。
基金经营机构使用客户信息禁止的行为	①出售客户信息。②向本基金机构以外的其他机构和个人提供客户信息，但为客户办理相关业务所必需并经客户本人书面授权或同意的，以及法律法规和相关监管机构另有规定的除外。③在客户提出反对的情况下，将客户信息用于该信息源以外的金融机构进行其他营销活动。
客户信息保存期限	（1）中国人民银行反洗钱相关的法规中规定，客户身份资料和交易记录保管期限是五年。 （2）中国证监会发布的基金销售法规体系中规定，客户开户资料和销售相关资料保管期限一般为 15 年。 （3）《中华人民共和国证券投资基金法》规定，基金份额登记机构应当妥善保存登记数据，并将基金份额持有人名称、身份信息及基金份额明细等数据备份至中国证监会认定的机构。其保存期限自基金账户销户之日起不得少于 20 年。 （4）《证券期货投资者适当性管理办法》规定，经营机构对匹配方案、告知警示资料、录音录像资料、自查报告等的保存期限不得少于 20 年。 （5）根据《关于加强证券期货经营机构客户交易终端信息等客户信息管理的规定》，证券期货经营机构应妥善保存客户交易终端信息和开户资料电子化信息，保存期限不得少于 20 年。证券期货经营机构应妥善保存交易时段客户交易区的监控录像资料，保存期限不得少于 6 个月。

第六节　非公开募集基金的销售行为规范

一、私募基金概述（了解）

项 目	内 容
含义	非公开募集基金，即私募基金，是指以非公开方式向投资者募集资金设立的投资基金。
私募基金募集行为	推介私募基金，发售基金份额（权益），办理基金份额（权益）认/申购（认缴）、赎回（退出）。

考查概率：0。在考试中本考点基本未考查。考生只需了解即可，不做重点要求。

此处涉及的年份数据较多，考生应注意区分不同法律法规、不同机构对客户资料的保存期限。

考查概率：0。在考试中本考点基本未考查。考生只需了解即可，不做重点要求。

二、私募基金销售行为一般规定(掌握)

项　目	内　容
私募基金销售的主体	（1）在中国基金业协会办理私募基金管理人登记的机构：可以自行募集其设立的私募基金。 （2）在中国证监会注册取得基金销售业务资格并已成为中国基金业协会会员的机构：可以接受委托募集私募基金。 （3）除上述机构外，其他任何机构和个人不得从事私募基金的募集活动。
私募基金销售的人员资格	从事私募基金募集业务的人员应当具有基金从业资格，应当遵守法律、行政法规和中国基金业协会的自律规则，恪守职业道德和行为规范，应当参加后续执业培训。
私募基金销售的原则性要求	（1）私募基金应当向合格投资者募集，单只私募基金的投资者人数累计不得超过200人。 （2）任何机构和个人不得为规避合格投资者标准募集以私募基金份额或其收益权为投资标的的产品，或者将私募基金份额或其收益权进行拆分转让，变相突破合格投资者标准。募集机构应当对投资者尽到合理的注意义务，包括但不限于：①确保投资者以书面方式承诺其为自己购买私募基金。②在基金合同中约定转让的条件。任何机构和个人不得以非法拆分转让为目的购买私募基金。 （3）销售机构应当妥善保存投资者适当性管理以及其他与私募基金募集业务相关的记录及其他相关资料，保存期限不少于20年，且自基金清算终止之日起不得少于10年。 （4）销售机构或相关合同约定的责任主体应当开立私募基金募集结算资金专用账户，用于统一归集私募基金募集结算资金、向投资者分配收益、给付赎回款项以及分配基金清算后的剩余基金财产等，确保资金原路返还。涉及私募基金募集结算资金专用账户开立、使用的机构不得将私募基金募集结算资金归入其自有财产。 （5）销售机构应当与监督机构签署账户监督协议，明确对私募基金募集结算资金专用账户的控制权、责任划分及保障资金划转安全的条款。 （6）私募基金管理人、基金销售机构、基金销售支付机构或者基金份额登记机构破产或者清算时，私募基金募集结算资金不属于其破产财产或者清算财产。

三、私募基金销售中的特定对象确定与投资者适当性匹配(掌握)

项　目	内　容
特定对象确定	（1）《私募投资基金募集行为管理办法》规定，私募基金募集机构应当向特定对象推介私募基金，未经特定对象调查程序，不得向任何人推介私募基金。 （2）私募基金募集机构通过互联网媒介在线向投资者推介私募基金的，应当设置在线特定对象调查程序，投资者承诺其符合合格投资者标准。

考查概率：80%。在考试中所占分值约为1分。
命题角度：私募基金销售的原则性要求。

私募基金募集应当履行的程序：特定对象确定→投资者适当性匹配→基金风险揭示→合格投资者确认→投资冷静期→回访确认。

考查概率：90%。在考试中所占分值约为1分。
命题角度：投资者评估结果的有效期。

续 表

项 目	内 容
投资者适当性匹配	（1）私募基金募集机构设计投资者风险调查问卷时应建立科学有效的评估方法，确保问卷结果与投资者的风险识别能力和风险承担能力相匹配。调查问卷主要内容应包括但不限于以下方面：①投资者基本信息。②财务状况。③投资知识。④投资经验。⑤风险偏好。对投资者上述信息的获取应以投资者自愿为前提。 （2）私募基金募集机构应当在向投资者推介私募基金之前采取问卷调查等方式履行特定对象调查程序，对投资者风险识别能力和风险承担能力进行评估，投资者签字承诺其符合合格投资者标准。投资者的评估结果有效期最长不得超过三年。 （3）私募基金募集机构应当自行或者委托第三方机构对私募基金进行风险评级，建立科学有效的私募基金风险评级标准和方法，并应当根据私募基金的风险类型和评级结果，向投资者推介与其风险识别能力和风险承担能力相匹配的私募基金。

四、私募基金销售中的宣传推介（重点掌握）

项 目	内 容
不得用于推介私募基金的媒介渠道	①公开出版资料。②面向社会公众的宣传单、布告、手册、信函、传真。③海报、户外广告。④电视、电影、电台及其他音像等公共传播媒体。⑤公共、门户网站链接广告、博客等。⑥未设置特定对象确定程序的募集机构官方网站、微信朋友圈等互联网媒介。⑦未设置特定对象确定程序的讲座、报告会、分析会。⑧未设置特定对象确定程序的电话、短信和电子邮件等通信媒介。⑨法律、行政法规、中国证监会规定和中国基金业协会自律规则禁止的其他行为。
私募基金推介材料的内容	私募基金推介材料的内容包括但不限于： ①私募基金的名称和基金类型。②私募基金管理人名称、私募基金管理人登记编码、基金管理团队等基本信息。③中国基金业协会私募基金管理人以及私募基金公示信息。④私募基金托管情况、其他服务提供商，是否聘用投资顾问等。⑤私募基金的外包情况。⑥私募基金的投资范围、投资策略和投资限制概况。⑦私募基金收益与风险的匹配情况。⑧私募基金的风险揭示。⑨私募基金募集结算资金专用账户及其监督机构信息。⑩投资者承担的主要费用及费率，投资者的重要权利。⑪私募基金承担的主要费用及费率。⑫私募基金信息披露的内容、方式及频率。⑬明确指出该文件不得转载或给第三方传阅。⑭私募基金采取合伙企业、有限责任公司组织形式的，应当明确说明入伙（股）协议不能替代合伙协议或公司章程。⑮中国基金业协会规定的其他内容。

👍 考查概率：100%。在考试中所占分值约为2分。

命题角度：①不得用于推介私募基金的媒介渠道。②募集机构及其从业人员推介私募基金时的禁止行为。

💡 考生可将本考点内容与本章第二节的内容结合起来一起学习。

💡 私募基金推介材料应由私募基金管理人制作并使用。推介材料内容应与基金合同主要内容一致。

续　表

项　目	内　容
募集机构及其从业人员推介私募基金时的禁止行为	（1）公开推介或者变相公开推介，如通过报刊、电台、电视、互联网等公众传播媒体，讲座、报告会、分析会等方式，布告、传单、短信、微信、博客和电子邮件等载体，向不特定对象宣传具体产品，但证券期货经营机构和销售机构通过设置特定对象确定程序的官网、客户端等互联网媒介向已注册特定对象进行宣传推介的除外。 （2）推介材料虚假记载、误导性陈述或者重大遗漏。 （3）以任何方式承诺投资者资金不受损失，或者以任何方式承诺投资者最低收益，包括宣传"预期收益""预计收益""预测投资业绩"等相关内容。 （4）夸大或者片面推介基金，违规使用"安全""保证……""承诺……""保险……""避险""有保障""高收益""无风险"等可能误导投资人进行风险判断的措辞；产品合同及销售材料中存在包含保本保收益内涵的表述，如零风险、收益有保障、本金无忧等；产品名称中含有"保本"字样；与投资者私下签订回购协议或承诺函等文件，直接或间接承诺保本保收益，或者向投资者口头或者通过短信、微信等各种方式承诺保本保收益。 （5）使用"欲购从速""申购良机"等片面强调集中营销时间限制的措辞。 （6）推介或片面节选少于6个月的过往整体业绩或过往基金产品业绩。 （7）登载个人、法人或者其他组织的祝贺性、恭维性或推荐性的文字。 （8）采用不具有可比性、公平性、准确性、权威性的数据来源和方法进行业绩比较，任意使用"业绩最佳""规模最大"等相关措辞。 （9）恶意贬低同行。 （10）允许非本机构雇用的人员进行私募基金推介。 （11）推介非本机构设立或负责募集的私募基金。 （12）法律、行政法规、中国证监会和中国基金业协会禁止的其他行为。

💡本考点内容非常重要，通常会结合案例出题，考生应学会分析案例，将案例与知识点结合起来答题。

五、合格投资者的规定（掌握）

👍考查概率：80%。在考试中所占分值约为1分。

命题角度： 合格投资者的条件。

项　目	内　容
合格投资者的条件	（1）私募基金的合格投资者是指具备相应风险识别能力和风险承担能力，投资于单只私募基金的金额不低于100万元且符合下列相关标准的单位和个人。 ①净资产不低于1000万元的单位。②金融资产不低于300万元或者最近三年个人年均收入不低于50万元的个人。金融资产包括银行存款、股票、债券、基金份额、资产管理计划、银行理财产品、信托计划、保险产品、期货权益等。 （2）下列投资者视为合格投资者。 ①社会保障基金、企业年金等养老基金，慈善基金等社会公益基金。②依法设立并在基金业协会备案的投资计划。③投资于所管理私募基金的私募基金管理人及其从业人员。④中国证监会规定的其他投资者。

续 表

项 目	内 容
合格投资者人数限制与穿透计算	投资者转让基金份额的,受让人应当为合格投资者且基金份额受让后投资者人数应当不超过200人。 以合伙企业、契约等非法人形式,通过汇集多数投资者的资金直接或者间接投资于私募基金的,私募基金管理人或者私募基金销售机构应当穿透核查最终投资者是否为合格投资者,并合并计算投资者人数。但是,符合上述第(2)项第①②④项规定的投资者投资私募基金的,不再穿透核查最终投资者是否为合格投资者和合并计算投资者人数。

💡 同一资产管理人为单一融资项目设立多个资产管理计划,投资者人数应当合并计算。

● 母 题 精 选

【单选题】根据《私募投资基金监督管理暂行办法》的规定,以下投资者中与私募基金合格投资者标准不符的是(   )。

　　A.净资产3000万元的某单位
　　B.持有500万元金融资产,最近三年个人年均收入10万元的李某
　　C.持有250万元金融资产,最近三年个人年均收入35万元的孙某
　　D.持有150万元金融资产,最近三年个人年均收入60万元的张某

【答案】 C 【解析】私募基金的合格投资者是指具备相应风险识别能力和风险承担能力,投资于单只私募基金的金额不低于100万元且符合下列相关标准的单位和个人:①净资产不低于1000万元的单位。②金融资产不低于300万元或者最近三年个人年均收入不低于50万元的个人。选项C不符合私募基金合格投资者的标准。

【单选题】甲的好友乙在一家私募基金管理公司从事投资管理工作,甲通过乙的微信朋友圈得知乙公司正在推介一款自己管理的基金产品,且乙已经购买了100万元该基金产品,甲打电话询问乙,得知单个投资人最少投资额需要100万元,但甲手头只有60万元。乙建议甲找其他人一起凑齐100万元进行联合投资。后来甲找到同事丙和丁,丙只有15万元,丁只有10万元,甲将凑齐的85万元转账给了乙,乙自己出资65万元,以自己的名义购买了150万元的基金产品。以下属于该基金的合格投资人的是(   )。

　　A.乙　　　　　　　B.丙　　　　　　　C.甲　　　　　　　D.丁

【答案】 A 【解析】本题中乙是投资于所管理的私募基金的从业人员,是合格投资者。

六、签署基金合同(掌握)

👍 考查概率:80%。在考试中所占分值约为1分。

命题角度:①风险揭示书的内容。②投资冷静期的时间。

项 目	内 容
风险揭示书	在投资者签署基金合同之前,募集机构应当向投资者说明有关法律法规,需重点揭示私募基金风险,并与投资者一同签署风险揭示书。风险揭示书的内容包括但不限于以下几条。 ①私募基金的特殊风险,包括基金合同与中国基金业协会合同指引不一致的风险、基金未托管风险、基金委托募集的风险、未在中国基金业协会备案的风险、聘请投资顾问的风险等。②私募基金投资运作中面临的一般风险,包括资金损失风险、流动性风险、募集失败风险等。③投资者对基金合同中投资者权益相关重要条款的逐项确认,包括当事人的权利和义务、费用及税收、纠纷解决方式等。

续 表

项 目	内 容
合格投资者 确认程序	在完成私募基金风险揭示后,投资者应当向募集机构提供金融资产证明文件,募集机构应当审查其是否符合合格投资者条件。
投资冷静期	在完成合格投资者确认程序后,募集机构应给予投资者不少于一天的投资冷静期,投资者在冷静期满后方可签署私募基金合同。
回访确认	私募基金管理人应当在投资者签署基金合同后,指令本机构的非基金推介业务人员以录音电话、电邮等适当方式进行回访,回访过程不得出现诱导性陈述,需客观确认合格投资者的身份及投资决定。未经回访确认,私募基金管理人不得签署基金合同。基金合同可以约定,经回访确认程序的合同方可生效。

💡 考生应注意,基金募集机构在投资冷静期内进行的回访是无效的。

● 母 题 精 选

【单选题】私募基金合同应当约定给投资者设置不少于(　　)小时的投资冷静期。

A. 12　　　　　　　B. 18　　　　　　　C. 24　　　　　　　D. 48

【答案】 C 【解析】私募基金合同应当约定给投资者设置不少于 24 小时的投资冷静期。

章节练习

扫描"章节练习"旁边的二维码或打开 http://cj.ek100.cn/ 即可进入智能题库进行章节练习。

第十章 基金客户服务

本章应试分析

本章主要分三节介绍基金客户服务的相关内容,包括基金客户服务的特点、原则及步骤,基金销售机构的客户服务流程、服务内容和基金投资者保护工作。本章在考试中所占的分值为4分~5分,所占分值不高,且内容难度不大,考试时的出题点也比较简单。考生只需掌握重点内容,其他内容理解即可。

思维导图

基金客户服务
- 客户服务概述
  - 基金客户服务的含义与意义（了解）
  - 基金客户服务的特点和原则（重点掌握）
  - 基金客户服务的内容（了解）
- 客户服务流程
  - 基金客户服务的具体流程（理解）
  - 基金客户服务的提供方式与个性化服务（理解）
- 投资者保护工作
  - 投资者保护工作的含义和基本原则（重点掌握）
  - 投资者教育工作的内容和形式（重点掌握）

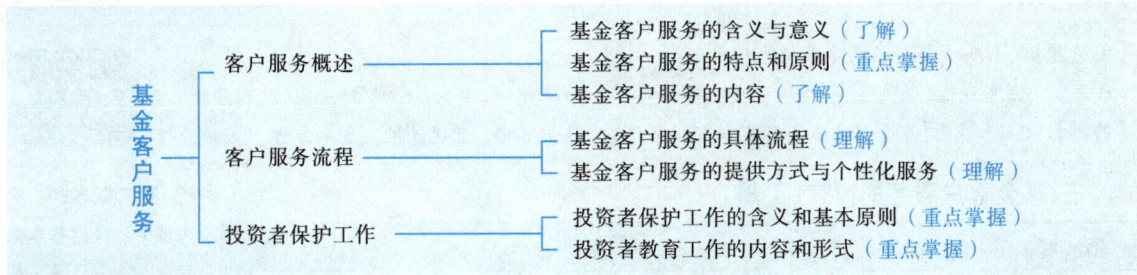

名师同步精讲

名师指导

第一节 客户服务概述

一、基金客户服务的含义与意义（了解）

项　目	内　容
含义	基金客户服务是指基金销售机构或人员为解决客户有关问题而提供的系列活动,包括基金账户信息查询、基金信息查询、基金管理公司信息查询、人工咨询、客户投诉处理、资料邮寄、基金转换、修改账户资料、非交易过户、挂失和解挂等服务。
意义	(1)有利于树立起良好的品牌形象。 (2)有利于提升销售机构的市场竞争力,为企业带来巨大的经济效益的同时,还可以有效防止客户的流失。

考查概率:0。在考试中本考点基本未考查。考生只需了解即可,不做重点要求。

二、基金客户服务的特点和原则（重点掌握）

项　目	内　容
特点	①专业性。②规范性。③持续性。④时效性。
原则	(1)投资者利益优先原则:"投资者利益优先"是每一位客户服务人员在客户服务过程中应遵循的原则,也是基金客户服务的宗旨。

考查概率:100%。在考试中所占分值约为1分。

命题角度:①基金客户服务的特点。②基金客户服务的原则。

续　表

项　目	内　容
原则	(2) 有效沟通原则。 (3) 安全第一原则:基金销售机构应建立严格的基金份额持有人信息管理制度和保密制度,及时维护、更新基金份额持有人的信息。 (4) 专业规范原则:基金销售机构在提供服务时必须要遵守法律法规和业务规则。 (5) 适当性管理原则:在基金销售过程中,要把合适的基金产品或者服务销售给合适的投资者。

💡 本考点内容较为简单,但是非常重要,考试的时候通常会直接考查基金客户服务的四大特点与应遵循的五大原则。

● 母 题 精 选

【单选题】以下属于基金客户服务特点的是(　　)。

　　A. 客观性、规范性　　B. 专业性、阶段性　　C. 持续性、专业性　　D. 阶段性、客观性

【答案】C　【解析】基金客户服务具有以下四个特点:①专业性。②规范性。③持续性。④时效性。

三、基金客户服务的内容(了解)

项　目	内　容
售前服务	(1) 含义:在开始基金投资操作前为客户提供的各项服务。 (2) 内容:介绍证券市场基础知识、基金基础知识,普及基金相关法律知识;介绍基金管理人投资运作情况,让客户充分了解基金投资的特点;深入调查分析投资者信息,开展投资者风险教育。
售中服务	(1) 含义:客户在基金投资操作过程中享受的服务。 (2) 内容:协助客户完成风险承受能力测试并细致解释测试结果;推介符合适用性原则的基金;介绍基金产品;协助客户办理开立账户、申购、赎回、资料变更等基金业务。
售后服务	(1) 含义:在完成基金投资操作后为投资者提供的服务。 (2) 内容:提醒客户及时核对交易确认;向客户介绍客户服务、信息查询等的办法和路径;进行相关信息披露;基金公司、基金产品发生变动时及时通知客户;定期进行投资者回访。

👍 考查概率:0。在考试中本考点基本未考查。考生只需了解即可,不做重点要求。

💡 售前服务、售中服务和售后服务三个环节互为补充,缺一不可。

第二节　客户服务流程

一、基金客户服务的具体流程(理解)

项　目	内　容
基金客户服务宣传与推介	基金销售机构应制定客户服务标准,对服务对象、服务内容、服务程序等业务进行规范:

👍 考查概率:40%。本考点考查相对较少。

命题角度:①基金客户服务的六大流程。②投资跟踪与评价流程中的具体内容。

续 表

项 目	内 容
基金客户服务宣传与推介	①宣传推介活动应当遵循诚实信用原则,不得有欺诈、误导投资人的行为。②遵循销售适用性原则。③及时准确地为投资人办理各类基金销售业务手续,识别客户的有效身份,严格管理投资人账户。④在投资人开立基金交易账户时,向投资人提供《投资人权益须知》,保证投资人了解相关权益。⑤为基金份额持有人提供良好的持续服务,保障基金份额持有人有效了解所投资基金的相关信息。⑥基金代销机构同时销售多只基金时,不得有歧视性宣传推介活动和销售政策。⑦明确投资人投诉的受理、调查、处理程序。
投资咨询与基金咨询	(1)基金管理公司:①提供相关的咨询服务,包括证券投资研究分析成果、投资信息与具体操作策略、建议。②对投资者的个人信息以及财产状况保密。 (2)客户:未经销售机构许可,禁止将销售机构所提供的证券投资研究分析成果或建议内容泄露给他人。
互动交流	互动交流的内容主要包括以下方面。 ①深入了解客户的投资需求,确定和记录客户服务标准。②及时向客户传递重要的市场资讯、持仓品种信息及最新的投资报告。③做好客户服务日志及客户资料的更新、完备工作。④拟订、组织、实施及评估年(季、月)度客户关怀计划。⑤进行公司所有新客户的首次和定期电话回访工作,改善客户体验,提升满意度。⑥做好客户回访日志,记录并处理潜在风险隐患、客户建议及意见。⑦及时接听外部客户的呼入电话、公司客户中心转接及投资顾问转入的电话,并做好电话咨询日志。
受理投诉	基金销售机构应建立完备的客户投诉处理体系,主要包括以下内容。 ①设立独立的客户投诉受理和处理部门。②向社会公布受理客户投诉的电话、信箱地址及投诉处理流程等。③受理客户投诉,将投诉内容录音、存档。④认真调查,及时妥善处理客户投诉问题。⑤根据客户投诉总结经验、防范风险、完善内控制度,必要时应立即向所在机构报告。
投资跟踪与评价	(1)核心:对基金销售业务以及人际关系的维护。 (2)投资跟踪与评价的主要内容包括以下几条。 ①积极回访投资者,解答投资者问题。②在调查客户产品和服务满意度的同时,及时发现新问题。③建立异常交易的监控、记录和报告制度,特别是基金销售业务中的异常交易行为。④制定完善的业务流程与销售人员职业操守评价制度,建立应急处理措施的管理制度。
客户档案管理与保密	(1)建立严格的信息管理制度和保密制度。

💡基金销售人员在进行产品推介时应注意:陈述所推介基金或同一基金管理人管理的其他基金的过往业绩时,应客观、全面、准确,并提供业绩信息的原始出处,不得片面夸大过往业绩,也不得预测所推介基金的未来业绩;并向投资者表明,所推介基金的过往业绩并不预示其未来表现,同一基金管理人管理的其他基金的业绩并不构成所推介基金业绩表现的保证。

续 表

项 目	内 容
客户档案管理与保密	(2)明确对基金份额持有人信息的维护和使用权限并留存相关记录。 (3)建立完善的档案管理制度,妥善保管相关业务资料。 (4)逐日备份并异地妥善存放数据,对系统运行数据中涉及基金投资人信息和交易记录的备份在不可修改的介质上至少保存15年。 (5)在内部建立完善的信息管理体系,设置必要的信息管理岗位,信息技术负责人和信息安全负责人不能由同一人兼任,对重要业务环节实行双人双岗。 (6)实行信息技术开发、运营维护、业务操作等人员岗位分离制度,限制信息技术开发、运营维护等技术人员介入实际的业务操作。

💡 客户身份资料,自业务关系结束当年起至少保存15年,交易记录自交易记账当年计起至少保存15年。

• 母 题 精 选

【单选题】以下属于基金客户服务跟踪评价的行为有(　　)。

Ⅰ.积极回访投资者,解答投资者疑问

Ⅱ.对客户进行调查,征询客户对已使用产品和服务的满意程度

Ⅲ.建立异常交易的监控、记录和报告制度,重点关注基金销售业务中的异常行为

Ⅳ.制定完善的业务流程与销售人员职业操守评价制度

　　A.Ⅱ、Ⅲ、Ⅳ　　　　B.Ⅰ、Ⅲ、Ⅳ　　　　C.Ⅰ、Ⅱ、Ⅲ、Ⅳ　　　D.Ⅰ、Ⅱ、Ⅳ

【答案】 C 【解析】以上四个选项均属于基金客户服务跟踪评价的行为。

二、基金客户服务的提供方式与个性化服务(理解)

👍 考查概率:20%。本考点考查相对较少。
命题角度:基金客户个性化服务的内容。

项 目	内 容
基金客户服务的提供方式	(1)电话服务中心。 (2)邮寄服务。 (3)自动传真、电子信箱与手机短信。 (4)"一对一"专人服务:对投资额较大的个人投资者与机构投资者安排较为固定的投资顾问,实行"一对一"服务,并贯穿售前、售中以及售后全过程。 (5)互联网的应用。 (6)媒体和宣传手册的应用。 (7)讲座、推介会和座谈会。 (8)微信和移动客户端的应用。
基金客户个性化服务	(1)做好客户的动态分析,增强客户服务的针对性、有效性和及时性,提高市场走访的效率和服务效果。 (2)通过加强客户沟通,深度了解客户需求。 (3)研发市场行情,揭示市场风险,做好客户的参谋。

● 母 题 精 选

【单选题】以下不属于基金客户个性化服务内容的是( )。

　　A.加强客户沟通,了解客户深度需求　　　B.做好客户动态分析

　　C.接受客户委托,代理客户进行投资决策　　D.提供市场行情分析资讯,揭示市场风险

【答案】 C 【解析】无论是基金管理人,还是基金销售机构及其从业人员等均不得接受客户委托,代理客户进行投资决策。选项C表述错误。

第三节　投资者保护工作

一、投资者保护工作的含义和基本原则(重点掌握)

☝考查概率:100%。在考试中所占分值为1分~2分。

命题角度:①投资者保护范畴。②投资者教育工作的六个基本原则。

项　　目	内　　容
含义	针对个人投资者所进行的、有目的、有计划、有组织的系统的社会活动。
投资者保护范畴	①传播投资知识。②传授投资经验。③培养投资技能。④倡导理性的投资观念。⑤提示相关的投资风险。⑥告知投资者的权利和保护途径。⑦提高投资者素质。
基本原则	国际证监会组织技术委员会对投资者教育工作设定的六个基本原则:①投资者教育应有助于监管者保护投资者。②投资者教育不应被视为是对市场参与者监管工作的替代。③投资者教育没有一个固定的模式。相反地,它可以有多种形式,这取决于监管者的特定目标、投资者的成熟度和可供使用的资源。④鉴于投资者的市场经验和投资行为成熟度的层次不一,一个广泛适用的投资者教育计划是不现实的。⑤投资者教育不能也不应等同于投资咨询。⑥投资者教育应该是公正、非营利的,应避免与市场参与者的任何产品或服务有明显的联系。证券经营机构应当承担各项产品和服务的投资者教育义务,将投资者教育纳入各业务环节。

💡本考点内容非常重要,尤其是投资者教育工作的基本原则,考生一定要重点掌握。

● 母 题 精 选

【单选题】以下属于投资者保护范畴的有( )。

Ⅰ.传授投资经验　　Ⅱ.培养投资技能　　Ⅲ.倡导理性投资观念　　Ⅳ.提高投资者素质

　　A.Ⅰ、Ⅱ、Ⅲ、Ⅳ　　　B.Ⅰ、Ⅱ、Ⅳ　　　C.Ⅰ、Ⅱ、Ⅲ　　　D.Ⅲ、Ⅳ

【答案】 A 【解析】以上四个选项均属于投资者保护范畴。

【单选题】关于基金投资者教育工作的基本原则,以下表述正确的是( )。

　　A.存在广泛适用的投资者教育计划　　　　B.投资者教育应采取固定的模式

　　C.投资者教育不可替代市场参与者的监管工作　　D.投资咨询等同于投资者教育

【答案】 C 【解析】鉴于投资者的市场经验和投资行为成熟度的层次不一,一个广泛适用的投资者教育计划是不现实的,选项A表述错误;投资者教育没有一个固定的模式,选项B表述错误;投资者教育不应被视为是对市场参与者监管工作的替代,选项C表述正确;投资者教育不能也不应等同于投资咨询,选项D表述错误。

二、投资者教育工作的内容和形式(重点掌握)

考查概率:100%。在考试中所占分值为1分~2分。

命题角度:投资者教育工作的三大内容。

项 目	内 容
内容	(1)投资决策教育。 ①投资决策就是对投资产品和服务做出选择的行为或过程,它是整个投资者教育体系的基础。 ②两类影响投资决策的因素:个人背景和社会环境。 ③各国投资者教育机构在制定投资者教育策略时,首先应考虑普及证券市场知识和宣传证券市场法规。 (2)资产配置教育。 ①即指导投资者对个人资产进行科学的计划和控制。 ②多数投资者教育专家都认为投资者教育的范围应超越投资者具体的投资行为,深入整个个人资产配置中。 (3)权益保护教育。 ①即号召投资者为改变其投资决策的社会和市场环境进行主动参与与保护自身权益。 ②针对投资者进行的风险教育、风险提示以及为投资者维权提供的有关服务,已经成为各国开展投资者教育的重要内容。
形式	(1)按投资教育工作开展的宣传介质划分,可分为两类: ①纸质形式:包括传统的报纸、杂志以及印刷出来的基金宣传材料。 ②电子形式:依托互联网技术,通过媒体网页、基金公司官网、电视等渠道。 (2)按投资者教育工作形式的时空角度划分,也可分为两类: ①现场形式:包括基金业协会及基金公司组织的报告会、专题讨论会、行业主题沙龙活动等。 ②非现场形式:除现场形式以外的各种宣传教育形式。

● 母 题 精 选

【单选题】投资者教育的内容包含( ),这几方面相辅相成,缺一不可。

Ⅰ.心理素质教育　　Ⅱ.投资决策教育　　Ⅲ.资产配置教育　　Ⅳ.权益保护教育

　　A.Ⅱ、Ⅲ　　　　　B.Ⅰ、Ⅲ、Ⅳ　　　　C.Ⅱ、Ⅲ、Ⅳ　　　　D.Ⅰ、Ⅱ、Ⅳ

【答案】 C 【解析】综合当前投资者教育的理论和实践,投资者教育主要包含三方面的内容:①投资决策教育。②资产配置教育。③权益保护教育。

章节练习

扫描"章节练习"旁边的二维码或打开 http://cj.ek100.cn/ 即可进入智能题库进行章节练习。

第十一章　基金管理人公司治理和风险管理

考点速记 微信扫描

• 本章应试分析

本章主要分三节介绍基金管理人公司的治理结构、组织架构和风险管理等内容。本章在考试中所占的分值为 7 分 ~ 8 分,所占分值较高,属于比较重要的章节。整体来说,内容较为复杂。考生在学习时,应注意区分所学内容,如不同机构对应的职责,不同风险的分类等。

• 思 维 导 图

```
                                            ┌── 关于基金管理人公司治理的法规要求(掌握)
                    基金管理人公司治理结构 ──┤
                                            └── 关于基金管理人相关方的权利与义务(理解)
基金管理人公司
治理和风险管理 ──┤                          ┌── 基金管理人机构设置原则(理解)
                    基金管理人公司组织架构 ──┤
                                            └── 基金管理人具体的机构设置(重点掌握)

                                            ┌── 基金管理人公司风险管理的目标和原则(理解)
                    基金管理人公司风险管理 ──┼── 基金管理人公司风险管理的组织架构和职能(理解)
                                            └── 基金管理人公司风险管理的风险分类和管理程序(重点掌握)
```

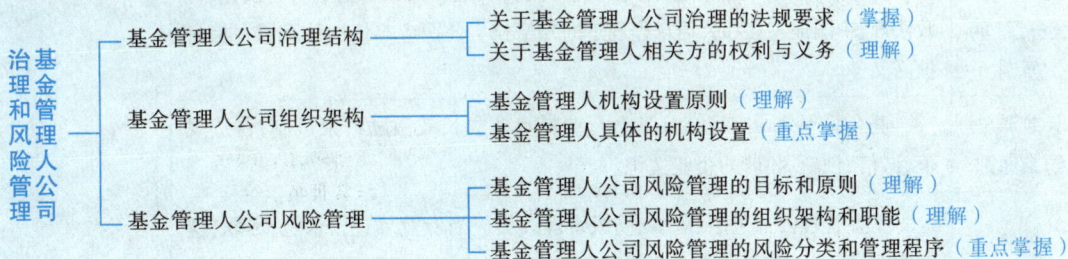

• 名 师 同 步 精 讲

名 师 指 导

第一节　基金管理人公司治理结构

视频讲解 微信扫描

一、关于基金管理人公司治理的法规要求(掌握)

项　目	内　容
基金份额持有人利益优先原则	基金管理公司章程、规章制度、工作流程、议事规则等的制定,公司各级组织机构的职权行使和公司员工的从业行为,都应当以保护基金份额持有人利益为根本出发点。公司、股东以及公司员工的利益与基金份额持有人的利益发生冲突时,应当优先保障基金份额持有人的利益。
独立运作原则	基金管理公司在法律、行政法规、中国证监会规定及自律监管组织规则允许的范围内,依法独立开展业务。
相互制衡原则	基金管理公司治理应当强化制衡机制,明确股东会、董事会、监事会或者执行监事、经理层、督察长的职责权限,完善决策程序,形成协调高效、相互制衡的制度安排。
统一性和完整性原则	基金管理公司治理应当维护公司的统一性和完整性,公司组织机构和人员的责任体系、报告路径应当清晰、完整,决策机制应当独立、高效。

考查概率:80%。在考试中所占分值约为 1 分。

命题角度:基金管理人公司治理的原则。

💡基金管理人公司治理的原则具体内容可参照《证券投资基金管理公司治理准则(试行)》的原文进行理解。

续 表

项　目	内　容
股东诚信原则	基金管理公司股东对公司和其他股东负有诚信义务,应当承担社会责任。股东之间应当信守承诺,建立相互尊重、沟通协商、共谋发展的和谐关系。
公平原则	基金管理公司董事会、经理层应当公平对待所有股东,公司开展业务过程中,应当公平对待其管理的不同基金财产和客户资产。
业务与信息隔离原则	基金管理公司应当建立与股东之间的业务与信息隔离制度,防范不正当关联交易,禁止任何形式的利益输送。
经营和运作公开、透明原则	基金管理公司经营和运作应当保持公开、透明,股东、董事享有法律、行政法规、中国证监会和公司章程规定的知情权。公司应当依法认真履行信息披露义务。
长效激励约束原则	基金管理公司应当结合基金行业特点建立长效激励约束机制,营造规范、诚信、创新、和谐的企业文化。
人员敬业原则	基金管理公司董事、监事、高级管理人员应当专业、诚信、勤勉、尽职,遵守职业操守,以较高的职业道德标准和商业道德标准规范言行,维护基金份额持有人利益和公司资产安全,促进公司高效运作。

二、关于基金管理人相关方的权利与义务(理解)

👍考查概率:40%。本考点考查相对较少。

命题角度:①股东会的职权。②独立董事制度。③督察长的职责。

项　目	内　容	
	权　利	**义　务**
股东的权利和义务	①收益分配权。按照出资比例参与利益分配和公司剩余财产的分配。②表决权和监督权。根据出资比例行使表决权,有权对公司的业务经营活动进行监督,并提出建议和质询。③知情权。即有权查阅公司的信息和资料。	①依法严格履行出资义务。②尊重公司的独立性,公司及其业务部门与股东、实际控制人及其下属部门之间没有隶属关系。③要有长期投资的理念,尊重经理层人员及其他专业人员的人力资本价值,树立长期投资的理念,支持公司长远、持续、稳定发展。
股东会的职权	①决定公司的经营方针和投资计划。②选举和更换非由职工代表担任的董事、监事,决定有关董事、监事的报酬事项。③审议批准董事会的报告。④审议批准监事会或者监事的报告。⑤审议批准公司的年度财务预算方案、决算方案。⑥审议批准公司的利润分配方案和弥补亏损方案。⑦对公司增加或者减少注册资本做出决议。⑧对发行公司债券做出决议。⑨对公司合并、分立、解散、清算或者变更公司形式做出决议。⑩修改公司章程。⑪公司章程规定的其他职权。	

💡股东会是公司的最高权力机构,由公司全体股东组成。公司章程应当对股东会定期会议、临时会议的召开做出规定。

续　表

项　目	内　容
董事与独立董事	（1）董事。 　　董事（包括独立董事）应当符合法律、行政法规和中国证监会规定的资格条件，具有履行职责所必需的素质、能力和时间。董事应当关注公司经营状况，对监督公司合规运作负有勤勉尽责义务。董事应当及时阅读公司的财务报告、监察稽核报告等，发现公司治理和内部风险控制方面的缺陷、公司存在可能损害基金份额持有人及其他资产委托人利益的行为或者其他违规嫌疑时，应当提醒经理层予以关注。 　　（2）独立董事。 　　基金管理公司应当建立健全的独立董事制度，独立董事人数不得少于三人，且不得少于董事会人数的1/3。基金管理公司的董事会审议下列事项，应当经2/3以上的独立董事通过。 　　①公司及基金投资运作中的重大关联交易。②公司和基金审计事务，聘请或者更换会计师事务所。③公司管理的基金的半年度报告和年度报告。④法律、行政法规和公司章程规定的其他事项。
董事会的职权	①执行股东会的决议。②批准总经理制定的公司组织架构、内部控制制度和基本管理制度，从制度设计上保证公司责任体系、决策体系和报告路径的清晰、独立。③批准总经理制定的公司经营计划和投资方案。④聘任、解聘公司高级管理人员及基金经理，并决定他们的薪酬、聘用期限和其他聘用条款事宜。⑤批准公司与公司任何股东或者任何关联公司进行的重大关联交易。⑥审议公司管理的公募基金的定期报告。⑦批准聘任或者替换会计师事务所。
监事和监事会	（1）监事：向股东会负责。公司章程应当对监事会或者执行监事的职权、人员组成、议事方式、表决程序等做出明确规定。 　　（2）监事会的职权：①监督、检查公司的财务状况。②对董事、高级管理人员执行公司职务的行为进行监督，对违反法律、行政法规、公司章程或者股东会决议的董事、高级管理人员提出罢免的建议。
管理层	（1）地位：总经理负责公司日常经营管理工作，对董事会负责。 　　（2）经营管理中应遵循的原则：①拥有良好的职业操守。②维护公司的独立性和完整性。③完善内部控制制度和流程。④公平对待股东和客户。
督察长制度	（1）权利：充分的知情权和独立的调查权。有权参加或者列席公司董事会会议、经营决策会议，有权查阅、复制公司相关文件、档案，有权要求相关员工对相关事项做出说明，并向为公司提供审计、法律服务的中介机构了解情况。

💡独立董事应当独立于基金管理公司及其股东，以基金份额持有人利益最大化为出发点，依法对基金财产和公司运作的重大事项独立做出客观、公正的专业判断。

💡董事会是公司的决策机构，对股东会负责。董事会每年应当至少召开二次定期会议，并可以根据需要召开临时会议。定期会议应当以现场方式召开。

💡督察长履行职责，应当坚持原则、独立客观，以保护基金份额持有人利益为根本出发点，公平对待全体投资人。督察长不得从事基金销售、投资等与其履行职责相冲突的职务和工作。

续表

项 目	内 容
督察长制度	（2）职责：①组织拟定基金公司合规管理的基本制度和其他合规管理制度，并督导公司各部门及其下属机构实施。②对公司内部规章制度、重大决策、新产品和新业务方案进行合规审查，并出具书面的合规审查意见。③对基金公司及其工作人员经营管理和执业行为的合规性进行监督检查。④向董事会、总经理等报告基金公司合法合规情况和合规管理工作的开展情况。⑤及时处理监管部门和自律组织要求调查的事项，配合监管部门和自律组织对公司的检查和调查，跟踪和评估监管意见和监管要求的落实情况。⑥保存履行职责的相关文件、资料、底稿，以备审查。

💡 督察长的聘任、解聘、考核，以及薪酬待遇，均由董事会决定。

● 母 题 精 选

【单选题】公司型基金的最高权力机构是（   ）。

A. 基金公司股东大会　　　　　　B. 基金公司董事会

C. 基金管理公司董事会　　　　　D. 基金公司监事会

【答案】A　【解析】公司型基金在法律上是具有独立法人地位的股份投资公司，而股东大会是股份公司的最高权力机构。

第二节　基金管理人公司组织架构

一、基金管理人机构设置原则（理解）

项 目	内 容
相互制约和不相容职责分离原则	基金管理人组织结构应当权责分明、相互制约。对不相容的岗位、公司资产与客户资产执行严格的分离制度。
授权清晰、明确原则	基金管理人应明确各部门、各岗位、各员工的具体职责，通过这些职责的规定明确公司对员工的授权。公司权限的授权与重要的临时性授权均采取书面形式。
适时性原则	基金管理人应当定期评价内部控制的有效性，并随着有关法律法规的调整和经营战略、方针、理念等内外部环境的变化定期或不定期地修改或完善。

👍 考查概率：40%。
本考点考查相对较少。
命题角度：基金管理人机构设置应遵循的三大原则。

二、基金管理人具体的机构设置（重点掌握）

（一）专业委员会

项 目	内 容
投资决策委员会	（1）地位：非常设议事机构，是基金投资的最高决策机构。 （2）成员：总经理（负总责）、分管投资的副总经理、投资总监、研究部经理、投资部经理及其他相关人员。

👍 考查概率：100%。
在考试中所占分值为1分~2分。
命题角度：基金管理人的四个专业委员会和五大功能部门。

续　表

项　目	内　容
投资决策委员会	（3）所议事项：①决定公司的投资决策程序、权限设置原则。②决定基金的投资原则、投资目标和投资理念。③决定基金的资产分配比例，制订并定期调整投资总体方案。④审批基金经理提出的行业配置及超过基金净值某一比例重仓个股的投资方案。⑤审批基金经理的年度投资计划并考核其执行情况；⑥定期检讨并调整投资限制性指标。 （4）会议召开时间。 ①定期会议：年会每年召开一次；例会每月召开一次。 ②临时会议：如有必要，即可召开。
产品审批委员会	（1）地位：负责公司所有产品的审核、决策和监督执行，确保新产品符合公司的战略和发展方向。 （2）成员：公司总经理、主管产品开发的高管、副总经理/投资总监、督察长、副总经理/运营总监、产品开发部负责人等。 （3）所议事项：①讨论、制订公司产品战略。②审核具体产品方案，评估产品运作风险。③根据销售适用性原则，确定发行产品的风险等级。 （4）会议召开时间。 ①定期会议：按季度召开。 ②临时会议：根据实际需要提议召开。
风险控制委员会	（1）地位：负责对公司经营和管理中的所有风险进行全面控制，确保公司风险控制战略与公司经营目标保持一致。 （2）成员：总经理、督察长、各部门负责人等。 （3）职责：①负责对公司运作的整体风险进行控制。②审定公司内部控制制度并监督执行的有效性。③听取基金投资运作报告和评估基金资产运作风险并做出决定。④对公司运作中存在的风险问题和隐患进行研究并做出控制决策。⑤审阅监察稽核报告及绩效与风险评估报告。 （4）会议召开时间。 ①定期会议：按月召开。 ②临时会议：有突发事件时可临时召开。
运营估值委员会	（1）地位。 ①IT 治理委员会：负责制订公司 IT 规划。 ②估值委员会：负责公司资产估值相关决策及执行。 （2）成员。 ①IT 治理委员会：负责 IT（信息技术）的高管人员、IT 部门负责人、相关业务负责人、财务负责人、内部控制负责人及部分技术骨干人员等。

💡 投资决策委员会一般在年会上审议通过基金年度投资目标和计划，例会上讨论基金投资的各有关事宜。

💡 IT 治理委员会中 IT 人员的比例应在 30% 以上。

续　表

项　目	内　容
运营估值委员会	②估值委员会:主管基金运营的副总经理、督察长、投资/研究总监、合规风控部门、基金运营部等相关人员。 （3）所议事项。 ①IT治理委员会:拟订公司IT治理目标和IT治理工作计划;审议公司IT发展规划;审议公司年度IT工作计划和IT预算;审议公司重大IT项目立项、投入和优先级;审议公司IT管理制度和重要流程;制订与IT治理相关的培训和教育工作计划;检查所拟订和审议事项的落实和执行情况;组织评估公司IT重大事项并提出处置意见;向公司管理层报告IT治理状况。 ②估值委员会:制定、修订公司的估值政策及程序,估值流程,人员的分工和职责,投资品种的估值方法;其他需要估值委员会审议的事项。 （4）会议召开时间。 ①IT治理委员会:定期会议（按季度召开）和临时会议。 ②估值委员会:定期会议（按季度召开）和临时会议。

💡 考生应注意,由于不同公司设立情况不一样,法律法规只规定了基金管理公司必须设立投资决策委员会,其他委员会的设立由各家公司根据实际情况设定,不做强制要求。

● 母 题 精 选

【单选题】基金公司中负责公司整体风险的预防和控制的是(　　　)。

A. 股东会　　　　B. 风险控制委员会　　　C. 督察长　　　　D. 监事会

【答案】 B 　**【解析】**基金管理人中的风险控制委员会负责公司整体风险的预防和控制。

（二）基金管理人相关部门设置

💡 本考点所述机构和部门设置,不是绝对的,不同基金公司由于公司规模、经营模式等的不同,可以设置不同的机构和部门。

项　目	内　容
投资、研究、交易部门	（1）投资部。 ①分类:按投资标的划分,分为权益部、债券部、衍生投资部、国际投资部等;按客户来源划分,分为公募基金投资部、专户投资部、年金投资部、保险资金投资部、社保资金投资部等。 ②职责:进行股票选择和组合管理,向交易部下达投资指令;及时向投资决策委员会提供市场动态信息。 （2）研究部。 ①分类:按照研究重点划分,分为宏观研究部、行业和个股研究部、债券研究部等。 ②职责:向基金投资部门提供研究报告及投资计划建议,为投资提供决策依据,是基金投资运作的支撑部门。 （3）交易部。 ①部门划归:有时被划归至基金运营体系下。 ②职责:执行投资部的交易指令,记录并保存每日投资交易情况,保持与各证券交易商的联系,控制相应的交易额度,负责基金交易席位的安排、交易量管理等。

续表

项　目	内　容
产品营销部门	（1）产品部：研究制订公司中长期产品开发战略和实施计划；负责具体产品的创新、设计工作，产品的后续运作分析与评估。 （2）营销部：负责制订公司中长期品牌战略和实施规划，维护公司品牌形象；制订品牌宣传计划及活动并组织实施；支持产品新发及持续营销；负责公共关系维护及媒体管理。 （3）销售部：负责拓展、管理与渠道、机构客户的合作关系，实施公司销售策略、业务计划。 （4）客户服务中心：通过呼叫中心、互联网、移动端等多种形式，解答客户的问题，协调公司内部解决客户的投诉，提高客户的满意度和忠诚度。
合规与风险部门	（1）监察稽核部：负责公司的法律合规事务。 （2）风险管理部：负责对公司经营过程中现有的或潜在的风险进行有效识别、管理和报告，制订有效控制投资风险的方案，落实投资风险分析及控制，分析投资运作过程的有效性，做出风险报告并提出针对性建议，与管理层及投资团队沟通。
后台运营部门	（1）注册登记、资金清算和基金会计部门：为基金公司的基金组合和其他资产组合提供服务。 （2）信息技术部：负责公司信息化平台的规划、建设；制定系统软、硬件标准；制定系统的安全策略和安全防范等级；组织对软、硬件和外包服务等供应商进行筛选和评估；组织制定和审核系统运营和维护规程，监督系统运营管理状况，处理重大系统故障；制订信息技术培训计划。
其他支持性部门	（1）人力资源部：制定公司的人力资源管理体系，制订和实施薪酬福利方案，招聘计划、招聘流程，建立完善的绩效管理体系和绩效考核制度。 （2）财务部：负责处理基金管理公司自身财务事务。 （3）行政管理部：为基金管理公司的日常运作提供文件管理、文字秘书、劳动保障、员工聘用、人力资源培训等行政事务支持。

💡一般小基金公司对产品营销部门可以不设置细分部门，统一设置为市场部即可。

● 母 题 精 选

【单选题】（　　）是基金投资运作的具体执行部门，负责组织、制订和执行交易计划。
　　A. 投资部　　　　　B. 研究部　　　　　C. 交易部　　　　　D. 营销部
【答案】　C　【解析】交易部是基金投资运作的具体执行部门，负责组织、制订和执行交易计划。

【单选题】下列不属于基金管理公司后台运营部门的是（　　）。
　　A. 注册登记部门　　B. 信息技术部门　　C. 基金会计部门　　D. 基金销售部门
【答案】　D　【解析】后台运营部门是为基金公司管理的资产运营和公司运营提供支持，可以细分为注册登记、资金清算、基金会计和信息技术等几个功能部门。选项D属于前台业务部门。

第三节 基金管理人公司风险管理

一、基金管理人公司风险管理的目标和原则(理解)

项 目	内 容
目标	(1)遵守相关法律法规、规章制度等,自觉形成守法经营、规范运作的经营思想和经营风格。 (2)不断提高公司经营管理和专业水平,提高对风险的警觉性,有效维护公司股东及基金份额持有人的利益。 (3)建立健全风险控制制度,确保公司各项业务顺利运行,确保基金资产和公司财产安全完整,使公司取得长期稳定的发展。 (4)维护公司信誉,树立良好的公司形象,及时、高效地配合监管部门的工作。
原则	①最高性原则。②全面性原则。③权责匹配原则。④独立性原则。⑤定性和定量相结合原则。⑥适时性原则。

> 考查概率:40%。本考点考查相对较少。
> 命题角度:基金管理公司风险管理的六大原则。

二、基金管理人公司风险管理的组织架构和职能(理解)

项 目	内 容
董事会	(1)地位:对风险管理承担最终责任。 (2)职责:①确定公司风险管理总体目标,制定公司风险管理战略和风险应对策略。②审议重大事件、重大决策的风险评估意见,审批重大风险的解决方案,批准公司基本风险管理制度。③审议公司风险管理报告。④可以授权董事会下设的风险管理委员会或其他专门委员会履行相应风险管理和监督职责。
公司管理层	(1)地位:对风险管理承担直接责任。 (2)职责:①制定与公司发展战略、整体风险承受能力相匹配的风险管理制度,确保风险管理制度能够全面、有效地执行。②在董事会授权范围内批准重大事件、重大决策的风险评估意见和重大风险的解决方案,并按章程或董事会相关规定履行报告程序。③根据公司风险管理战略和各职能部门与业务单元职责分工,组织实施风险解决方案。④组织各职能部门和各业务单元开展风险管理工作。⑤向董事会或董事会下设专门委员会提交风险管理报告。
公司管理层下设风险管理职能委员会	(1)地位:对管理层负责,协助管理层履行职责。 (2)职责:①指导、协调和监督各职能部门和各业务单元开展风险管理工作。②制定相关风险控制政策,审批风险管理重要流程和风险敞口管理体系。③识别公司各项业务所涉及的各类重大风险,对重大风险进行评估,制订重大风险的解决方案。④识别和评估新增风险,并制定控制措施。⑤重点关注内控机制薄弱环节和可能给公司带来重大损失的事件,提出控制措施和解决方案。⑥组织实施风险应对方案。

> 考查概率:20%。本考点考查相对较少。考生只需理解即可,不做重点要求。

> 公司管理层下设的风险管理职能委员会包括操作风险委员会、股票投资风险委员会、信用风险委员会等。

续 表

项 目	内 容
独立于业务体系汇报路径的风险管理职能部门或岗位	（1）地位：独立评估、监控、检查和报告公司的风险管理。 （2）职责：①执行公司的风险管理战略和决策，拟定公司风险管理制度，并协同制定风险管理流程、评估指标。②对风险进行定性和定量评估，改进风险管理方法、技术和模型，组织推动建立、持续优化风险管理信息系统。③对新产品、新业务进行独立监测和评估，提出风险防范和控制建议。④负责督促相关部门落实公司的各项风险管理决策和风险管理制度，并对其执行情况进行检查、评估和报告。⑤组织推动风险管理文化建设。
基金公司各业务部门	（1）地位：执行风险管理的基本制度流程，定期对本部门的风险进行评估。 （2）职责：①将风险管理的原则与要求贯穿业务开展的全过程。②对本部门或业务单元的主要风险进行及时地识别、评估、检讨、回顾，提出应对措施或改进方案，并具体实施。③严格遵守风险管理制度和流程，及时、准确、全面、客观地将本部门的风险信息和监测情况向管理层和风险管理职能部门或岗位报告。④配合和支持风险管理职能部门或岗位的工作。

💡 基金公司全员均是风险责任的承担主体：各业务部门的负责人是本部门风险管理的第一责任人；员工是本岗位风险的直接责任人；基金经理是该投资者组合风险管理的第一责任人。

三、基金管理人公司风险管理的风险分类和管理程序（重点掌握）

（一）基金管理人公司风险管理的风险分类

👍 考查概率：100%，在考试中所占分值为1分~2分。

命题角度：①基金管理公司风险管理的风险分类。②各风险自身的分类。③风险管理的程序。

项 目	内 容
投资风险	（1）含义：公司投资管理投资组合过程中产生的风险，由投资部门负主要责任。 （2）分类。 ①市场风险：证券及其衍生品市场价格因受各种因素影响发生波动，使投资组合资产、公司资产面临损失的风险。 ②流动性风险：包括因市场交易量不足，导致不能以合理价格及时进行证券交易的风险，或投资组合无法应付客户赎回要求引起的违约风险。 ③信用风险：包括债券发行人出现拒绝支付利息或到期时拒绝支付本息的违约风险，或由于债券发行人信用质量降低导致债券价格下跌的风险，因交易对手违约而产生的交割风险。
操作风险	（1）含义：由于内部程序、人员和系统的不完备或失效，或外部事件而导致的直接或间接损失的风险，由全公司所有部门一起应对。 （2）分类。 ①制度和流程风险：由于日常运作，尤其是关键业务操作缺乏制度、操作流程和授权，或制度流程设计不合理带来的风险，或由于上述制度、操作流程和授权没有得到有效执行带来的风险，及业务操作的差错率超过可承受范围带来的风险。

💡 制度和流程风险可以归纳为缺乏适当性和有效性而带来的风险。

续　表

项　目	内　容
操作风险	②信息技术风险:信息技术系统不能提供正常服务,影响公司正常运行的风险;信息技术系统和关键数据的保护、备份措施不足,影响公司业务持续性的风险;重要信息技术系统不使用监管机构或市场通行的数据交互接口影响公司业务正常运行的风险;重要信息技术系统提供商不能提供技术系统生命周期内持续支持和服务的风险。 ③人力资源风险:缺少符合岗位专业素质要求的员工、过高的关键人员流失率、关键岗位缺乏适用的储备人员和激励机制不当带来的风险。 ④新业务风险:由于对新产品、新系统、新项目和新机构等论证不充分或资源配置不足导致的风险。 ⑤道德风险:员工违背法律法规、公司制度和职业道德,通过不法手段牟取利益所带来的风险。
业务持续风险	(1)含义:由于公司危机处理机制、备份机制准备不足,导致危机发生时公司不能持续运作的风险。 (2)业务持续风险管理系统的内容:①日常运营中,公司主要业务的风险评估和监测办法、重要部门风险指标考核体系以及业务人员的道德风险防范系统等。②危机情况下的风险处置,公司需要有灵活有效的应急、应变措施和危机处理机制。 (3)公司的危机处理原则:①完备性原则。②预防为主的原则。③及时报告原则。④优先性原则。⑤相互协作原则。⑥尽快恢复原则。⑦积极沟通原则。⑧认真总结的原则。

💡"人力资源风险"和"道德风险"二者统称为"人员风险"。

● 母 题 精 选

【单选题】从基金公司内外部面临的风险来看,基金公司日常运营中的风险不包括(　　　)。

A.业务风险　　　　B.投资风险　　　　C.操作风险　　　　D.市场风险

【答案】　D　【解析】基金公司日常运营中的风险可以分为业务风险、投资风险和操作风险三大类。选项D,市场风险属于投资风险。

(二)基金管理人公司风险管理的程序

项　目	内　容
风险识别	应当覆盖公司各个业务环节,涵盖所有风险类型。公司应当对已识别的风险进行定期回顾,并针对新法规、新业务、新产品、新的金融工具等及时进行了解和研究。
风险评估	公司可采取定量和定性相结合的方法进行风险评估,应保持评估方法的一致性,协调好整体风险和单个风险、长期风险和中短期风险的关系。

💡风险管理的每一环节是相互关联、相互影响、不可分割的,且每一环节应当根据内部环境和外部环境的变化及时更新完善,不能一成不变。

续　表

项　目	内　容
风险应对	公司应当对业务流程进行梳理和评估,并对业务流程中的主要风险点,建立相应的控制措施,明确相应的控制人员,不断完善业务流程。
风险监控与报告(核心环节)	公司应当建立清晰的报告监测体系,对风险指标进行系统和有效的监控,根据风险事件发生频率和事件的影响来确定风险报告的频率和路径。风险报告应明确风险等级、关键风险点、风险后果及相关责任、责任部门、责任人、风险处理建议和责任部门反馈意见等,确保公司管理层能够及时获得真实、准确、完整的风险动态监控信息,明确并落实各相关部门的监控职责。
风险管理体系的评价	公司应当对风险管理体系进行定期评价,对风险管理系统的安全性、合理性、适用性和成本与效益进行分析、检查、评估和修正,以提高风险管理的有效性,并根据检验结果、外部环境的变化和公司新业务的开展情况进行调整、补充、完善或重建。

● 母 题 精 选

【单选题】(　　)是风险管理中的核心操作环节。

A. 风险评估　　　　　　　　　　B. 风险应对

C. 风险报告和监控　　　　　　　D. 风险管理体系的评价

【答案】　C　【解析】风险报告和监控是风险管理中的核心操作环节。

章节练习

扫描"章节练习"旁边的二维码或打开 http://cj.ek100.cn/ 即可进入智能题库进行章节练习。

第十二章　基金管理人的内部控制

　　基金管理人有效的内部控制对于基金管理人的运作非常重要。本章主要分四节介绍基金管理人的内部控制,包括内部控制的目标与原则、内部控制机制、内部控制制度和内容控制等。本章在考试中所占分值为7分~8分,所占分值一般,且整体难度较低。考生应当重点掌握所学内容,避免在本章失分。

● 思维导图

基金管理人的内部控制	内部控制的目标和原则	基金公司内部控制的重要性和基本概念（掌握） 基金公司内部控制的目标与原则（重点掌握）
	内部控制机制	基金公司内控机制的四个层次（掌握） 基金公司内部控制的基本要素（重点掌握）
	内部控制制度	内部控制制度的含义与制定原则（理解） 内部控制制度的组成内容（理解）
	内部控制的主要内容	基金公司投资管理业务和销售业务控制的主要内容（理解） 基金公司信息披露和信息技术控制的主要内容（重点掌握） 基金公司会计系统控制和监察稽核控制的主要内容（掌握）

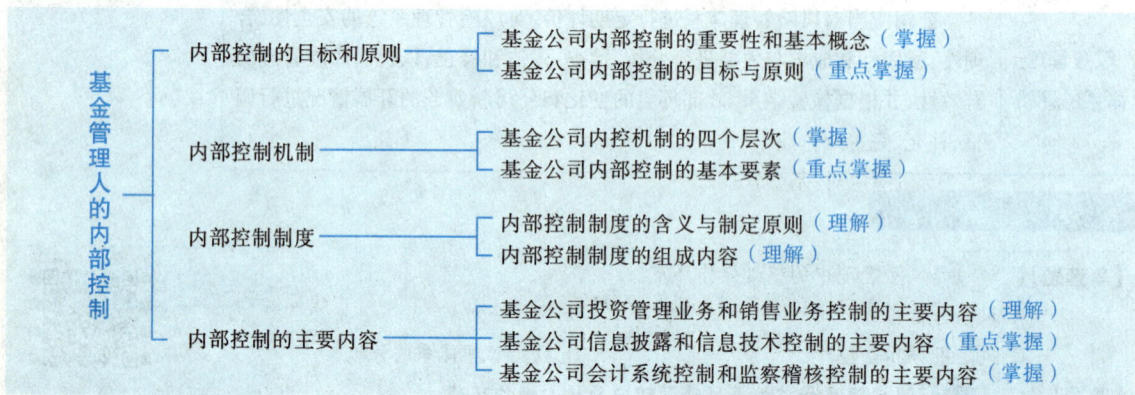

● 名师同步精讲

⊙ 名师指导

第一节　内部控制的目标和原则

视频讲解　微信扫描

一、基金公司内部控制的重要性和基本概念（掌握）

项　目	内　容
内部控制的重要性	我国自2001年9月推出第一只开放式基金——华安创新以来,开放式基金对公募基金的发展提供了巨大的历史机遇,同时,也带来了一些问题,如2007年"证券投资基金业从业人员利用未公开信息交易行为"被发现,迫切要求基金管理人加强内部控制。
内部控制的基本概念及其含义	(1)内部控制。 　　①概念:公司在保证经营运作符合发展规划,并充分考虑内外部环境的基础上,通过建立组织机制、运用管理方法、实施操作程序与控制措施而形成的系统。 　　②要求:部门设置要权责明确、相互制约;严格授权控制;建立岗位责任制度和岗位分离制度;控制基金财产的财务风险;建立完善的信息披露制度;建立严格的信息技术系统管理制度;强化内部监督稽核;建立科学严密的风险管理系统。

⊙ 考查概率:60%。在考试中所占分值约为1分。

命题角度:①基金管理人的内部控制要求。②企业风险管理基本框架。

续　表

项　目	内　容
内部控制的 基本概念及 其含义	（2）风险管理。企业风险管理基本框架包括以下八个方面： ①内部环境：内部环境的要素包括全体员工的诚信、道德价值观和胜任能力；管理层的理念和经营风格；管理层分配权力和划分责任，组织和开发其员工的方式，以及董事会给予的关注和指导。 ②目标设定：基金管理人的风险管理就是提供给企业管理层一个适当的过程，将目标与企业的任务或预期联系在一起，保证制定的目标与企业的风险偏好相一致。 ③事项识别：风险管理要求辨别可能对基金管理人目标产生影响的所有重要情况或事项。 ④风险评估：识别和分析与实现目标相关的风险，从而确定应该如何管理风险。风险评估的过程根据不同的情况，可采用定性和定量相结合的方法。 ⑤风险应对：基金管理人要对每一个重要的风险及其对应的回报进行评价和平衡，可采取的措施包括回避、接受、共担或降低这些风险等，风险应对是企业风险管理整体的重要组成部分。 ⑥控制活动：包括在公司内部使用的审核、批准、授权、确认以及对经营绩效考核、资产安全管理、不相容职务分离等方法。 ⑦信息与沟通：员工的风险信息交流意识是风险管理的重要组成部分。 ⑧行为监控：行为监控以日常经营中发生的事件和交易为对象，包括基金管理人的经理层和监控人员的活动。

💡 事项识别的基础是对事项相关因素进行分析并加以分类，从而区分事项可能带来的风险与机会。

● 母 题 精 选

【单选题】关于基金管理人的内部控制，以下表述错误的是（　　）。

A. 要求部门设置体现相互交叉的原则　　　B. 强化内部监督稽核和风险管理系统

C. 建立完善的岗位责任制度　　　D. 建立严格的岗位分离制度

【答案】　A　【解析】基金管理人的内部控制要求部门设置体现权责明确、相互制约的原则，包括严格授权控制，选项 A 表述错误。

【单选题】关于风险管理八要素，以下相关内容表述错误的是（　　）。

A. 风险评估的过程根据不同的情况，可采用定性和定量相结合的方法

B. 基金管理人要对每一个重要的风险及其对应的回报进行评价和平衡，采取包括回避、接受、共担或完全消灭风险等措施进行风险应对

C. 员工的风险信息交流意识是风险管理的重要组成部分

D. 事项识别的基础是对事项相关因素进行分析并加以分类，从而识别事项可能带来的风险与机会

【答案】　B　【解析】基金管理人要对每一个重要的风险及其对应的回报进行评价和平衡，采取包括回避、接受、共担或降低这些风险等措施，而不能完全消灭风险。选项 B 的表述错误。

二、基金公司内部控制的目标与原则(重点掌握)

项 目	内 容
目标	(1)保证公司经营运作,严格遵守国家有关法律法规和行业监管规则,自觉形成守法经营、规范运作的经营思想和经营理念。内部控制系统的目标能够直接促进组织目标的实现,所有的组织活动和控制行为必须以促进实现组织的最高目标为依据。良好的内部控制系统能促使基金管理人遵循各项相关法律法规、规章制度,引导全体员工形成自觉的规范运作理念。 (2)防范和化解经营风险,提高经营管理效益,确保经营业务的稳健运行和受托资产的安全完整,实现公司的持续、稳定、健康发展。 ①经营风险包括外部经营风险和内部经营风险。外部经营风险主要包括法律法规、经济、社会、文化与自然等方面,如火山地震等地质条件相关的风险,法律法规、监管部门规章、交易所规则等合规风险,宏观经济周期导致行业整体风险等。内部经营风险主要来自决策失误、执行不力、操作风险等。 ②基金管理人应建立完善的内部控制体系,包括风险评估机制和风险防范机制,主要包括建立企业风险评估机构、制定防范或规避风险的措施、设立风险信息反馈机制、制定防范风险的奖惩制度等。 ③内部控制的目标是在一定的范围内降低或消除经营风险,提高基金管理人的经营效益。 (3)确保基金、公司财务和其他信息真实、准确、完整、及时。 **记忆关键词:**经营运作;依据;经营风险;降低或消除
原则	(1)健全性原则。内部控制应当包括公司的各项业务、各个部门或机构和各级人员,并涵盖到决策、执行、监督、反馈等各个环节。 (2)有效性原则。通过科学的内控手段和方法,建立合理的内控程序,维护内控制度的有效执行。 (3)独立性原则。公司各机构、部门和岗位职责应当保持相对独立,公司基金资产、自有资产、其他资产的运作应当分离。岗位职责的划分主要解决的是不相容职务的分离,在设置岗位时必须考虑到授权岗位和执行岗位的分离;执行岗位和审核岗位的分离;保管岗位和记账岗位的分离等。 (4)相互制约原则。公司内部部门和岗位的设置应当权责分明、相互制衡。相互制衡必须考虑横向控制和纵向控制两方面的制约关系。 ①横向关系:完成某个环节的工作需有来自彼此独立的两个部门或人员协调运作、相互监督、相互制约、相互证明。 ②纵向关系:完成某个工作需经过互不隶属的两个或两个以上的岗位和环节,以使下级受上级监督,上级受下级牵制。 (5)成本效益原则。公司运用科学化的经营管理方法降低运作成本,提高经济效益,以合理的成本控制达到最佳的内部控制效果。 **记忆关键词:**健全性;有效性;独立性;相互制约;成本效益

👍考查概率:100%。在考试中所占分值为2分~3分。

命题角度:①基金公司内部控制的三大目标。②基金公司内部控制的五大原则。

💡本考点内容非常重要,全部内容都有可能出题,尤其是基金公司内部控制的五大原则,可以针对五大原则综合考查,也可以针对其中的一个原则进行考查,考生务必全部掌握。

💡基金管理人内部控制的有效性主要有两层含义:①基金管理人所实施的内部控制政策与措施能否适应基金监管的法律法规要求。②基金管理人内部控制在设计完整、合理的前提下,在基金管理的运作过程中,能够得到持续的贯彻执行并发挥作用。

母题精选

【单选题】关于基金公司内部控制目标,以下表述错误的是(　　)。

A. 保障公司经营运作的合法合规

B. 追求基金公司利润最大化

C. 确保经营业务的稳健运作和受托资产的安全完整

D. 确保基金和基金管理人信息真实、准确、完整、及时

【答案】　B　**【解析】**内部控制的总体目标不包括追求基金公司利润最大化。选项B表述错误。

【单选题】某基金公司的财务人员休产假,为控制人力成本,公司安排基金会计兼职从事公司财务清算工作。按照内控要求,以下描述正确的是(　　)。

A. 体现了成本效益原则　　　　　　B. 体现了有效性原则

C. 违反了效率性原则　　　　　　　D. 违反了独立性原则

【答案】　D　**【解析】**独立性是指基金管理人各机构、部门和岗位职责应当保持相对独立,基金资产、自有资产、其他资产的运作应当分离。

【单选题】基金管理人内部控制的原则不包括(　　)。

A. 有效性原则　　　B. 相互依赖原则　　　C. 成本效益原则　　　D. 健全性原则

【答案】　B　**【解析】**内部控制五大原则包括健全性原则、有效性原则、独立性原则、相互制约原则和成本效益原则。

第二节　内部控制机制

一、基金公司内控机制的四个层次（掌握）

项　目	内　　容
内控机制含义	一个组织为了实现既定目标,防范和减少风险的发生,由全体成员的共同参与,对内部业务流程进行全过程的介入和监控,采取权力分解、相互制衡手段,制定出完备的制度保证的过程。
层次	(1)员工——自律。 (2)部门各级主管——检查监督。 (3)公司总经理及其领导的监察稽核部门——监督控制。 (4)董事会领导下的审计委员会和督察长——检查、监督、控制和指导。
内部控制机制建设	(1)设置内部控制机构:建立健全基金管理人内部控制机构,从组织上强化内部控制,引导基金管理人所有员工重视内部控制。 (2)建立内部控制制度:建立健全可靠的专业委员会、投资管理部门、风险管理部门、市场营销部门、基金运营部门、后台支持部门等完善、独立的内部控制制度。

考查概率:80%。在考试中所占分值约为1分。

命题角度:①基金管理人内部控制机制的层次。②基金管理人内部控制机制建设。

续 表

项 目	内 容
内部控制 机制建设	（3）执行内部控制制度：<u>进一步强化责任管理、制度管理，规范控制行</u> <u>为</u>，建立健全良好的控制环境、完善的控制体系和可靠充分的控制程序为一 体的内部控制管理机制。 　　（4）监督内部控制，不能只重视程序监督，而忽视对"内部人"的监督： ①加强对基金管理人的内部控制监督，<u>建立基金管理人重大决策集体审批</u> <u>等制度，杜绝业务管理层负责人独断专行。</u>②加强对基金管理人部门管理 的控制监督，<u>建立部门之间相互牵制的制度，杜绝部门权力过大或集体徇私</u> <u>舞弊。</u>③加强对关键岗位管理人员的控制监督，<u>建立关键岗位轮岗和定期</u> <u>稽查制度，</u>杜绝基金管理人中层经理人员以权谋私或串通作案。 　　**记忆关键词：**集体审批；相互牵制；关键岗位；轮岗；定期稽查

● **母题精选**

【单选题】某基金公司在参与新股申购过程中，因同时参与网上网下申购导致违规。事后分析发现，业务流程对该业务环节规定了相关的控制措施，但由于人员交接使新入职人员忽视了对该流程的控制。这反映的是内控机制（　　）的问题。

　　A. 内部控制制度的建立　　　　　　B. 内部控制机构的设置
　　C. 内部控制的监督　　　　　　　　D. 内部控制制度的执行

【答案】 D **【解析】**在执行内部控制制度上，要求进一步强化责任管理、制度管理，规范控制行为，建立健全良好的控制环境、完善的控制体系和可靠充分的控制程序为一体的内部控制管理机制。题中所述反映的是内部控制制度的执行方面的问题。

【单选题】对内部控制的监督，不能只重程序监督，而忽视对"内部人"监督，以下属于加强对"内部人"监督措施的是（　　）。

Ⅰ.建立重大决策集体审批制度，杜绝业务管理层负责人独断专行
Ⅱ.建立部门之间牵制制度，杜绝部门权力过大或集体徇私舞弊
Ⅲ.建立重大紧急事件的危机处理制度，杜绝对此类事件的处理不及时
Ⅳ.建立关键岗位轮岗和定期稽查制度，加强对关键岗位人员的控制监督

　　A. Ⅱ、Ⅲ、Ⅳ　　　　B. Ⅰ、Ⅱ、Ⅲ　　　　C. Ⅰ、Ⅲ、Ⅳ　　　　D. Ⅰ、Ⅱ、Ⅳ

【答案】 D **【解析】**加强对"内部人"监督措施包括第Ⅰ、Ⅱ、Ⅳ项，不包括第Ⅲ项。

二、基金公司内部控制的基本要素（重点掌握）

项 目	内 容
控制环境	（1）地位：是构成公司内部控制的基础。 　　（2）内容：<u>经营理念和内控文化、公司治理结构、组织结构、员工道德素质等。</u> 　　（3）基金管理人设立的内控防线的特点。 　　①各岗位职责明确，各岗位人员在授权范围内承担责任。 　　②建立重要业务处理凭据传递和信息沟通制度，相关部门和岗位之间相互监督制衡。 　　③公司督察长和内部监察稽核部门应与其他部门独立，严格检查并反馈公司内部控制制度的执行情况。

考查概率：100%。在考试中所占分值为1分～2分。

命题角度：基金公司内部控制的基本要素及各要素的内容。

考生在学习本考点时，不仅要掌握基金公司内部控制的基本要素有哪些，还需要掌握各具体要素的具体内容。

项　目	内　容
风险评估	（1）风险评估是指<u>及时识别、评估、分析、防范并化解公司内外部风险。</u> （2）风险评估系统可以<u>对基金运作情况发出预警和报警讯号；</u>独立的风险业绩评估小组<u>对基金管理中的风险指标提供每日、每周及月度评估报告。</u> （3）<u>大力运用现代信息科技，</u>促进风险管理的数量化和自动化。
控制活动	（1）地位：控制活动可以通过授权控制来进行，授权控制用来<u>控制业务活动的运作，</u>并贯穿于公司经营活动的始终。 （2）内容。 ①公司董事会、监事会和管理层应当建立健全授权标准和程序，确保授权制度能够顺利贯彻执行。各业务部门、分支机构和公司员工在规定的授权范围内行使相应的职责。 ②公司应当以书面形式对重大业务进行授权，授权书应当明确授权内容和时效。 ③公司授权要符合适当性原则。 ④公司应当建立完善的资产分离制度和科学、严格的岗位分离制度。 ⑤公司应当制订有效的应急应变措施，建立危机处理机制和程序。
信息沟通	公司应当建立清晰的报告系统，确保信息沟通渠道的畅通。让所有员工都能及时知悉公司的战略方向、经营方针、目标等。
内部监控	（1）公司应当建立有效的内部监控制度，<u>设置督察长和独立的监察稽核部门，</u>对公司内部控制制度的执行情况进行持续监督。 （2）公司应当定期评价内部控制的有效性，并适时改进内部控制。

● 母 题 精 选

【单选题】关于基金管理人内部控制基本要素，以下表述错误的是（　　　　）。
　　A. 内部监控是指督察长对公司内控制度的执行情况进行持续的监督
　　B. 风险评估是指对公司内外部风险进行识别、评估和分析，及时防范和化解风险
　　C. 控制活动可以通过授权控制来进行
　　D. 控制环境包括经营理念、内控文化、公司治理结构、组织结构、员工道德素质等
【答案】　A　【解析】内部监控是指督察长和独立的监察稽核部门，对公司内部控制制度的执行情况进行持续的监督，保证内部控制制度落实。选项A表述太片面。

第三节　内部控制制度

一、内部控制制度的含义与制定原则（理解）

考查概率：40%。
本考点考查相对较少。
命题角度：内部控制制度的制定原则。

项　目	内　容
含义	基金管理人为了保护其资产的安全完整，保证其经营活动符合国家法律、法规和内部规章要求，提高经营管理效率，防止舞弊，控制风险等目的，而在公司内部采取的一系列相互联系、相互制约的制度和方法。

续 表

项 目	内 容
制定原则	（1）**合法合规性原则**：公司内控制度应当符合国家法律、法规、规章和其他各项规定。 （2）**全面性原则**：内部控制制度应当涵盖公司经营管理的各个环节，不得留有制度上的空白或漏洞。 （3）**审慎性原则**：制定内部控制制度应当以审慎经营、防范和化解风险为出发点。 （4）**适时性原则**：内部控制制度的制定应当随着有关法律法规的调整和公司经营战略、经营方针、经营理念等内外部环境的变化进行及时修改或完善。 **记忆关键词**：合法合规性；全面性；审慎性；适时性

● 母 题 精 选

【单选题】关于基金管理人制定内部控制制度应遵循的原则，不包括（　　）。

　　A. 审慎性原则　　　　　　　　　　B. 适时性原则

　　C. 合法、合规性原则　　　　　　　D. 客户服务原则

【答案】 D 【解析】基金管理人制定内部控制制度一般应当遵循以下原则：①合法、合规性原则。②全面性原则。③审慎性原则。④适时性原则。

二、内部控制制度的组成内容（理解）

👍 **考查概率**：20%。
本考点考查相对较少。
命题角度：基本管理制度的内容。

项 目	内 容
内部控制大纲	公司内部控制大纲是对公司章程规定的内控原则的细化和展开，是各项基本管理制度的纲要和总揽，内部控制大纲应当明确内控目标、内控原则、控制环境、内控措施等内容。
基本管理制度	基本管理制度应当包括风险控制制度、投资管理制度、基金会计制度、信息披露制度、监察稽核制度、信息技术管理制度、公司财务制度、资料档案管理制度、业绩评估考核制度和紧急应变制度等。
部门业务规章	部门业务规章是在基本管理制度的基础上，对各部门的主要职责、岗位设置、岗位责任、操作守则等的具体说明。
业务操作手册	业务操作手册是业务人员上岗操作的指南，主要是对业务的性质、种类以及相关的管理规定和操作流程及要求进行明确说明。

● 母 题 精 选

【单选题】根据基金公司内部控制制度的分类，以下不属于基金公司基本管理制度的是（　　）。

　　A. 信息披露制度　　　　　　　　　B. 管理日志

　　C. 投资管理制度　　　　　　　　　D. 信息技术管理制度

【答案】 B 【解析】基金公司基本管理制度应当至少包括风险控制、投资管理、基金会计、信息披露、监察稽核、信息技术管理、公司财务、资料档案管理、业绩评估考核和紧急应变等。

第四节　内部控制的主要内容

一、基金公司投资管理业务和销售业务控制的主要内容（理解）

考查概率：40%。本考点考查相对较少。命题角度：基金交易业务控制的主要内容。

项目	内容
投资管理业务控制	（1）研究业务控制的主要内容。 ①研究工作应保持独立、客观。②建立严密的研究工作业务流程，形成科学、有效的研究方法。③建立投资对象备选库制度，研究部门根据基金契约要求，在充分研究的基础上建立和维护备选库。④建立研究与投资的业务交流制度，保持通畅的交流渠道。⑤建立研究报告质量评价体系。 （2）投资决策业务控制的主要内容。 ①投资决策应当严格遵守法律法规的有关规定，符合基金契约所规定的投资目标、投资范围、投资策略、投资组合和投资限制等要求。②健全投资决策授权制度，明确界定投资权限，严格遵守投资限制，防止越权决策。③投资决策应当有充分的投资依据，重要投资要有详细的研究报告和风险分析支持，并有决策记录。④建立投资风险评估与管理制度，在设定的风险权限额度内进行投资决策。⑤建立科学的投资管理业绩评价体系，包括投资组合情况、是否符合基金产品特征和决策程序、基金绩效归属分析等内容。 （3）基金交易业务控制的主要内容。 ①基金交易应实行集中交易制度，基金经理不得直接向交易员下达投资指令或者直接进行交易。②公司应当建立交易监测系统、预警系统和交易反馈系统，完善相关的安全设施。③投资指令应当进行审核，确认其合法、合规与完整后方可执行，如出现指令违法违规或者其他异常情况，应当及时报告相应部门与人员。④公司应当执行公平的交易分配制度，确保不同投资者的利益能够得到公平对待。⑤建立完善的交易记录制度，每日投资组合列表等应当及时核对并存档保管。⑥建立科学的交易绩效评价体系。
销售业务控制	（1）宣传推介材料必须经过审核。 （2）严格审核客户开户资料，符合反洗钱与销售适用性规定。 （3）申购、赎回和转换交易申请均经过客户的合理授权，并被准确、及时地执行。 （4）建立代销机构的尽职调查流程，严格选择合作的基金销售机构，审核销售协议，监督基金代销行为符合协议约定。 （5）制定销售行为的规范，防止延时交易、商业贿赂以及误导、欺诈和不公平对待投资者等违法违规行为的发生。 （6）制定销售人员的行为规范，保证会议费用、礼品费用规范得到遵守。 （7）制定相关政策，确保投资者信息得到保护。 （8）客户投诉得到及时、恰当的记录和处理。

基金交易业务的内部控制制度应对场外交易、网下申购等特殊交易，根据内部控制的原则制定相应的流程和规则。

• 母题精选

【单选题】关于基金交易业务控制的内容,以下表述正确的是( )。

A. 基金交易应实行集中交易制度,基金经理直接向交易员下达投资指令或者直接进行交易

B. 公司应当执行公开的交易分配制度,确保不同投资者的利益能够得到公正对待

C. 建立完善的交易记录制度,每日投资组合列表等应当及时核对并自行保管

D. 公司应当建立交易监测系统、预警系统和交易反馈系统,完善相关的安全设施

【答案】 D 【解析】基金交易应实行集中交易制度,基金经理不得直接向交易员下达投资指令或者直接进行交易,选项A表述错误;公司应当执行公平的交易分配制度,确保不同投资者的利益能够得到公平对待,选项B表述错误;建立完善的交易记录制度,每日投资组合列表等应当及时核对并存档保管,选项C表述错误;公司应当建立交易监测系统、预警系统和交易反馈系统,完善相关的安全设施,选项D表述正确。

二、基金公司信息披露和信息技术控制的主要内容(重点掌握)

考查概率:100%。在考试中所占分值为1分~2分。

命题角度:①信息披露控制的主要内容。②信息技术系统控制的主要内容(重点考查)。

此处应注意,信息披露是基金管理人必须履行的一项义务,不得将信息披露工作委托给第三方机构。

"可稽性"即可稽查性。

项 目	内 容
信息披露控制	(1)公司应当按照法律、法规和中国证监会的有关规定,建立完善的信息披露制度,保证公开披露的信息真实、准确、完整、及时。 (2)公司应当由相应的部门或岗位负责信息披露工作,进行信息的组织、审核和发布。 (3)公司应当加强对公司信息披露的检查和评价,对存在的问题及时提出改进办法,对信息披露出现的失误提出处理意见,并追究相关人员的责任。 (4)公司掌握内幕信息的人员在信息公开披露前不得泄露其内容。
信息技术系统控制	(1)公司应当根据国家法律法规的要求,遵循安全性、实用性、可操作性原则,严格制定信息系统的管理制度。基金管理信息技术系统的设计开发应该符合国家、金融行业软件工程标准的要求,编写完整的技术资料;在实现业务电子化时,应设置保密系统和相应控制机制,并保证计算机系统的可稽性;信息技术系统投入运行前,应当经过业务、运营、监察稽核等部门的联合验收。 (2)公司应当通过严格的授权制度、岗位责任制度、门禁制度、内外网分离制度等管理措施,确保系统安全运行。 (3)公司软件的使用应充分考虑软件的安全性、可靠性、稳定性和可扩展性,应具备身份验证、访问控制、故障恢复、安全保护、分权制约等功能。 (4)公司应对信息数据实行严格管理,保证信息数据的安全、真实和完整,并能及时、准确地传递到会计等各职能部门;严格规范计算机交易数据的授权修改程序,并坚持落实电子信息数据的定期查验制度。建立电子信息数据的即时保存和备份制度,重要数据应当异地备份并且长期保存。 (5)信息技术系统应当定期稽核检查,完善业务数据保管等安全措施,进行排除故障、灾难恢复的演习,确保系统可靠、稳定、安全运行。

· 母题精选

【单选题】关于基金管理公司对信息数据的管理,下列说法错误的是(　　)。

　　A. 发现计算机交易数据存在异常时,系统管理员应该马上修改

　　B. 应当建立电子信息数据的及时保存和备份制度

　　C. 公司应保证信息数据的安全、真实和完整,并能及时、准确地传递到会计等各职能部门

　　D. 信息技术系统应当定期稽核检查,进行排除故障、灾难恢复的演习

【答案】　A　【解析】基金管理公司应严格规范计算机交易数据的授权修改程序,并坚持落实电子信息数据的定期查验制度。选项 A 说法错误。

【单选题】某基金公司在实现业务电子化时,缺乏对系统的全盘考虑,在出现操作风险后,追究相关责任人员时,发现系统不能提供当时操作情况的记录,这反映了该系统缺乏(　　)。

　　A. 可稽性　　　　　　B. 安全性　　　　　　C. 稳定性　　　　　　D. 可靠性

【答案】　A　【解析】基金管理信息技术系统在实现业务电子化时,应设置保密系统和相应控制机制,并保证计算机系统的可稽性。

三、基金公司会计系统控制和监察稽核控制的主要内容(掌握)

考查概率:60%。

在考试中所占分值约为 1 分。

命题角度:①基金公司会计系统控制的主要内容。②监察稽核控制的主要内容。

项　目	内　容
会计系统控制	(1)公司应当明确职责划分,在岗位分工的基础上明确各会计岗位职责,严禁需要相互监督的岗位由一人独自操作全过程。 (2)公司对所管理的基金应当以基金为会计核算主体,独立建账、独立核算,保证不同基金之间在名册登记、账户设置、资金划拨、账簿记录等方面相互独立。基金会计核算应当独立于公司会计核算。 (3)公司应当采取适当的会计控制措施,以确保会计核算系统的正常运转。 　①公司应当建立凭证制度,通过凭证设计、登录、传递、归档等一系列凭证管理制度,确保正确记载经济业务,明确经济责任。 　②公司应当建立账务组织和账务处理体系,正确设置会计账簿,有效控制会计记账程序。 　③公司应当建立复核制度,通过会计复核和业务复核防止会计差错的产生。 (4)公司应当采取合理的估值方法和科学的估值程序,公允反映基金所投资的有价证券在估值时点的价值。 (5)公司应当规范基金清算交割工作,在授权范围内,及时准确地完成基金清算,确保基金资产的安全。 (6)公司应当建立严格的成本控制和业绩考核制度,强化会计的事前、事中和事后监督。 (7)公司应当制定完善的会计档案保管和财务交接制度,财会部门应妥善保管密押、业务用章、支票等重要凭据和会计档案,严格会计资料的调阅手续,防止会计数据的毁损、散失和泄密。 (8)公司应当严格制定财务收支审批制度和费用报销管理办法,自觉遵守国家财税制度和财经纪律。

续 表

项 目	内 容
监察 稽核控制	(1)公司应当设立督察长,对董事会负责,经董事会聘任,报中国证监会核准。根据公司监察稽核工作的需要和董事会授权,督察长可以列席公司相关会议,调阅公司相关档案,就内部控制制度的执行情况独立履行检查、评价、报告、建议职能。 (2)公司应当设立监察稽核部门,对公司经营层负责,开展监察稽核工作,公司应保证监察稽核部门的独立性和权威性。 (3)公司应当明确监察稽核部门及内部各岗位的具体职责,配备充足的监察稽核人员,严格监察稽核人员的专业任职条件,严格监察稽核的操作程序和组织纪律。 (4)公司应当强化内部检查制度,通过定期或不定期检查内部控制制度的执行情况,确保公司各项经营管理活动的有效运行。 (5)公司董事会和管理层应当重视和支持监察稽核工作,对违反法律、法规和公司内部控制制度的,应当追究有关部门和人员的责任。

● 母题精选

【单选题】某银行认购了某基金管理公司 A、B 两个特定客户资产管理计划,以下说法正确的是(   )。

A. 基金公司应当分别以 A 资产管理计划和 B 资产管理计划为会计核算主体,独立建账,独立核算

B. 为了方便资金划转,基金公司应当为 A、B 两个资产管理计划开立一个基金账户,但设立两个不同的交易账户

C. 为了避免利益输送,基金公司需安排不同的基金经理分别管理 A、B 资产管理计划

D. 因 A、B 两个资产管理计划的财产属于同一委托人,基金公司为提高效率,应当把 A、B 两个资产管理计划合并建账

【答案】 A 【解析】公司对所管理的基金应当以基金为会计核算主体,独立建账、独立核算,保证不同基金之间在名册登记、账户设置、资金划拨、账簿记录等方面相互独立。各基金会计核算应当独立于公司会计核算。

【单选题】在内部控制机构设置上,下列不符合内控机制要求的是(   )。

A. 为保障稽核人员熟悉具体业务,稽核专员同时兼任稽核事项的业务工作

B. 为保障风险管理工作的独立性,公司设置专门的风险管理部,独立于监察稽核部

C. 为提高内控效率,公司在各个业务部门设置兼职的内控专员

D. 为保障 IT 稽核工作的专业性,在监察稽核部中招聘 IT 背景的稽核专员

【答案】 C 【解析】基金管理人应当设立监察稽核部门,对公司经营层负责,开展监察稽核工作,公司应保证监察稽核部门的独立性和权威性。

章节练习

扫描"章节练习"旁边的二维码或打开 http://cj.ek100.cn/即可进入智能题库进行章节练习。

第十三章 基金管理人的合规管理

考点速记 微信扫描

• 本章应试分析

本章内容较少,主要分四节介绍基金管理人的合规风险,包括合规管理的基本概念、目标和基本原则,合规管理部门的设置,合规管理活动的主要内容,以及合规风险的种类、管理措施等。在考试中所占分值较低,一般为2分~3分。考生在学习时,应根据本教材的学习要求,加强对重要知识点的记忆。

• 思维导图

基金管理人的合规管理
- 合规管理概述
  - 合规管理的基本概念（理解）
  - 合规管理的目标和基本原则（理解）
- 合规管理机构设置
  - 合规管理部门的设置（理解）
  - 合规管理相关部门的合规责任（掌握）
- 合规管理的主要内容
  - 合规管理活动内容概述（了解）
  - 合规文化与合规政策（了解）
  - 合规审核与合规检查（了解）
  - 合规培训与合规投诉处理（了解）
- 合规风险
  - 合规风险的含义及其种类（理解）
  - 不同类型合规风险的主要管理措施（理解）

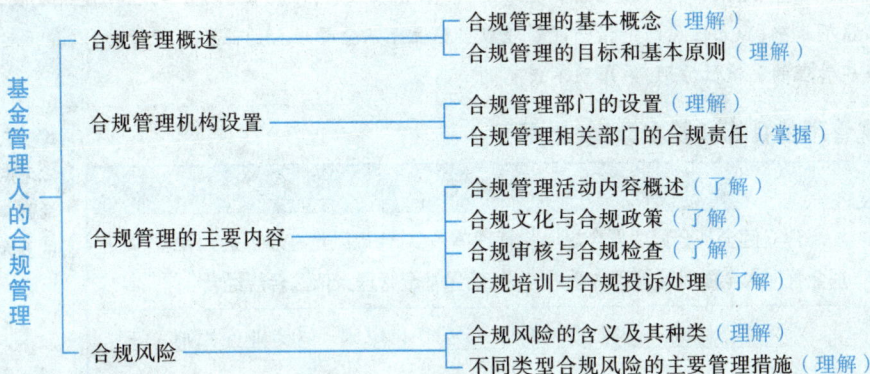

• 名师同步精讲

🎧 名师指导

第一节 合规管理概述

视频讲解 微信扫描

一、合规管理的基本概念（理解）

项目	内容
基本概念	(1)合规:基金管理人的经营管理活动与法律、规则和准则一致。 (2)合规风险:因未能遵循法律法规、监管规定、规则、自律性组织制定的有关准则,以及适用于自身业务活动的行为准则而可能遭受法律制裁或监管处罚、重大财务损失或声誉损失的风险。 (3)合规管理:属于风险管理活动,对基金管理人的相关业务是否遵循法律、监管规定、规则、自律性组织制定的有关准则以及公众投资者的基本需求等行为进行风险识别、检查、通报、评估、处置的管理活动。合规管理是公司长期健康发展确保盈利的基础。
合规独立性	(1)含义:基金管理人的合规管理应当在体制机制、组织架构、人力资源、管理流程等诸多方面独立于内部其他风险部门、业务部门、内部审计部门等。 (2)内容:包括部门、机制和问责等独立性,合规部门的独立性最为重要。 (3)独立性原则:合规管理应当独立于基金管理人的业务经营活动,以真正起到牵制制约的作用,是合规管理的关键性原则。

👍 考查概率:20%。本考点考查相对较少。命题角度:①合规管理的概念。②合规独立性的概念。

💡 此处的有关准则包括:①立法机关和证监会发布的基本法律规则。②基金业协会和证券业协会等自律性组织制定的适用于全行业的规范、标准、惯例。③公司章程以及企业的各种内部规章制度以及应当遵守的诚实、守信的职业道德。

• 母题精选

【单选题】关于基金管理人的合规管理，以下理解正确的是(   )。

Ⅰ.合规管理是一种风险管理活动

Ⅱ.合规管理包括检查、通报、评价、处置等管理活动

Ⅲ.合规管理是公司长期健康发展确保盈利的基础

Ⅳ.合规管理的独立性体现在对每个业务部门单独考核

A.Ⅰ、Ⅱ、Ⅳ　　　B.Ⅰ、Ⅱ、Ⅲ　　　C.Ⅱ、Ⅲ、Ⅳ　　　D.Ⅰ、Ⅲ、Ⅳ

【答案】　B　【解析】合规管理是一种风险管理活动，第Ⅰ项正确；基金管理人的合规管理可以定义为"对基金管理人的相关业务是否遵循法律、监管规定、规则、自律性组织制定的有关准则以及公众投资者的基本需求等行为进行风险识别、检查、通报、评估、处置的管理活动"。第Ⅱ项正确；合规管理是公司长期健康发展，确保公司盈利的基础，第Ⅲ项正确；独立性原则是指合规管理应当独立于基金管理人的业务经营活动，以真正起到牵制制约的作用，是合规管理的关键性原则，第Ⅳ项不正确。

二、合规管理的目标和基本原则(理解)

👍 考查概率：40%。

本考点考查相对较少。

命题角度：合规管理的五大基本原则。

项　目	内　容
目标	建立健全基金管理人合规风险管理体系，对合规风险有效识别和管理，促进基金管理人全面风险管理体系的建设，确保基金管理人依法合规经营。
基本原则	①独立性原则。②客观性原则。③公正性原则。④专业性原则。⑤协调性原则。

第二节　合规管理机构设置

一、合规管理部门的设置(理解)

👍 考查概率：20%。

本考点考查相对较少。

命题角度：合规管理部门的职责。

项　目	内　容
地位	负责基金公司合规工作的具体组织和执行，依照所规定的职责、权限、方法和程序独立开展工作，负责公司各部门和全体员工的合规管理工作。
职责	(1)持续关注法律、规则和准则的最新发展，正确理解法律、规则和准则的规定及其精神，准确把握法律、规则和准则对基金经营的影响，及时为高级管理层提供合规建议。 (2)制订并执行风险为本的合规管理计划。 (3)审核评价各项政策、程序和操作指南的合规性，组织、协调和督促各条业务线和内部控制部门对各项政策、程序和操作指南进行梳理和修订，确保各项政策、程序和操作指南符合法律、规则和准则的要求。 (4)协助相关培训和教育部门对员工进行合规培训。 (5)组织制定合规管理程序以及合规手册、员工行为准则等合规指南，并评估合规管理程序和合规指南的适当性，为员工恰当执行法律、规则和准则提供指导。

续　表

项　目	内　容
职　责	（6）积极主动地识别和评估与经营活动相关的合规风险。 （7）收集、筛选可能预示潜在合规问题的数据，建立合规风险监测指标，按照风险矩阵衡量合规风险发生的可能性和影响，确定合规风险的优先考虑序列。 （8）实施充分且有代表性的合规风险评估和测试。合规风险评估和测试的措施包括：①现场审核对各项政策和程序的合规性进行测试。②询问政策和程序存在的缺陷，并进行相应的调查。③合规性测试结果通过合规风险报告路线向上报告。 （9）保持与监管机构日常的工作联系，跟踪和评估监管意见和监管要求的落实情况。

● 母 题 精 选

【单选题】基金管理人的合规管理部门实施的合规风险评估和测试，包括(　　　)。

Ⅰ.通过现场审核对各项政策和程序的合规性进行测试

Ⅱ.询问政策和程序存在的缺陷并进行相应调查

Ⅲ.合规性测试结果通过合规风险报告路线向上报告

Ⅳ.所有合规性测试结果最终需要报告中国证监会派出机构

　　A．Ⅰ、Ⅲ、Ⅳ　　　　　B．Ⅱ、Ⅲ、Ⅳ　　　　　C．Ⅰ、Ⅱ、Ⅲ　　　　　D．Ⅰ、Ⅱ、Ⅳ

【答案】　C　【解析】合规风险评估和测试，包括通过现场审核对各项政策和程序的合规性进行测试，询问政策和程序存在的缺陷，并进行相应的调查，合规性测试结果应按照基金管理人的内部风险管理程序，通过合规风险报告路线向上报告，以确保各项政策和程序符合法律、规则和准则的要求。第Ⅳ项说法过于绝对。

二、合规管理相关部门的合规责任(掌握)

考查概率：80%。
在考试中所占分值约为1分。

命题角度：①监事会的合规责任。②督察长的合规责任。③基金管理人经理层人员的合规管理职责。

项　目	内　容
董事会的 合规责任	（1）地位：设定公司的合规管理目标，对合规管理的有效性承担责任。 （2）部门设置：下设合规与风险管理委员会，审议、监督和检查公司经营管理与基金运作的风险控制及合法合规性，草拟公司风险管理战略，评估公司风险管理状况。 （3）合规职责：①审议批准合规管理的基本制度。②审议批准公司年度合规报告。③决定解聘对发生重大合规风险负有主要责任或者领导责任的高级管理人员。④决定合规负责人的聘任、解聘、考核及薪酬事项。⑤建立与合规负责人的直接沟通机制。⑥评估合规管理有效性，督促解决合规管理中存在的问题。⑦公司章程规定的其他合规管理职责。
监事会的 合规责任	（1）地位：是进行会计监督和业务监督的主体，向股东会负责。监督形式包括事前监督、事中监督（即计划、决策时的监督）和事后监督。

续 表

项 目	内 容
监事会的合规责任	（2）对经营管理的业务监督：①通知业务机构停止其违法行为。②随时调查公司的财务状况，审查账册文件，并有权要求董事会向其提供情况。③审核董事会编制的提供给股东会的各种报表，并把审核意见向股东会报告。④必要时，一般是在公司出现重大问题时，可以提议召开股东会。⑤在特殊情况下，监事会有代表公司的权利。 （3）合规管理职责：①对董事、高级管理人员履行合规管理职责的情况进行监督。②对发生重大合规风险负有主要责任或者领导责任的董事、高级管理人员提出罢免的建议。③公司章程规定的其他合规管理职责，如检查公司的财务、提议召开临时股东会、列席董事会会议等。
督察长的合规责任	（1）基金管理人应确保督察长的独立性。 （2）督察长履行职责的范围：涵盖基金及公司运作的所有业务环节。 （3）督察长的合规责任：①负责组织指导公司监察稽核工作。②对公司推出新产品、开展新业务的合法合规性问题提出意见。③关注员工的合规意识与风险意识。④指导、督促公司妥善处理投资人的重大投诉，保护投资人的合法权益。⑤定期或者不定期向全体董事报送工作报告，并在董事会及董事会下设的相关专门委员会定期会议上报告基金及公司运作的合法合规情况及公司内部风险控制情况。⑥积极配合中国证监会及其派出机构的监管工作。⑦享有充分的知情权和独立的调查权。⑧发现基金及公司运作中存在问题时，应当及时告知公司总经理和相关业务负责人，提出处理意见和整改建议，并监督整改措施的制定和落实；基金公司总经理对存在问题不整改或者整改未达到要求的，督察长应当向公司董事会、中国证监会及相关派出机构报告。
高级管理人员的合规责任	（1）基金管理人管理层的合规管理职责：①建立健全合规管理组织架构，遵守合规管理程序，配备充足、适当的合规管理人员，并提供必要、充分的人力、物力、财力、技术支持和保障。②发现违法违规行为及时报告、整改，落实责任追究。③公司章程或者董事会确定的其他要求。 （2）基金管理人经理层人员的合规管理职责：①应当熟悉相关法律、行政法规及中国证监会的监管要求。②应当维护公司的统一性和完整性。③不得越权干预投资、研究、交易等具体业务活动，不得利用职务之便向股东、本人及他人进行利益输送。④应当公平对待所有股东。⑤应当抵制股东虚假出资、抽逃或者变相抽逃出资、以任何形式占有或者转移公司资产等行为以及为股东提供融资或者担保等不当要求，并立即向中国证监会及相关派出机构报告。
业务部门的合规责任	各业务部门及其员工应当遵守合规规定，并做到忠诚、诚实、公平交易。为客户谋取最大化的合法利益，并对客户负有忠实义务。

💡 此处的"特殊情况"包括三类：①当公司与董事间发生诉讼时，除法律另有规定外，由监事会代表公司作为诉讼一方处理有关法律事宜。②当董事本人或他人与本公司有交涉时，由监事会代表公司与董事进行交涉。③当监事调查公司业务及财务状况，审核账册报表时，有权代表公司委托律师、会计师或其他第三方人员协助调查。

💡 基金管理公司所有员工均不得从事违反忠实义务的行为，不得参与内幕交易、操纵市场、不正当竞争等行为。

• 母题精选

【单选题】关于基金管理人监事会的合规责任,以下表述错误的是(　　)。

　　A. 监事会在一些特殊情况下,可以代表公司权利　　B. 监事会可以随时调查公司财务状况

　　C. 基金管理人设立监事会,监事会向董事会负责　　D. 监事会必要时可以提议召开股东大会

【答案】　C　**【解析】**基金管理人设监事会,监事会向股东会负责。选项 C 说法错误。

【单选题】关于督察长的合规责任,以下表述错误的是(　　)。

　　A. 督察长应当定期或者不定期向全体董事报送工作报告

　　B. 督察长经董事会和总经理批准后可以享有调查权,可以调阅公司相关文件、档案

　　C. 督察长享有充分的知情权

　　D. 督察长负责组织指导公司监察稽核工作

【答案】　B　**【解析】**督察长享有充分的知情权和独立的调查权。选项 B 表述错误。

第三节　合规管理的主要内容

一、合规管理活动内容概述(了解)

项　目	内　容
合规管理活动内容	(1)定期传达监管要求,营造公司合规文化、提高员工合规意识。 (2)审核各业务部门对外签订的合同,控制风险;审核业务部门修订的制度;负责审核公司对外披露的各类信息。 (3)检查评估基金发行及日常运作中各项活动的合规性,防范运作风险。 (4)梳理整合各项法律法规、规章制度,开展合规培训。 (5)参与基金管理人的组织构架和业务流程再造,为新产品提供合规支持。 (6)开展法律咨询,协助外部律师共同处理公司法律纠纷以及投诉。

考查概率:0。在考试中本考点基本未考查。考生只需了解即可,不做重点要求。

二、合规文化与合规政策(了解)

项　目	内　容
合规文化	(1)基金管理人加强合规文化建设的内容:①董事会和高级管理层带头,推进基金管理人的组织文化建设,带动全员参与。②遵循合规原则。③管理层对合规文化建设工作足够重视。④加强合规管理部门与业务部、监察稽核部等各部门之间的信息交流和良好的互动性,实现资源共享。⑤有效落实合规考核机制。⑥积极推行全员合规理念,加强合规文化思想教育。 (2)合规文化建设的途径:通过完善公司治理促进合规文化建设。
合规政策	(1)合规政策的制定。 高级管理层负责制定书面的合规政策,报经董事会审议批准后传达给全体员工定期评价各项合规政策和执行状况。

考查概率:0。在考试中本考点基本未考查。考生只需了解即可,不做重点要求。

续　表

项　目	内　容

（2）合规政策的落实。

主　体	责　任
公司经理层	负责贯彻执行合规政策,确保发现违规事件时及时采取适当的纠正措施,并追究违规责任人的相应责任。
各业务部门	遵循公司合规政策,研究制定本部门或业务单元业务决策和运作的各项制度流程并组织实施,定期对本部门的合规风险进行评估,对其合规管理的有效性负责。
合规与风险控制部	合规风险的日常管理部门主要负责识别、评估和监控基金管理人面临的合规风险,并向高级管理层和董事会提出合规建议和报告。

合规政策（左侧栏标题）

三、合规审核与合规检查（了解）

考查概率:0。在考试中本考点基本未考查。考生只需了解即可,不做重点要求。

项　目	内　容
合规审核	合规审核是基金管理人的内部合规管理活动,其目标是在内部检查时及时发现并有效处理外部监督可能发现的问题。一般来说,基金管理人的合规审核包含以下程序: ①制定合规审核机制。②合规审核调查。③合规审核评价。
合规检查	一般来说,基金管理人合规部门的合规检查包括: ①公司是否独立运作;股东会、董事会、监事会是否有效制衡;董事、监事是否按照相关法律法规和公司章程的规定履行职责;公司相关会议的原始会议记录及会议纪要是否真实、准确、完整,是否按规定存档。 ②公平交易制度建设及执行情况。 ③重大关联交易的执行情况。 ④公司员工特别是投资、研究人员及其配偶、利害关系人的证券投资活动管理制度是否健全有效,是否存在利用基金未公开信息获取利益的情况。 ⑤基金公司投资决策的依据,以及公司的规定和投资决策流程是否被突破。 ⑥风险管理制度是否涵盖不同风险控制环节。

四、合规培训与合规投诉处理（了解）

考查概率:0。在考试中本考点基本未考查。考生只需了解即可,不做重点要求。

项　目	内　容
合规培训	合规培训的主要内容包括:①国家制定颁布的与基金行业有关的法律法规。②公司内部的员工守则和各项业务的合规制度。③案例警示教育。

续表

项　目	内　容
合规投诉处理	合规投资处理的有效途径包括：①建立客户投诉的管理办法或处理流程等制度。②建立完整的投诉处理流程。③明确客服中心负责受理客户通过电话、传真、网络、信函、来访等方式提交的投诉，区分普通与重大投诉。④规定相关处理权限范围、处理流程与时限等。

第四节　合规风险

一、合规风险的含义及其种类（理解）

项　目	内　容
含义	合规风险是指因公司及员工违反法律法规、基金合同和公司内部规章制度等而导致公司可能遭受法律制裁、监管处罚、重大财务损失和声誉损失的风险。
种类	（1）投资合规性风险：是指基金管理人投资业务人员违反相关法律法规和公司内部规章带来的处罚和损失风险。 （2）销售合规性风险：是指相关业务人员在销售过程中，出现违反相关法律法规和公司规章，为基金管理人带来处罚和声誉损失的风险。 （3）信息披露合规性风险：是指基金管理人在信息披露过程中，违反相关法律法规和公司规章，对基金投资者形成了误导或对基金行业造成了不良声誉，受到处罚和声誉损失的风险。 （4）反洗钱合规性风险：是指基金管理人违反相关法律法规和公司内部规章，违反公平交易原则，利用不同身份账户进行非法资金转移，受到相关处罚和损失的风险。

👍 考查概率：40%。本考点考查相对较少。
命题角度：合规风险的种类。

💡 本考点内容较为简单，一般会直接考查合规风险有哪几类。

• 母题精选

【单选题】以下不属于合规风险的是（　　　）。
　　A.市场波动风险　　B.反洗钱风险　　C.投资合规风险　　D.销售合规风险
【答案】　A　【解析】合规风险的主要种类包括投资合规性风险、销售合规性风险、信息披露合规性风险和反洗钱合规性风险。不包括选项A。

二、不同类型合规风险的主要管理措施（理解）

项　目	内　容
投资合规性风险的主要管理措施	（1）建立有效的投资流程和投资授权制度。 （2）通过在交易系统中设置风险参数，对投资的合规风险进行自动控制，对于无法在交易系统自动控制的投资合规限制，应通过加强手工监控、多人复核等措施予以控制。 （3）重点监控投资组合投资中是否存在内幕交易、利益输送和不公平对待不同投资者等行为。 （4）对交易异常行为进行定义，并通过事后评估对基金经理、交易员和其他人员的交易行为（包括交易价格、交易品种、交易对手、交易频度、交易时机等）进行监控，加强对异常交易的跟踪、监测和分析。

👍 考查概率：40%。本考点考查相对较少。
命题角度：①销售合规性风险的主要管理措施。②反洗钱合规性风险的主要管理措施。

💡 本考点中对销售合规性风险和反洗钱合规性风险的考查较多，其他合规性风险也需要考生学习并理解。

续　表

项　目	内　容
投资合规性风险的主要管理措施	（5）每日跟踪评估投资比例、投资范围等合规性指标执行情况,确保投资组合投资的合规性指标符合法律法规和基金合同的规定。 （6）关注估值政策和估值方法隐含的风险,定期评估第三方估值服务机构的估值质量,对于以摊余成本法估值的资产,应特别关注影子价格及两者的偏差带来的风险,进行情景压力测试并及时制订风险管理情景应对方案。
销售合规性风险的主要管理措施	（1）对宣传推介材料进行合规审核。 （2）对销售协议的签订进行合规审核,对销售机构签约前进行审慎调查,严格选择合作的基金销售机构。 （3）制定适当的销售政策和监督措施,防范销售人员违法违规和违反职业操守。 （4）加强销售行为的规范和监督,防止延时交易、商业贿赂、误导、欺诈和不公平对待投资者等违法违规行为的发生。
信息披露合规性风险的主要管理措施	（1）建立信息披露风险责任制,将应披露的信息落实到各相关部门,并明确其对提供的信息的真实、准确、完整及及时性负全部责任。 （2）信息披露前应经过必要的合规性审查。
反洗钱合规性风险的主要管理措施	（1）建立风险导向的反洗钱防控体系,合理配置资源。 （2）制定严格有效的开户流程,规范对客户的身份认证和授权资格的认定,对有关客户的身份证明材料予以保存。 （3）从严监控客户核心资料信息修改、非交易过户和异户资金划转。 （4）严格遵守资金清算制度,对现金支付进行控制和监控。 （5）建立符合行业特征的客户风险识别和可疑交易分析机制。

● 母题精选

【单选题】以下可能给基金公司造成销售合规性风险的行为是(　　)。

A. 某销售人员在微信中介绍其公司新发的公募基金相关信息

B. 某销售人员在进行宣传推介时,发现PPT上面写有"欲购从速"字样后立即进行了删除

C. 某销售人员说服一位80岁的老人用全部退休金认购了其公司的一只股票型基金

D. 某销售人员要求在某工作日有申购需求的保险公司务必在当天15:00前办完基金申购手续

【答案】C　【解析】80岁老人不具备风险承受能力,用全部退休金购买风险较大的股票型基金不符合合规性要求。

章节练习

扫描"章节练习"旁边的二维码或打开 http://cj.ek100.cn/ 即可进入智能题库进行章节练习。

附录一　综合检测

在系统地学习了本科目知识之后，我们需要通过综合检测来检查前面所有知识点的学习和掌握情况，在本书的配套题库系统中包含大量考试真题试卷和押题、模拟试卷，可供考生练习测试。在题库系统中，试卷的考试题型、考试时长、考点分布均与真实考试一致。考生扫描下方试卷旁的二维码，即可进入对应试卷中进行练习，也可以直接进入智能考试题库系统中进行练习。

一、真题试卷

《基金法律法规、职业道德与业务规范》真题试卷（一）
《基金法律法规、职业道德与业务规范》真题试卷（二）
《基金法律法规、职业道德与业务规范》真题试卷（三）
《基金法律法规、职业道德与业务规范》真题试卷（四）
《基金法律法规、职业道德与业务规范》真题试卷（五）
《基金法律法规、职业道德与业务规范》真题试卷（六）

真题试卷　微信扫描

二、押题、模拟试卷

《基金法律法规、职业道德与业务规范》押题试卷（一）
《基金法律法规、职业道德与业务规范》押题试卷（二）
《基金法律法规、职业道德与业务规范》模拟试卷（一）
《基金法律法规、职业道德与业务规范》模拟试卷（二）

押题模拟　微信扫描

附录二　智能考试题库系统使用指导

一、题库系统主要功能介绍

(1)考点速记。名师总结重要考点,40%的篇幅涵盖了考试80%的考点。

(2)章节练习。海量章节试题库,可按章、节考点抽题,与教材同步。

(3)真题试卷。海量新考真题,与真考题库同步更新,通关利器。

(4)押题试卷。命题专家根据真题命题规律出题,考前必练。

(5)模拟试卷。完全模拟真题的考点分布出题角度及难易程度。

(6)错题训练。做题过程中的错题自动记录进错题库,错题训练提高快。

(7)视频课程。全套基础班视频课程,名师依据考试大纲及教材进行详细讲解,提出重点、难点。

二、智能题库安装激活指导

本书配套题库学习系统设计了智能题库,包括智能题库微信版、智能题库网页版,适合不同的终端使用,满足了考生多样化的学习环境需求。

(一)智能题库微信版

第一步:考生可以通过手机微信关注我们的公众号:未来财经网校,点击下方【开始学习】,选择【考试题库】。进入之后,根据提示,允许登录题库系统后,进入选课界面,选择【基金从业资格考试】下的三个科目进入课程主页。

第二步:激活科目。进入科目主页后,点击左上角【激活】,输入本书激活码进行激活。

注意:输入激活码的时候,注意区分大小写,要在英文状态下输入,并且不能有空格。

(二)智能题库网页版

考生可在电脑浏览器输入网址 http://cj.ek100.cn 进入网页后,点击【开始学习】,用微信扫描授权登录。登录之后,考生即可选择课程题库。

注意:智能题库微信版和智能题库网页版二者共用账户,数据同步,激活其一,另一个自动激活。本指导以先激活微信版为例,若考生想先激活网页版亦可参照微信版激活方法。

扫码获取智能题库激活码

扫描左侧二维码,获取智能题库激活码(可激活智能题库微信版和网页版,激活一版另外一版自动激活)。

关注未来财经网校
微信公众号:cjtkwx